U0553302

权威·前沿·原创

皮书系列为
"十二五""十三五""十四五"时期国家重点出版物出版专项规划项目

BLUE BOOK

智 库 成 果 出 版 与 传 播 平 台

5G 融媒体蓝皮书
BLUE BOOK OF 5G CONVERGENCE MEDIA

5G 融媒体应用发展报告（2022）

DEVELOPMENT REPORT ON
5G CONVERGENCE MEDIA APPLICATION (2022)

主　编／段　鹏　李安民
副主编／陈之超　王筱卉

社会科学文献出版社
SOCIAL SCIENCES ACADEMIC PRESS (CHINA)

图书在版编目（CIP）数据

5G 融媒体应用发展报告. 2022/段鹏，李安民主编
. −− 北京：社会科学文献出版社，2022.6
（5G 融媒体蓝皮书）
ISBN 978 − 7 − 5228 − 0257 − 2

Ⅰ. ①5… Ⅱ. ①段… ②李… Ⅲ. ①第五代移动通信
系统 − 应用 − 传播媒介 − 研究报告 − 中国 − 2022 Ⅳ.
①G219. 2

中国版本图书馆 CIP 数据核字（2022）第 103868 号

5G 融媒体蓝皮书
5G 融媒体应用发展报告（2022）

主　　编／段　鹏　李安民
副 主 编／陈之超　王筱卉

出 版 人／王利民
责任编辑／路　红
责任印制／王京美

出　　版／社会科学文献出版社（010）59367194
　　　　　　地址：北京市北三环中路甲 29 号院华龙大厦　邮编：100029
　　　　　　网址：www. ssap. com. cn
发　　行／社会科学文献出版社（010）59367028
印　　装／天津千鹤文化传播有限公司

规　　格／开　本：787mm × 1092mm　1/16
　　　　　　印　张：15　字　数：224 千字
版　　次／2022 年 6 月第 1 版　2022 年 6 月第 1 次印刷
书　　号／ISBN 978 − 7 − 5228 − 0257 − 2
定　　价／168. 00 元

读者服务电话：4008918866

5G融媒体蓝皮书编委会

主　任　段　鹏　李安民

委　员　（按姓氏笔画排序）

　　　　卫昱辰　马　黛　王　源　王一淳　王诗霖

　　　　张英培　张晟瑜　陈雨菲　和　纳　周　轩

主　编　段　鹏　李安民

副主编　陈之超　王筱卉

主要编撰者简介

段 鹏 中国传媒大学党委常委、副校长,中国传媒大学媒体融合与传播国家重点实验室常务副主任,高等学校学科创新引智计划智能融媒体基地主任,国家舆情实验室常务副主任,国家语言文字推广基地主任,教授、博士生导师,享受国务院政府特殊津贴。"国家有突出贡献中青年专家"、中宣部文化名家暨"四个一批"国际传播理论人才、国家中长期科技发展规划融媒体科学首席科学家、"国家新闻出版行业领军人才"。研究领域为传播学理论、政治传播、媒体融合、智能传播与未来影像等。累计主持国家社科基金重大项目"智能化背景下全媒体传播体系建设的理论与实践路径研究"、教育部人文社科重点研究基地重大项目"中国主流媒体融合创新研究"等各类重要科研项目30余项。在《新华文摘》(全文转载)、《人民日报》(理论版)、*Asian Journal of Communication*(SSCI)等发表学术论文130余篇,科研成果累计500余万字。

李安民 新国脉数字文化股份有限公司董事长、党委书记,教授级高级工程师,曾担任中国电信上海研究院院长,享受国务院政府特殊津贴。组织了IPTV大规模商用系统、"全球眼"视频监控系统、物联网平台及商用系统、宽带无线网络系统、综合平台业务系统等十几项国家和部级重大科研攻关项目以及重点产品的开发工作,相关科研成果转化和产品推广产出效益超百亿元。在国内外核心刊物发表论文近20篇,出版《智慧城市》等著作。牵头建设移动互联网系统与应用安全国家工程实验室,获得全国首届信息安全杰出人才奖。

陈之超 新国脉数字文化股份有限公司总经理、党委副书记，高级工程师。曾任温州市电信局通信建设部副主任、主任，温州市电信局局长助理，浙江省电信公司温州市电信分公司副总经理、党委委员，中国电信股份有限公司金华分公司总经理、党委书记，号百商旅电子商务有限公司总经理，号百控股股份有限公司董事、总经理兼党委书记等。

王筱卉 博士，中国传媒大学5G智能媒体传播与产业研究院院长，中国传媒大学－虎牙电竞研究中心主任，副教授。主要关注戏剧影视领域相关研究，是数字创意设计和电竞领域交叉融合方面的青年学者。曾主持或参与多项省部级以上科研项目，参与策划执导数档大型活动及综艺晚会，独立撰写的多篇论文被CNKI收录并被多次引用和下载。同时也是北京（国际）大学生电竞节创始人和多个大型活动及综艺晚会总导演、制作人，多部影视作品导演、制作人，作品曾荣获中宣部"五个一"工程奖、中国金鸡百花电影节金鸡奖、中国长春电影节金鹿奖等多项国内外大奖。

摘 要

2019 年中国正式进入 5G（第五代移动通信技术）商用元年，5G 的发展驶入快车道。2020 年是 5G 行业在探索中承上启下的一年，5G 的新应用、新成果不断落地生根。2021 年是"十四五"规划开局之年，迎来了中国 5G 网络体系化、规范化的快速发展。以 5G、人工智能（AI）等为代表的新技术在中央命题顶层设计、地方作答基层探路中继续推动中国 5G 融媒体发展并不断实现创新变革，5G 在内容传播领域的应用之势愈发凸显，"5G ＋"产业格局与传播新生态持续优化。同时，以 5G 为代表的新型基础设施建设按下加速键。2021 年中央级会议或文件多次指出，要继续加强中国新型基础设施建设；全国各省（区、市）政府也纷纷出台 5G 新型基础设施建设规划的相关政策并鼓励 5G 在各行各业的发展及应用，加快推进 5G 融媒体应用场景的落地。

2020 年新冠肺炎疫情突袭而至，强烈冲击并影响着社会经济的发展。在此期间，以 5G 等为代表的新一代信息技术展现了强大的发展潜力和广阔的应用空间，不断加速 5G 融媒体应用场景的落地与创新，5G 在教育、医疗、智慧城市、工业互联网、交通、物流、车联网、金融等领域也得到了广泛应用。"5G ＋"赋能产业的脚步不断加快，应用范围不断扩大，应用程度不断深化，5G 正在成为推动数字化经济转型与发展的主导力量。

《5G 融媒体应用发展报告（2022）》聚焦 5G 融媒体应用与发展，全面总结了 2021 年中国 5G 融媒体应用的发展现状，结合 5G 的特点和发展现状，分析了 5G 给融媒体相关应用及其产业布局带来的冲击和变化，并对其

未来发展趋势进行预判。

2021 年中国 5G 融媒体应用和相关产业的发展仍处于探索阶段。目前，5G 应用遇到的困境主要体现在四个方面：资金、功耗、应用、安全。在资金方面，5G 通信以及基础设施建设的前期资金投入较大，并伴随着高昂的运维成本；在功耗方面，5G 基站高密度的建设与扩张能耗巨大；在应用方面，5G 融媒体应用的商业化落地还有一定门槛，多元化的市场盈利模式尚未成熟；在安全方面，5G 产业链以及供应端在应对国际市场环境的变化和风险时，仍存在较大的安全隐患。当前，在中国 5G 正呈现井喷式发展态势，5G 融媒体应用及相关产业的发展仍需要在探索中不断实践，从技术和市场两个方面着手带动全社会的创新力量，打造多元化、立体化的"5G +"应用。

未来，5G 融媒体应用的发展还有很多领域待发掘。首先，从政策扶持角度来说，政府将继续以发展 5G 应用为指引，坚持统筹规划方针，并重视对融媒体产业人才的培养，支持融媒体创新产业"孵化落地"，培塑数字化思维，促进 5G 融媒体应用产业化发展的行业标准落地。其次，从技术水平角度来说，基于融媒体应用发展现状，5G 将在云平台、VR（虚拟现实）/AR（增强现实）、AI 三个方向不断深耕与发展。最后，从产业规模角度来说，5G 融媒体应用的产业规模将日益扩大，同时新兴产业向 5G 融媒体领域发展的势头明显，并带动整个产业链上中下游的发展，推动新兴消费需求的出现。

总体而言，移动通信技术突飞猛进地发展，给人们的日常生活带来了极大影响。以高速率、低时延和大连接为特点的 5G 进入了人们的生活，也成为继 1G、2G、3G、4G 后，能够满足人们暴涨的移动数据流量需求的新型网络技术。5G 网络的搭建成为万物互联的重要技术基础，也为中国融媒体事业提供了全新的发展可能。

关键词： 5G　融媒体　传媒产业

目 录 ↰

I　总报告

II　政策与监管篇

III　案例篇

IV 专题篇

V 应用场景篇

皮书数据库阅读**使用指南**

总 报 告

General Report

B.1

5G融媒体应用发展报告（2022）

段 鹏　王一淳　马 黛　和 纳　陈雨菲*

摘　要：　进入21世纪，移动通信技术突飞猛进地发展，给人们的日常生活带来了极大的影响。本报告聚焦技术发展现状，全方位、多角度对5G融媒体这一重大社会变革性应用进行剖析，探索中国未来5G融媒体发展之路。本报告提出2020年是中国加快推动5G网络大规模商用之年，5G个人用户普及率、5G网络接入流

* 段鹏，中国传媒大学党委常委、副校长，中国传媒大学媒体融合与传播国家重点实验室常务副主任，主要研究方向为传播学理论、政治传播、媒体融合、智能传播与未来影像等，承担本报告总体统筹与撰写工作；王一淳，中国传媒大学新闻传播学部传播研究院、媒体融合与传播国家重点实验室博士研究生，主要研究方向为智能传播、媒体融合、媒介生存性等，承担本报告5G融媒体应用发展概览的论述工作；马黛，中国传媒大学新闻传播学部传播研究院、媒体融合与传播国家重点实验室博士研究生，主要研究方向为媒介文化研究、媒体融合、网络舆情等，承担本报告5G融媒体应用市场规模与用户规模的论述工作；和纳，中国传媒大学媒体融合与传播国家重点实验室科研助理，主要研究方向为5G融媒体传播与发展趋势、文创产业数字化、智能传播等，承担本报告5G融媒体应用发展的不足及对策性建议的论述工作；陈雨菲，中国传媒大学新闻传播学部传播研究院硕士研究生，主要研究方向为媒体融合、影视传播、视听语言等，承担本报告的数据收集、整理等工作。

量占比、5G 物联网终端用户数年均增长率等指标均呈正向发展。报告提出中国 5G 融媒体仍存在缺乏成熟发展模式，总体水平有待提高；融合发展程度不均，地区发展不平衡；媒体固守旧有模式，制约创新发展；人才培养机制欠缺，缺乏高精尖人才等问题。报告还从宏观层面、中观层面、微观层面提出相应对策建议。

关键词： 5G 融媒体 传媒产业

5G 网络的搭建成为万物互联的重要技术基础，也为中国融媒体事业提供了全新的发展可能。近年来，在 5G 等新兴信息传播技术的催生下，传统媒体与新兴媒体深度融合发展，融媒体正是在这一聚合创新的基础上形成的使传播信息更加扩展、速度加快、方式更丰富的新型传播形态。可以说，随着信息传播技术未来的不断推进，5G 融媒体应用将如毛细血管般渗透于社会各层肌理，影响着社会的运行。

一 5G 融媒体应用发展概览

（一）5G 发展总貌

国际电联无线电通信部门（ITU-R）在 2015 年正式将 5G 的名称定为"IMT-2020"，5G 时代也在 2020 年全面开启。相较以往 1G、2G、3G、4G 等移动通信技术，5G 使得信息传输速率提升了 10～100 倍，其峰值传输速率能够达到 10Gbit/s，端到端时延达到 ms 级，可连接的设备密度增加 10～100 倍，流量密度可达到以往的 1000 倍，频谱效率提升 5～10 倍，能够在 500km/h 的速度下保证用户的使用体验。[①] 如果说 3G 和 4G 的技术特

---

① 赵国锋、陈婧、韩远兵、徐川：《5G 移动通信网络关键技术综述》，《重庆邮电大学学报（自然科学版）》2015 年第 4 期，第 18～29 页。

性是围绕"移动宽带"数据场景并提高用户的无线接入速率，那么5G的技术特性则大大超越以往单一的"移动宽带"概念，不仅助力各类物联网应用的发展，也增进人与人之间的数据往来，满足人与物之间的通信需求。如移动医疗、车联网、智能家居、工业控制、环境监测等移动交互式应用对无线接入带宽和通信延迟均有极高的要求，5G网络的搭建则为上述应用提供较为可靠的技术支持。

2020年是中国加快推动5G网络大规模商用之年。在中国5G用户超过6000万人后，2020年12月22日，工业和信息化部在此前试频基础上向中国电信、中国移动、中国联通三家基础电信运营企业颁发了5G中低频段频率使用许可证，① 意在推进中国5G网络规模的迅速部署。随着中国数字经济的蓬勃发展，截至2020年底，中国累计建成71.8万个5G基站（见图1），中国将在"十四五"期间建成系统完备的5G网络并继续拓展5G的垂直应用场景。2021年4月19日，工业和信息化部副部长刘烈宏在国务院新闻办公室举行的国务院政策例行吹风会上表示，"十三五"以来中国建成了全球规模最大的信息通信网络，光纤宽带用户占比从2015年底的56%提升至94%，行政村通光纤和4G的比例均超过99%。根据国际测速机构数据，中国固定宽带速率在全球176个国家和地区中排名第18位，移动网络速率在全球139个国家和地区中排名第4位。同时根据工业和信息化部数据，中国在5G网络建设方面已建成全球最大规模的5G移动网络，截至2021年2月底，累计建成了79.2万个5G基站，5G手机终端连接数已达2.6亿。②

2021年是中国5G网络体系化、规范化快速发展之年。2021年7月12日，工业和信息化部、中央网信办、国家发改委等十部门联合印发了《5G

---

① 《工业和信息化部向基础电信运营企业颁发为期十年的5G中低频段频率使用许可证》，工信部官网，2020年12月23日，https：//www.miit.gov.cn/jgsj/wgj/gzdt/art/2020/art_1a85d269a25f4232931400935405673b.html。
② 《中国初步建成全球最大规模5G移动网络》，光明网，2021年4月19日，https：//m.gmw.cn/baijia/2021-04/19/1302240880.html。

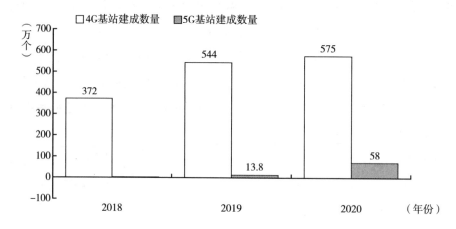

图1 2018～2020年中国4G与5G基站建成数量

资料来源:《中国通信业统计公报》(2018～2020年)。

应用"扬帆"行动计划(2021～2023年)》(以下简称《计划》)。《计划》提出,到2023年,中国5G应用发展水平显著提升,5G个人用户普及率将超过40%,用户数将超过5.6亿;5G网络接入流量占比将超50%,且5G网络使用效率明显提高;5G物联网终端用户数年均增长率也将会超过200%,综合实力持续增强(见表1)。《计划》同时提出,到2023年,实现5G在大型工业企业的应用渗透率超过35%,每个重点行业5G应用标杆数达到100个。另外,《计划》提出应大力推动5G全面协同发展,深入推进5G赋能千行百业,打通5G应用创新链、产业链、供应链,协同推动技术融合、产业融合、数据融合、标准融合,打造5G融合应用新产品、新业态、新模式,为经济社会各领域的数字转型、智能升级、融合创新提供坚实支撑。①

---

① 《十部门关于印发〈5G应用"扬帆"行动计划(2021～2023年)〉的通知》,工信部官网,2021年7月12日,https://www.miit.gov.cn/zwgk/zcwj/wjfb/txy/art/2021/art_ 8b833589fa29 4a97b4cfae32872b0137.html。

表 1   5G 应用发展主要指标

序号	指标	指标含义	指标值
1	5G 个人用户普及率(%)	5G 移动电话用户数在全国人口数中的占比,其中,5G 移动电话用户数是指使用 5G 网络的个人用户数	40
2	5G 网络接入流量占比(%)	5G 网络接入流量在移动互联网接入总流量中的占比	50
3	5G 在大型工业企业的应用渗透率(%)	在生产经营等环节开展 5G 应用的大型工业企业数在中国大型工业企业总数中的占比	35
4	5G 物联网终端用户数年均增长率(%)	5G 物联网终端用户数年均增长率	200
5	每万人拥有 5G 基站数(个)	全国每万人拥有的 5G 基站数量	18
6	5G 行业虚拟专网数(个)	利用 5G 公网为行业企业构建的 5G 虚拟网络数目	3000
7	每个重点行业 5G 应用标杆数(个)	每个重点行业遴选的 5G 应用标杆数量	100

资料来源:《5G 应用"扬帆"行动计划（2021～2023 年)》。

（二）中国融媒体应用中5G的主要作用

1. 高速率、低时延,助推内容传输实时化

3G 时代,以图文为代表的社交应用尚不能支持良好的视频体验;4G 时代,网络速率得到了较大的提升,推动了视频类应用的高速发展;5G 时代,5G 信息传输的高速率、低时延特性能够真正实现对超高清数据内容的高保真、实时化传输。高速率方面,5G 提供超过 1Gbit/s、最高可达到 10Gbit/s 的传输速度,相比 4G 的峰值下载速度 300M/s,5G 理论上可支持高达百倍的传输速度。低时延方面,5G 要求空中接口时延低至1m/s,端到端时延小于 5m/s,缩短了数据传输的整体延迟时间。5G 对各行各业的内容传输均有不同程度的影响,如远程医疗、车联网等领域的应用都在5G 的支持下得到进一步的创新发展。上述特点在东京奥运会中展现得尤

为明显，5G 高速率、低时延特性与体育赛事高清直播的需求不谋而合。5G 超高清视频传输流畅、不卡顿，除满足视频传输便捷、流畅要求之外，也满足了观众观看高清赛事的需求。同时，5G 推动了无人机 360°全景直播、超高清 8K 画面直播的普及，使画面传输信息更为丰富，使更多直播场景的开拓成为可能。另外，5G 也为当下火爆的电商直播提供了机遇。在以往直播中经常出现的网络延迟、画面模糊、直播卡顿、视角单一等问题都在 5G 赋能下迎刃而解。

2. 夯实算力建设，助力融媒体发展"全程化 + 全息化"

5G 时代引发了数据量的急剧增长，相较以往数据类型也更为丰富。此外，5G 也将带动边缘计算技术的发展，大数据应用场景将更加多样，海量、低时延、非结构化的数据特点，对未来大数据行业的算力、实时引擎、数据处理引擎提出更高的要求，也将全面推动大数据技术等的发展，带动大数据产业链及其他相关领域迅速成长。高德纳咨询公司的研究报告预测，到2025 年，75% 的数据将在数据中心之外的工厂、医院、零售商店和城市边缘产生，若上述数据均由核心管理平台进行处理，则可能在敏捷性、实时性、安全隐私等方面存在问题。边缘计算采纳范围的逐渐放宽，有利于就近处理海量数据，实现大量设备的高效协同工作。5G 网络和边缘计算能力也为工业互联网、车联网、智慧交通、云游戏及 VR/AR 等场景提供了高效、稳定和安全的边缘计算网络解决方案，促进企业数字化转型与发展。可以说，5G 时代的到来，边缘计算将起着越来越重要的作用。①

3. 应用领域广泛，促进移动媒体泛在化

目前，5G 在工厂、矿山、港口、医疗、电网、交通、安防、教育、文旅及智慧城市等多个领域广泛应用。在生产方面，"5G + AI 机器视觉监测"能够更广泛地用于高温、井下等环境，进一步拓展了人工智能的应用空间。洛阳钼业运用5G 建成了智慧矿山，不同于以往的人工劳动，当前矿区使用

---

① 《5G 与边缘计算如何协同发展？》，澎湃新闻，2021 年 7 月 30 日，https：//www.thepaper. cn/newsDetail_ forward_ 13818095。

无人驾驶的纯电动运输车，工作人员可在办公室通过操纵杆远程指挥矿区的挖掘机进行装卸。在 5G 辅助下的矿山作业可显著减少井下作业人员的数量，提高生产环境监测的准确率，极大降低了发生重大安全事故的风险。[①]百度"5G 云代驾"也可在极端场景下远程接管车辆，为无人驾驶系统补位，这一应用也能协助工业生产。5G 已经应用到自动导引运输车（AGV）运输、智能锁附、工业视觉质检、操作系统灌装等十多个服务器生产环节中，既保障了生产数据的安全，又提高了运营效率。在交通方面，5G 高速率、低时延的特点，能够为用户提供高清地图实时下载服务，满足更精准的定位管理以及车队统筹管理需求，同时也能强力支持基于驾驶行为的保险（Usage-based Insurance，UBI）数据业务。随着技术的完善和普及，中国也逐步实现基于 5G 的交通安全预警和交通出行引导，同时规范并完善自动驾驶应用。在智能家居方面，5G 支持了更多的接入设备，有助于提升智能家居中枢的服务能力。在虚拟现实方面，5G 支持的网络切片和边缘计算技术，能够在多种场景中使 VR 建模成为现实。在 5G 推动下，通信技术成本不断降低，VR 的服务范围也正在逐渐扩大。在高清直播方面，5G 应用的落地使 4K 甚至 8K 超高清视频直播成为现实。如在新冠肺炎疫情期间，武汉火神山医院、雷神山医院的施工现场设置了多个 4K 高清摄像头，通过 5G 24 小时不间断、实时、全方位地传输稳定清晰的现场画面，引起了社会的广泛关注，网友们纷纷通过观看网络直播担任"云监工"角色。在智慧城市建设方面，2021 年，深圳计划新建 7706 根多功能智能杆。搭载 5G 小型基站、温度传感、环境质量监测、充电桩等设备的多功能智能杆，成为智慧城市信息数据收集的入口。多功能智能杆能够运用在市政管理、交通治理、环境监测、应急管理、资讯发布等 30 多个不断延伸的应用场景中。[②]

[①] 《5G 应用再扬帆》，《人民日报》（海外版），2021 年 8 月 3 日，http：//paper. people. com. cn/rmrbhwb/html/2021 – 08/03/content_ 3061398. htm。

[②] 《一根杆，撑起深圳智慧城市"入口"》，深圳新闻网，2021 年 5 月 7 日，http：//www. sznews. com/news/content/2021 – 05/07/content_ 24191919_ 4. htm。

4. 助力人工智能，加速内容生产智能"全效化"

5G不仅为人工智能领域的应用提供网络速度，更能补齐制约人工智能发展的短板，成为人工智能发展过程中新的驱动力。人工智能在5G的技术加持下能够提供更快的反应速度、更智能的应用模式、更直观的内容以及更优质的用户体验。百度升级建设的软硬一体AI新型基础设施"百度大脑6.0"于2020年开放了270多项AI功能，推动了AI技术研发实践应用与生态建设。小米公司构建的人工智能开放平台则以智能家居需求场景为出发点，为用户、软硬件厂商和个人开发者提供智能场景及软硬件生态服务。华为智能体则以AI为核心，通过云网边端协同，为城市治理、企业生产和居民生活带来全场景智慧体验。① 此外，制造工业智能化程度正在逐步加深，基于现有技术（如WiFi和蓝牙等）的无线解决方案已经成功立足于制造车间，而利用5G搭建工业物联网，能够支持更灵活、更高效的生产线，提供涵盖整个产品生命周期的解决方案。5G的低时延特点，也使新兴能源公司建立智能电网成为可能。可以说，由于5G网络低时延、高吞吐量，基于5G的无线分布式馈线系统将成为未来智能电网的新方向。

5. 强化感官体验，实现产品体验优质化

在5G问世之前，虽然VR/AR技术及其终端设备已经多次迭代，但是由于VR/AR技术对网速的要求极高，4G时代的网速未能匹配终端设备要求，因此用户视觉体验不尽如人意。2020年初突袭而至的新冠肺炎疫情催生了宅家需求，5G具有高速率和低时延的特点，满足了用户前所未有的感官体验，并彻底消除过去使用VR/AR技术及其终端设备时的视觉眩晕感。借助AR技术，用户网购前能够在家虚拟试衣；借助VR技术，在人满为患的节假日，用户足不出户就能前往世界各地进行游览。借助VR/AR技术，新闻媒体能够为观众提供集成的沉浸式新闻内容，调动观众进行多感官联动。新闻场景复原及重现能够拉近观众与新闻现场的距离，通过虚拟与现实相交叉的技术能够使观众成为"新闻场景"的一部分。上述技术场景都与

---

① 《中国5G发展和经济社会影响白皮书（2020）》，中国信息通信研究院，2020。

5G高速率、低时延、大连接的特性密不可分。从2019年开始，中央电视台春节联欢晚会在5G支持下不断提升内容与传播质量，将传统的单向信息传播转化为"体验式传播"，为用户带来了全新的观看体验。2021年5月，中国移动广西公司首次推出"5G新通话"业务，在传统通话形式上新增图片、文字、位置、名片、动作、表情等板块，为用户带来全新的交互式、沉浸式通话业务体验。[1] 此类交互式、沉浸式的感官体验正在从个人、家庭市场不断拓展至B2B商业场景，酒店、保险、银行、电商等行业成为"5G新通话"的潜在用户，给高清视频通话业务带来广阔的发展空间。中国移动5G联创中心孵化了教育云XR项目，利用该平台的云VR渲染和AI智能识别技术实现交互式体验，给学生带来全景图片、全景视频和3D模型等丰富的沉浸式VR教学体验。[2]

6. 加强原生安全防控，保障融媒体发展"全员化"

在AI技术迅猛发展的时代，众多安全问题为人们敲响警钟。2021年7月12日，工业和信息化部发布了《网络安全产业高质量发展三年行动计划（2021～2023年）（征求意见稿）》，提出针对5G、云计算、人工智能等新兴技术领域，应加速推动原生安全、智能编排、内生安全、动态访问控制、可信计算等技术产品研发和推广落地。尽管5G安全在4G原生安全基础上进行了优化和增强，但并不能完全消除风险和威胁，如无人驾驶、烧菜机器人、扫地机器人等应用中出现的安全事故，以及大规模的隐私数据泄露等数据安全问题。应该说，为促进5G与产业融合发展，除保障基础的通信安全需求以外，亟须应对新技术引入带来的安全威胁，构建5G安全保障体系，打造安全可控的5G产业链条。

（三）5G融媒体应用发展现状及特征

5G的蓬勃发展有着强大的溢出效应，不仅为中国媒体融合事业的发展

---

[1] 《广西移动首推"5G新通话"业务》，光明网，2020年5月18日，https：//economy. gmw. cn/2021 –05/18/content_ 34853871. htm。

[2] 《中国5G发展和经济社会影响白皮书（2020）》，中国信息通信研究院，2020。

提供了坚实的技术支持，而且给 5G 融媒体应用的发展提供了全新可能。由于 5G 具有高速率、低时延、可供连接设备数量多的特点，其在媒体与人工智能、大数据等技术之间的融合方面起到了极大作用。可以预测，未来融媒体将多以大数据技术为基础，呈现融合化、移动化等特点，实现融媒体应用与服务体系的根本性变革。媒体融合是党中央着眼巩固宣传思想文化阵地、壮大主流思想舆论以及维护意识形态安全与政治安全做出的重大部署，媒体融合于 2014 年正式上升为国家战略。2014 年 8 月，中央全面深化改革领导小组第四次会议审议通过了《关于推动传统媒体和新兴媒体融合发展的指导意见》，为媒体融合发展出台了顶层设计方案。2020 年 6 月，习近平总书记主持召开中央全面深化改革委员会第十四次会议，会议通过了《关于加快推进媒体深度融合发展的指导意见》，指出要"推动媒体融合纵深发展，要深化体制机制改革，加大全媒体人才培养力度，打造一批具有强大影响力和竞争力的新型主流媒体"。同年 10 月，习近平总书记在十九届五中全会上提出要"繁荣发展文化事业和文化产业，提高国家文化软实力"，为新时期中国传媒产业发展指明了方向。在宏观政策的支持与促进下，中国媒体融合发展持续推进，在深度和广度上均实现了稳步拓展，而 5G 则作为关键性、突破性技术助力媒体融合发展。

就当前的发展趋势而言，5G 融媒体应用将在"十四五"期间更好地促进信息产品和服务的创新，提升智能终端设备性能，并促进"互联网—物联网"的线上线下融合，人们的生产生活方式将在 5G 融媒体应用的助力下发生极大变革。一方面，当前的 5G 融媒体应用飞跃式地提升了媒介内容传输速率，增强了用户与媒体的互动性，强化了媒体场景化使用功能，主要体现在 VR、AR、无人机、机器人写作、大数据等领域。另一方面，物与物之间的连接增强，设备之间的技术壁垒被打破，"万物皆媒"使得媒体在硬件上进一步融合。在 5G 加持下，媒介生态变化使人们从"看媒介"变为"应用媒介"，5G 融媒体应用建设将向着智能化、具身化、融合化、全链接转变。中国正在逐步建立技术先进、覆盖广泛的 5G 融媒体平台，并呈现以下发展趋势。

1. 应用前景广阔，保持持续稳步发展状态

中国 5G 的应用前景广阔，保持持续稳步发展状态。截至 2020 年底，中国累计建成 5G 基站 71.8 万个；全球共发布 5G 终端 500 余种，其中 303 种可用于商用。5G 网络、终端及相关业务全面发展，呈现了与 4G 时代不同的特征。5G 应用初期阶段主要延续 4G 的业务发展路线，在 5G 应用成熟阶段，行业关注点则转向对低时延、高可靠等特性的研发。[①] 综观 5G 产业发展情况，现阶段进展较快的是产业链上游，包括基站射频、光模块、整机等通信设备制造业。2021 年，中国 5G 网络产业规模进一步增长，且增幅已超过 2020 年。四大运营商进一步布局 5G 规模组网，并联合企业广泛探索 5G 融合应用。[②] 工信部数据显示，到 2030 年预计将有 1500 万个基站建成。[③]

2. 融合路径丰富，传媒业呈多维融合趋势

5G 时代的来临为"融合"提供了更为多元的实现路径，5G 融媒体应用与发展迎来了历史性的发展机遇。海量的信息征集和全民化的信息参与将有利于实现信息技术的双向互动、双向选择。另外，与 5G 技术联动拓展的大数据算法技术和 AI 技术，将对以往的舆情检测和管理机制做出新的调整，可以更加迅速地处理未来危机事件，并且进一步提升对于谣言的拦截与管控能力，使得主流媒体在舆论场中能够更好地发挥引导作用。

当前 5G 的应用使得传输效率大大提高，各大信息平台的内容几乎实现了信息同步，在信息多角度普及和思想意识同频率层面达到了较高水平的统一。除此之外，5G 还能够使得信息在大规模发布的同时实现内容分发的精准性。通过对于受众信息的收集和整理，能够生成个性化的标签，并对其进行群体分类，从而有针对性地提供符合各类受众需求的信息内容，大大提升信息获取的便利程度。不仅如此，对于不同受众群体的垂直化信息分发模式，也能够有效地打破不同圈层的信息壁垒，发挥受众接收信息的自主性，

① 《5G 融媒体应用研究报告（2020）》，中国电信等，2020。
② 《5G 发展 2021 展望白皮书》，中国电子信息产业发展研究所等，2021。
③ 《5G 融媒体应用研究报告（2020）》，中国电信等，2020。

提升受众的媒介素养。

随着5G 和 VR 技术的融合发展，未来 VR 技术将会更加广泛地应用于影视创作传播领域，高互动性、超高清、场景化、沉浸式的影视作品将大幅提升受众观影体验，取得良好的传播效果。同时，依托5G，作者创作思路和空间将有所拓展，为影视传播领域注入新的生机与活力。VR/AR、高清直播、全息影像、人工智能等技术的运用，有助于生成更为多元化的媒体融合产品，推进融媒体产品体系建设。

3. 技术创新发展，人工智能领域异军突起

在5G 支持下，人工智能平台得以建立，同时实现了媒体融合环境下的新闻内容智能化呈现。在此层面，央视网、《人民日报》、新华社等国家级主流媒体实现了较好较快发展。

央视网与多个人工智能技术平台合作，稳步推进人工智能编辑部门建设工作，建成了集内容采集、分发、运营等流程于一体的人工智能平台。2020年5月，央视网与科大讯飞达成合作共识，建立人工智能研发部门，共同推出系列融媒体智能终端产品。除与科大讯飞合作外，央视网和百度智能云也展开战略合作，将"云+AI"应用于央视网各个部门和各个场景，在2020年两会期间联合打造名为"小智"的智能交互产品，为用户播报相关信息。同时，央视网也与阿里云系统合作共建大数据平台，形成了以"记者头条"为代表的多款大数据产品。

人民日报社不仅在2020年9月率先成立了智慧媒体研究院，还在同年的12月启动了传播内容认知国家重点实验室。两个带有研发能力的研究部门的成立为人民日报社在人工智能领域的发展奠定了坚实的基础，进一步推动了人工智能和媒体的融合应用。

新华社和阿里巴巴集团共同投资成立的大数据人工智能公司——新华智云科技有限公司在2020年11月发布了"媒体大脑3.0融媒中心智能化解决方案"。这一以 AI 审核功能和区块链技术为明显特点的解决方案，成为中国第一个解决融媒体智能化现存问题的有效解决方案，为推动全国范围内的融合性媒体发展提供了指导。新华社在智能编辑方面也有所行动，其所成立

的智能化编辑部于2020年12月正式投入使用，该编辑部的全新内容生产编辑模式也带动了行业的全面变革。

4. 涉及领域众多，推动传统产业更新迭代

5G的发展带动媒体行业体验进一步升级，视频类内容成为重要媒体形式，传统媒体围绕"图像分辨率""视场角""交互"三条主线，推动视频类内容的更新迭代。视频化时代"信息视频化""视频超高清化"已成为通信行业发展的必然趋势，超高清视频业务是基础性业务，也是未来媒体行业必须掌握的技术业务范畴，因此传统媒体与互联网媒体积极拓展相关业务。从技术更新迭代角度出发，视频与图像分辨率从标清、高清进入4K阶段，未来也将逐步进入8K阶段。

VR技术方面，VR全景视频的应用正在引发内容消费和通信消费的技术性变革。VR设备可将体验者带入全新虚拟场景中，打造沉浸式传播空间。VR技术可分为两种业务类型：一种是以PGC（专业内容生成）和UGC（用户产生内容）为代表的体育赛事、新闻资讯、电视电影、视频直播等，此类业务通过多个摄像头的信息采集和拼接将扁平化视频还原为立体化视频，并用流媒体方式在显示器中播放；另一种则是利用计算机生成模拟环境，将交互式三维动态视景和实体行为系统仿真融合于环境之中，该技术关键部分以计算机图形（CG）处理为主导，多应用于游戏、销售、教育等行业，给用户带来沉浸式环境体验。未来随着5G的不断普及和应用，5G与VR技术将进一步融合，在视频业务中所占比重也会持续上升。

AR影像是人机交互和人工智能交叉的产物，也是根据实时计算摄影机拍摄位置及角度附以相应图像、视频、3D模型的技术，能够把虚拟世界信息和现实世界信息有机联结。通过计算机的模拟仿真手段，AR技术能够将原本在现实世界内难以体验到的视觉和听觉信息不断叠加，实现超越现实的感官体验。在此类技术支持下，体验者能够实时流畅地体验到不同媒介打造的增强现实内容。

二 5G 融媒体应用市场规模与用户规模

（一）市场规模

5G 应用赋能实体经济，赋能千行百业。目前，中国 5G 应用已覆盖汽车、电子、航空、钢铁等 14 个重点行业领域，实现了"从 0 到 1"的突破，正在加速进入规模化应用阶段。2021 年 5 月，工业和信息化部发布了第一批"5G + 工业互联网"的十个典型应用场景和五个重点行业实践。工业和信息化部数据显示，"5G + 工业互联网"全国在建项目超过 1500 个，覆盖 20 余个国民经济重要行业，在实体经济数字化、网络化、智能化转型升级进程中发挥了重要作用，成为工业互联网创新最为活跃的领域之一。[①] 工业和信息化部于 2021 年 11 月发布了第二批"5G + 工业互联网"典型应用场景和重点行业实践，进一步推动消费市场供给端的升级，提升居民生活质量，从而激发居民新一轮消费热情。

2019 年 6 月，工业和信息化部向各家网络运营商正式发放 5G 商用牌照，标志着中国正式进入 5G 商用元年。5G 通过赋能相关行业，如智能手机、工业物联网、智能网联汽车、智能医疗、智能家居等，逐步创造新需求，提供新型服务，推出新的商业模式，满足消费者需求，从而完成从需求产生到价值变现的闭环。据 IHS Markit 受高通委托发布的《5G 经济》预测，到 2035 年，5G 将创造 13.1 万亿美元经济产出，创造 2280 万个工作岗位。[②] 5G 的加速商用，为各行各业的创新转型赢得时间，为中国经济带来巨大机遇。中国信息通信研究院《中国 5G 发展和经济社会影响白皮书（2020）》预测结果显示，在未来 10 年里，5G 的贡献呈线性增长趋势，且间接经济产

① 《关于发布"5G + 工业互联网"十个典型应用场景和五个重点行业实践情况的通知》，工信部官网，2021 年 5 月 31 日，https://www.miit.gov.cn/jgsj/xgj/gzdt/art/2021/art_a186fc3f5ec14e449098814ca1fb2302.html。

② 《高通：到 2035 年 5G 将创造 13.1 万亿美元全球经济产出》，凤凰网科技，2020 年 11 月 8 日，https://tech.ifeng.com/c/81V2GtFVmMO。

出的增长幅度大于直接经济产出。早在 2017 年《5G 经济社会影响白皮书》就预测 2030 年 5G 的间接经济产出值约为 10.6 万亿元，比直接经济产出值将高出 4.3 万亿元。[①] 随着 5G 商用进程的深化，5G 将继续推动关联领域裂变式发展，产业链龙头企业盈利开始加速兑现，5G 产业链下游的产品终端和应用场景将迎来快速爆发期。

（二）用户规模

中国消费者对 5G 应用场景抱有积极的态度。《中国互联网发展报告（2021）》显示，截至 2020 年底，中国网民规模达 9.89 亿人，互联网普及率达 70.4%，其中 5G 网络用户数超过 1.6 亿户，约占全球 5G 总用户数的 89%。[②] 手机应用方面，2020 年 1~11 月，中国国内手机市场总体出货量累计 2.81 亿部，其中 5G 手机出货量达 1.44 亿部，占比达 51.2%。[③] 2021 年上半年中国 5G 手机出货量快速增长，达 1.28 亿部，占同期手机出货量的 73.4%。截至 2021 年 6 月底，三家基础电信运营企业的移动电话用户总数达 16.14 亿户，比上年末净增 1985 万户。其中，5G 手机终端连接数达 3.65 亿户，比上年末净增 1.66 亿户。[④] 在 2021 年全球数字经济大会上，北京市经济和信息化局副局长王磊表示，截至 2021 年 8 月，北京 5G 用户首次跨越 600 万户大关。[⑤] 截至 2021 年 7 月，广东省 5G 用户达 2505.2 万户，基站和用户规模均为全国第一。[⑥]

---

① 《5G 经济社会影响白皮书》，中国信息通信研究院，2017。
② 《中国 5G 网络用户数超 1.6 亿　占全球 5G 总用户近九成》，新华网，2021 年 7 月 15 日，http：//www.xinhuanet.com/video/2021-07/15/c_1211241459.htm。
③ 《中国 5G 发展和经济社会影响白皮书（2020）》，中国信息通信研究院，2020。
④ 《2021 年上半年通信业经济运行情况》，工信部官网，2021 年 7 月 21 日，https：//www.miit.gov.cn/gxsj/tjfx/txy/art/2021/art_31a33539354543daa87325f089cfdb1f.html。
⑤ 《北京 5G 用户跨越 600 万大关》，《北京日报》2021 年 8 月 4 日，https：//bjrbdzb.bjd.com.cn/bjrb/mobile/2021/20210804/20210804_011/content_20210804_011_7.htm#page10？digital：newspaperBjrb：AP6109c1a4e4b0f21db0681cfd。
⑥ 《广东 5G 用户达 2505.2 万　规模全国第一》，中国新闻网，2021 年 7 月 9 日，https：//www.chinanews.com/cj/2021/07-09/9516449.shtml。

三 5G融媒体应用发展的不足

（一）缺乏成熟发展模式，总体水平有待提高

回顾中国通信行业发展历程可知，在2G、3G、4G时代，中国实际上经历了"跟随""突破""同步"三个发展阶段，但在5G时代，中国达到了"引领带头"的发展水平。2G、3G、4G时代，在国外移动通信技术达到成熟阶段后，国内移动通信技术才开始不断普及发展，中国在他国基础上不断发展完善了相关技术，减少了试错成本。在5G时代，中国处于首发地位和技术开发应用的第一梯队。在此种情况下，借鉴国外经验已不具有现实意义。与前几代移动通信技术不同，5G应用呈现"二八定律"分布，并主要应用于垂直行业。各行业对5G应用需求差异化较大，合作模式、收费标准、推广方式等没有行业公认的经典模板和成熟完备的国外样板，模式建立需自行摸索。

（二）融合发展程度不均，地区发展不平衡

就目前各省份公布的5G基站建设情况而言，各省份基站建设水平差别较大，部分省份建设尚未启动，部分省份仅启动试验基站，部分省份则建设了相当数量的基站，地区发展不平衡。截至2020年8月，京津冀地区5G基站建设超过6.4万个，其中，北京实现五环内和北京城市副中心室外连续覆盖；天津打造了150个5G应用场景，用户数达到255万户；河北实现了11个设区市和雄安新区主城区5G信号连续覆盖。东北地区发展稍逊于京津冀地区，截至2020年12月，黑吉辽三省共建成46132个5G基站。上海、广东等东南沿海地区5G发展基础较好，以上海为例，截至2020年8月底，上海5G套餐用户数为617万户，且汇聚了主流5G核心产业企业研发人员23000余人，占全国比重超过52%。[①] 山西、陕

---

① 《5G赋能产业新发展，展现中国制造新高度》，腾讯网，2020年9月18日，https://new.99.com/rain/a/2020918A0CB3D00。

西、广西、内蒙古等中西部地区在 5G 的应用与研发上较东南沿海地区和京津冀地区存在一定的差距，仍然处在基础发展建设阶段。

（三）媒体固守旧有模式，制约创新发展

在 5G 引领的数字经济时代中，媒体被视为社会的风向标之一。从数据化驱动、智能化连接、媒体智库化到场景化沉浸、泛中心化、生态性媒体，5G 对媒体行业的多方面颠覆式创新可见一斑。例如，伴随着数据化驱动的加深，数据背后的逻辑分析将成为数据新闻的新领域，一些智库型、数据型、专家型的数据新闻生产者将逐渐成为"事件终结者"。"万物皆媒"趋势下，媒体要想满足多元传播主体（人和智能设备）在新系统中的和谐共生的要求，必须构造一个生态体系。生态体系只有满足全程媒体、全息媒体、全员媒体和全效媒体的要求，才有机会在 5G 时代生存和发展下来。[1]

在新技术的推动下，多个传媒集团都建立了新的融媒体部门，但有些改革落实不彻底，纵深融合难推进，制约了其创新发展。2016 年，江苏广播电视总台成立了融媒体新闻中心，新部门的成立意味着需要对全集团资源进行重新整合。为实现采编发一体化，需将原有部门采编人才重新调配，原有部门模式受到冲击。类似的案例还有一体化平台"荔枝云"，在平台构建完成后，与之相配套的组织构架和人员的改革却一直进展缓慢。作为云平台，"荔枝云"完全有能力实现资源信息共享，但由于组织架构与技术改革不匹配，造成了新闻采集的重复，同一平台上往往出现同一新闻事件不同稿件的问题。除此之外，不同部门的从业人员也有着不同的采编习惯，难以形成合力。当前一些有类似情况的融媒体新闻中心并没有实现资源的彻底整合，各部门仍然保留了过去的人员组织架构。就江苏广播电视总台来说，尽管组织架构有所调整并成立了新媒体事业部、融媒体新闻中心等新型部门，但在管理上仍采用旧有模式，制约了其创新发展。

---

[1] 《第三媒介时代：5G 将如何促进媒体深度融合》，《科技日报》2020 年 11 月 27 日。

（四）人才培养机制欠缺，缺乏高精尖人才

早在2016年2月19日，习近平总书记在党的新闻舆论工作座谈会上发表重要讲话，习近平总书记强调人才资源是第一资源，媒体竞争关键是人才竞争，媒体优势核心是人才优势。[①] 然而，中国新闻传播学科起步较晚，早期的学科研究、学术视野与理论是西方世界特定发展格局下的时代产物，其所连带的人才培养机制也一定程度上沿袭西方，但技术迭代与传播环境疾如旋踵，当前中国新闻传播人才培养机制却未能因时而变，缺乏融媒体时代系统化的人才培养机制理论架构，也少有专门化的科研平台供融媒体科研人员进行深度理论探索，这不利于长远地进行新闻传播人才储备与输送。融媒体发展趋势不断深化的同时，高等院校新闻传播相关专业教材资源建设中出现了教材内容老旧、固化的问题，缺少对教学内容的更新与创新，这不利于培养能与新技术快速接轨的高精尖人才。

四　5G融媒体应用发展的对策性建议

（一）宏观层面

1. 把握媒体形态变化，树立适应新兴技术的传播理念

随着数字和网络技术的发展，媒体形态不断发生裂变。基于5G的兴起与发展，"立体化"的媒体形态成为媒体融合的必然趋势。5G的投入使用让移动终端用户走进全新的媒体世界，彻底宣告了传统单一的媒体形态走下发展舞台，5G预示着媒体形态的彻底融合即将到来。[②] 媒体传播方式和内容生产方式在5G背景下不断迭代，因此要把握好融媒体的发展方向，树立

[①]《新华社评论员：加强队伍建设 造就新闻人才》，新华网，2016年2月22日，http://www.xinhuanet.com//politics/2016-02/22/c_1118122293.htm。

[②] 王儒雅：《基于5G技术背景下的媒体"立体融合"探析》，《视听》2019年第11期，第28页。

与时俱进的传播理念，适应融媒体发展的变革，遵循融媒体发展的规律，感知 5G 时代下媒介形态的变化。

2. 转变传统体制机制，推动技术与传媒产业深度融合

自 2014 年起，中央出台了系列政策助推融媒体发展与转型。2014 年 8 月，中央全面深化改革领导小组第四次会议通过了《关于推动传统媒体和新兴媒体融合发展的指导意见》，将推动媒体转型融合提升到国家战略层面。[①] 2019 年是中国 5G 商用元年，基于 5G 背景下的融媒体改革和媒介环境变化的冲击，要加快构建起与新发展格局相适应的更完备的、更有效率的体制机制。第一，推动传统媒体行业的转型升级，充分运用市场规律，跨越行业、区位、媒介传播之间的障碍，促进新兴技术融入传统媒体产业。第二，充分借助信息化技术，实现传媒产业的多渠道、全方位的产业链开发，建立全媒体思维，即运用互联网思维，实现智能、场景、万物皆联、全向赋能等全方位的融合。[②] 第三，随着新技术的发展，应该推动传统体制的改革。一方面，顶层制度设计应与底层逻辑同步进行，努力实现制度革新与社会现实的同步接轨；另一方面，传统体制内的从业人员应该转变思路，积极学习新技能，提升新闻素养，适应 5G 高速发展下的行业变革。

3. 健全法律法规体系，通过政策引导改善舆论大环境

技术的迭代带来融媒体格局的迅速变化，相关法律建设却相对滞后。若新闻舆论所引导的法治环境较差，针对自媒体传播和舆论引导的立法滞后，法规不健全或者法律缺失，民众在舆论中的自我约束以及保护意识淡薄，就会使某些不良行为或非法行为有机可乘，混淆视听，传播虚假的舆论信息。[③] 要建立规范的舆情引导机制，法律层面应从三个维度进行规范并建立具体标准。一是从主体维度来看，应健全相关部门的职责制度，明确监管机

---

① 耿磊：《实施全媒体传播工程　加快推进媒体深度融合发展》，《新闻战线》2020 年第 24 期。

② 胡正荣：《中央广播电视总台组建：新融合应具备这些要素》，搜狐网，2018 年 4 月 27 日，https：//www.sohu.com/a/229728884_ 242827。

③ 张开伟：《自媒体环境下政府新闻舆论引导存在的问题及其对策研究》，湘潭大学硕士学位论文，2017。

构到业务层面的主体责任与义务，完善运营管理机制，引导自媒体舆论环境健康发展。二是从内容维度来看，应该加强对网络信息安全的监管，确立信息安全的等级划分。三是从隐私维度来看，应加快完善网络信息隐私保护的相关法律法规，从个人隐私、公共信息安全、社会风险防控三方面建立隐私标准体系，严厉惩处、打击网络环境中侵犯隐私和信息安全的行为，并规范引导舆论环境，保障国家、集体以及公民的权利和利益。

4.借力融媒多元呈现，提升国际传播舆论场话语声量

相较国内，海外社交平台具有特定的运营模式和特点，通过数据多维分析，能够精准提高国内生产者在海外传播内容制作、发布和运营方面的能力，提高基于海外用户观看习惯的精准推荐能力，更准确地了解海外用户内容需求，让创作者更懂"海外用户"，进而有效扩大影响力，使其拥有更大的市场辐射范围。值得注意的是，央视网近年来依托"5G + 4K + AI"，充分运用大数据和人工智能等技术，打造了自主可控的"人工智能基础服务平台"和"人工智能视音频处理平台"，着力将新技术的潜能应用置入新产品的场景建构中。通过深度创新媒体形态、改良既有生产流程、提升融媒创造能力、建立精准传播渠道，以技术带产品、以产品扩市场，打出了一系列优质作品"组合拳"，更好地为用户提供全场景、智能化的优质视听服务，其中熊猫频道的国际传播革新正是其技术赋能缩影。国际传播不断面对新形势，而新技术也是新形势中的重要组成部分。应该认识到，对技术的巧妙利用有利于中国讲好中国故事、传播好中国声音。因此，在未来的技术应用落地中，中国各层级媒体平台也应继续增强自身国际传播能力，优化传播流程，有力推动中华优秀文化走出国门、走向世界，占据未来国际传播制高点。

（二）中观层面

1.转变发展策略，进行跨区域资源整合与融合

在通信技术高速发展的今天，传媒产业结构的转型升级以及产业模式的跨界融合已是大势所趋，媒体融合模式向纵深发展，并不断涌现新兴业

态。从融媒体整合发展策略来看，要对产业链上中下游进行战略重组和跨区域整合，跨区域整合是融媒体行业突破壁垒的关键。2020年，在中国广电融媒大会上，国家广播电视总局宣布成立全国首个跨区域的媒体融合发展创新中心——"中国（京津冀）广播电视媒体融合发展创新中心"，并签署了《京津冀新视听战略合作协议》，这意味着媒体跨区域融合迈出了重要的一步。[①] 目前，中国融媒体跨区域资源整合仍存在市场壁垒、地区封闭、人才限制等阻碍，必须坚持不断优化市场配置资源，通过跨区域资源的兼并重组、合作经营等方式，突破僵化的体制和地域限制，集约利用媒体资源，创新发展传媒产业综合体。

2. 搭建云平台，实现优质媒体内容资源共享

在全球数字化浪潮背景下传统媒体不断变革与创新，在此过程中扮演关键角色的融媒体云平台应运而生，云平台系统的搭建带来更加高效、集约化的信息处理系统。基于大数据和云平台，搭建全方位、立体化的传播矩阵对于融媒体深度发展具有重要意义，并能够有效推动媒体渠道和内容的优质资源整合。从技术层面来看，融媒体云平台基于云计算基础搭建了三层架构，分别是基础资源管理平台（IaaS）、基础服务管理平台（PaaS）和应用服务平台（SaaS），它是基于网络云端架构，通过各种能力建设、信息数据接口开放、运作流程重构，支持敏捷性开发生产和新任务的弹性伸缩部署，能够为新任务提供统一的内容支撑、技术服务、数据分析、运营收费等服务一体化技术业务平台。[②] 从内容搭建层面来看，融媒体云平台囊括了信息收集、生产、发布三个方面，云平台更加立体、直观、即时地呈现媒体内容，并能够基于云计算技术迅速整合优质资源，转变与提升融媒体生产的创作意识，为媒体创作提供丰富的素材。目前，中国主流媒体应用云平台的例子有四川广播电视台设立的融媒体大数据中心、中央电视台新闻云平台中的PaaS技术运用等。

[①] 唐瑞峰：《媒体融合最新五种跨界新模式》，《传媒内参》2020年第9期，第2页。
[②] 陈卓威、殷豪良：《深度融合背景下融合媒体云教平台的创新发展》，《传媒》2018年第14期，第87页。

3. 联通传播终端，促进数字社会互联互通发展

5G的发展赋予社会结构与社会文化形态"数字化"的特征，也是人类社会转型发展的必然趋势。数字社会颠覆了信息传播的方式，极大提高了信息传播的效率并降低了社会沟通成本。数字社会得益于智能化、网络化的发展，搭建了方便人们沟通的平台。传播终端通过搭载现代通信技术，促进数字社会媒介的融合。数字社会主要包含四个方面的特征：第一，跨越时空界限，从端到端实现全域数字互联；第二，数据和信息资源共享，数字社会极大降低了信息社会的沟通成本，通过终端的共享，信息和数据能够在云端得到实时传播，并方便人们对社会资源进行汇总和整合；第三，高效与智能化协作，随着智能化、物联网、云计算等技术的广泛应用，虚拟社会和现实社会的界限逐渐被打破，社会生产力得到全面的重组与提升；第四，互联、开源、扁平化的传播机制形成，在数字社会，独立开放的社群空间是互联网的一大特征，公共议题和舆论在网络平台实时发酵，通过终端的连接，人们能够参与话题的讨论和沟通互动，同时云端收集到的用户数据能够反馈给算法技术，提供更加精准有效的信息。只有搭建以数据为核心的数字社会，才能推动社会治理现代化和媒介转型融合。

4. 优化管理流程，建设新型数字全媒体传播体系

在新一代互联网技术、数字社会发展的时代，构建新型数字全媒体传播体系是大势所趋。2019年，习近平总书记在中共中央政治局第十二次集体学习时明确指出，要形成资源集约、结构合理、差异发展、协同高效的全媒体传播体系。[①] 构建新型数字全媒体传播体系，一是从整体角度来说，要自上而下分层级形成统一和谐的传播格局，搭建涵盖从央媒到地方县级媒体的传播体系，协调好区域之间互联互通的关系，优化管理流程，为传统体制下发展起来的媒体注入全新活力，给传统媒体和新媒体的衔接提供缓冲区和过渡带。二是从个体角度来说，参与媒体传播体系建设的个体需要协同高效合

---

① 习近平：《加快推动媒体融合发展　构建全媒体传播格局》，《求是》2019年第6期。

作，共建数字化的传播生态系统，从平台、业务、模式、流程四个方面搭建智能场景化的传播矩阵，同时提供完善成熟的配套设施和服务，对资源进行集约化利用。

（三）微观层面

1. 健全培养机制，打造高精尖人才队伍

随着融媒体时代的到来，多样化的传播渠道和媒介要求媒体从业者迎合社会的变化，加强自我技能和传媒素养的提升，适应全新的媒体生态环境。第一，建立职业素养培育体系，提升媒体从业者的总体素养，促进行业长远、健康发展。第二，高校间要互联互通，加强相关课程体系的交流，培养与社会快速接轨的实践型人才；突破僵化的管理体系，开发跨学科课程内容，引进复合型教师，不断为社会输送优秀的融媒体人才。第三，媒体从业者要发挥主观能动性，积极学习新技术，树立全方位融媒体思维，及时学习5G融媒体技能和相关技术，如加强对人工智能、虚拟现实、云计算等技术的研究，转变传统观念，并把技术有效融入传统媒体，从饱和的传媒市场中脱颖而出，发挥人才价值。

2. 提升技术短板，突破内容的生产瓶颈

核心技术的突破依赖于基础科研水平的提高。技术的创新既是融媒体发展的核心动力，也是传统媒体转型的难点。在2016年媒体融合发展论坛的开幕式上，人民日报媒体技术股份有限公司联合腾讯云共同发布中国首个媒体融合云服务平台——中国媒体融合云，意在为媒体融合发展突破技术瓶颈。[1] 随着技术的创新，人工智能、算法推荐、云计算等技术推动了全媒体的融合，全媒体传播格局实现了从新闻选题到采编再到分发的一站式发展，解决了"最后一公里"问题。对于媒体从业者来说，技术的突破意味着信息资源能够在短时间内收集和整合，有更多的时间和精力回归内容

---

[1] 《媒体融合云开启新生态突破技术瓶颈助推行业同步》，人民网，2016年8月24日，http://media.people.com.cn/n1/2016/0824/c14677-28659915.html。

创意，在一定程度上突破了内容生产的瓶颈。通过高效利用"技术工具"能够呈现给受众更加多元丰富的创作内容，如利用大数据技术挖掘传达更加立体的媒体作品、运用 VR/AR 技术产出可视化新闻等，不断提升受众的参与感与体验感。

3. 精准把握受众需求，提高内容推荐精准度

随着融媒体时代的到来，媒体渠道的多样化和信息获取的便捷性也在潜移默化地改变着受众需求，受众需求的碎片化、个性化也给社交媒体的投放带来了全新的挑战，传统的营销策划模式不再适用并且逐渐被市场淘汰。基于此，一方面，要针对受众偏好，对浏览器、cookies 收集的用户数据进行筛选，通过大数据处理，明确用户定位，并进行完整的用户群像分析，利用算法给受众推荐个性化内容，进行精准化营销。另一方面，要对媒体平台自身进行技术分析，充分了解不同媒介平台的特点和功能，进行相应的归类统计，并有针对性地推荐给不同的目标受众。同时，要制定完整的营销战略，结合传统媒体与新媒体的优势，提升作品内容质量，根据市场和受众反馈调整策略，从而达到既定目标。

4. 提升融媒体活力，打造有竞争力的新型主流媒体

"新型主流媒体"的内涵是：顺应社会转型和媒介融合之大势，具有互联网思维，遵循新闻传播和新兴媒体发展规律，手段先进、形态多样，既能传播社会主流价值观，又能积极回应民众合理诉求，具有强大传播力、公信力、影响力和竞争力的主流新闻媒体。[1] 5G 的应用和推广也为中国传媒产业发展注入新的活力，但是当前媒体融合仍然存在制度设计不完善、传统媒体人才流失等问题，打造新型主流媒体尤为重要。第一，需要具备互联网思维，建立扁平化的组织管理体系，发挥主流媒体在舆论中的主导作用，创意策划内容，加强主流媒体与受众的互动性，实时回应受众诉求。第二，创新经营方式，积极推进体制改革，促进跨区域、跨媒介的

---

① 李华：《推动媒体融合　打造新型主流媒体——第十届中国新闻学年会"十九大后主流媒体的深化改革与创新发展"研讨综述》，《新闻爱好者》2018 年第 2 期。

主流媒体协同互动，通过信息共享和优势互补提高应对市场的竞争力和核心产品研发能力。第三，坚持内容为王，主流媒体要跟紧时事，有效引导舆论的发展，推出更多贴近社会、具有温度和真实性的作品，反映群众的心声。

政策与监管篇
Policy and Regulation Reports

B.2
中国5G融媒体应用政策分析

马 黛 王一淳*

摘 要: 近年来,一系列利好政策的不断加持为中国5G产业加速发展保驾护航。本报告通过分析2021年从中央到各省(区、市)出台的有关"5G应用场景建设"的多项政府工作会议和政策文件,通过横向和纵向的对比,发现2021年中国5G信息传播技术及应用的相关政策主要从5G相关基础设施建设部署、5G融媒体应用场景培育两个方向发力。提出了在中央命题、顶层设计,地方作答、基层探路的方向性和战略性指引下,继续推动中国5G融媒体发展不断实现创新变革,探寻5G在内容传播领域的更深、更广应用,持续优化"5G+产业"格局与传播新生态的发展建议。

---

* 马黛,中国传媒大学新闻传播学部传播研究院、媒体融合与传播国家重点实验室博士研究生,主要研究方向为媒介文化研究、媒体融合、网络舆情等;王一淳,中国传媒大学新闻传播学部传播研究院、媒体融合与传播国家重点实验室博士研究生,主要研究方向为智能传播、媒体融合、媒介生存性等。

关键词: 5G应用场景 产业发展 政策环境

2021年是中国"十四五"规划开局之年,也是5G快速发展、全面商用之年。以5G、人工智能等为代表的新技术在中央命题、顶层设计,地方作答、基层探路中继续推动中国5G融媒体发展不断实现创新变革,5G在内容传播领域的应用之势愈发凸显,"5G+产业"格局与传播新生态持续优化。

一 中央命题 顶层设计

(一)5G"新基建"顶层设计加速社会信息化转型升级

2021年是"十四五"规划开局之年,以5G为代表的新型基础设施建设(以下简称"新基建")按下加速键。2021年中央级会议或文件屡次明确指示,要继续加强中国新基建。2021年1月以来,工信部、国家发改委、国家能源局等部门出台多项政策大力助推5G应用场景建设,为加速5G产业发展营造良好的政策环境,并提供了方向性和战略性指引。

工信部于2021年1月发布了《工业互联网创新发展行动计划(2021~2023年)》(以下简称《计划》),《计划》指出到2023年,工业互联网新型基础设施建设质量并进,新模式、新业态大范围推广,覆盖各地区、各行业的工业互联网网络基础设施初步建成。与此同时,《计划》还提出将打造3~5个具有国际影响力的综合型工业互联网平台,以及打造30个5G全连接工厂并实现在10个重点行业的全覆盖,而国家工业互联网大数据中心体系届时也将基本建成。①

---

① 《提速工业互联网建设!到2023年10个重点行业打造30个5G全连接工厂》,新华网,2021年1月14日,http://www.xinhuanet.com/tech/2021-01/14/c_1126980690.htm。

2021 年 1 月，国新办举行发布会介绍了 2020 年工业和信息化发展情况。工信部信息通信管理局局长赵志国肯定了 2020 年 5G 商用发展情况，表示工信部将在适度超前原则指导下持续深化 5G 网络建设部署，2021 年新建 5G 基站 60 万个，不仅达成地级以上城市的深度覆盖，同时加速延伸至有条件的县镇。此外，还要引导和鼓励地方政府强化对 5G 网络建设的支持力度，进一步落实 5G 基站的选址、用电等相关政策。大力推进 5G 虚拟专网等多种方式的应用，以需求为导向，将医疗、教育、交通、能源、工业等重点领域的网络建设工作做好做实，尽早实现 5G 网络覆盖在更广范围与更多层次的发展突破。①

2021 年 3 月，李克强总理代表国务院在十三届全国人大四次会议上作《政府工作报告》，提出 2021 年要做好"发展工业互联网""加强质量基础设施建设""加大 5G 网络和千兆光纤网建设力度，丰富应用场景"等重点工作。②

十三届全国人大四次会议审议通过了《中华人民共和国国民经济和社会发展第十四个五年规划和 2035 年远景目标纲要》（以下简称《纲要》）。《纲要》在"打造数字经济新优势""加快发展方式绿色转型""建设现代化基础设施体系"等章节中对 5G 发展提出了明确要求。

《纲要》提出，做好新型基础设施建设工作，不仅需要"加快 5G 网络规模化部署，用户普及率提高到 56%，推广升级千兆光纤网络，还应前瞻布局 6G 网络技术储备"，并"前瞻布局 6G 网络技术储备"。同时，始终坚持数字产业化方面的创新发展，要"构建基于 5G 的应用场景和产业生态，在智能交通、智慧物流、智慧能源、智慧医疗等重点领域开展试点示范"。在全面提高资源利用效率方面，要"坚持节能优先方针，推动 5G、大数据中心等新兴领域能效提升"。③

① 《5G 覆盖加速向县镇延伸》，新华网，2021 年 1 月 27 日，http：//www.xinhuanet.com/tech/2021 - 01/27/c_ 1127029011.htm。
② 《政府工作报告》，中国政府网，2021 年 3 月 5 日，http：//www.gov.cn/guowuyuan/2021 zfgzbg.htm。
③ 《中华人民共和国国民经济和社会发展第十四个五年规划和 2035 年远景目标纲要》，中国政府网，2021 年 3 月 13 日，http：//www.gov.cn/xinwen/2021 - 03/13/content_ 5592681.htm。

自 2019 年发布《"5G + 工业互联网"512 工程推进方案》以来，覆盖 20 余个国民经济重要行业的"5G + 工业互联网"在建项目已超过 1500 个，在实体经济数字化、网络化、智能化转型升级进程中发挥了重要作用。在此背景下，2021 年 5 月，在采矿行业"5G + 工业互联网"现场工作会上，工信部信息通信管理局发布了《"5G + 工业互联网"十个典型应用场景和五个重点行业实践》，具体介绍了评选出的"5G + 工业互联网"十个典型应用场景及五个重点行业"5G + 工业互联网"的实际应用情况，着力推进采矿等重点行业利用"5G + 工业互联网"加快数字化转型。[①] 后续，工信部持续推动产业创新发展，于 2021 年 11 月再发布一批"5G + 工业互联网"典型应用场景和重点行业实践。

2021 年 5 月，国家发改委等四部门公布的《关于推动城市停车设施发展的意见》（以下简称《意见》）提出了"推广智能化停车服务"的规划意见。《意见》指出，要加快应用大数据、物联网、5G、"互联网 +"等新技术新模式，开发移动终端智能化停车服务应用，实现信息查询、车位预约、电子支付等服务功能集成，推动停车资源共享和供需快速匹配。[②]

2021 年 6 月，为贯彻落实《工业互联网创新发展行动计划（2021 ~ 2023 年）》，扎实做好"十四五"工业互联网开局工作，工信部印发了《工业互联网专项工作组 2021 年工作计划》（以下简称《计划》）。《计划》明确了 2021 年十五项重点任务共九十条具体措施，2021 年重点工作包括推进工业互联网五个方面十五项重点任务，其中深化"5G + 工业互联网"是重点内容，并提出了相关重点工作、具体举措及年度成果目标。[③]

---

① 《关于发布"5G + 工业互联网"十个典型应用场景和五个重点行业实践情况的通知》，工信部官网，2021 年 5 月 31 日，https：//www.miit.gov.cn/jgsj/xgj/gzdt/art/2021/art_ a186fc3f 5ec14e449098814ca1fb2302.html。

② 《国务院办公厅转发国家发展改革委等部门关于推动城市停车设施发展意见的通知》，中国政府网，2021 年 5 月 21 日，http：//www.gov.cn/zhengce/content/2021 – 05/21/content_ 5609800.htm。

③ 《关于印发〈工业互联网专项工作组 2021 年工作计划〉的通知》，工信部官网，2021 年 6 月 7 日，https：//www.miit.gov.cn/zwgk/zcwj/wjfb/txy/art/2021/art_ a02effb156344a408e8c a5d60d0442de.html。

2021 年 6 月，为拓展能源领域 5G 应用场景，探索可复制、易推广的 5G
应用新模式、新业态，支撑能源产业高质量发展，国家发改委、国家能源局、
中央网信办、工信部四部门联合印发了《能源领域 5G 应用实施方案》。方案
结合发展总体要求、主要任务和保障措施，为能源领域 5G 应用提供了重要指
引，提出在未来 3~5 年，将围绕智能电厂、智能电网、智能煤矿、智能油气、
综合能源、智能制造与建造等方面拓展一批 5G 典型应用场景。①

2021 年 7 月，为大力推动 5G 创新应用，工信部、中央网信办、国家发
改委等十部门联合印发了《5G 应用"扬帆"行动计划（2021~2023 年）》
（以下简称《计划》）。《计划》确立了未来 3 年中国 5G 发展目标，即以工
业互联网、车联网、智慧港口、智慧采矿、智慧教育、智慧医疗为重点领
域，大力推进 5G 在包括信息消费、实体经济、民生服务三大领域 15 个行
业的应用与推广，以 3 年为周期初步形成 5G 创新应用体系。《计划》还提
出到 2030 年 5G 个人用户普及率超过 40%、用户数超过 5.6 亿、5G 网络接
入流量的占比要超过 50%、每万人拥有 5G 基站数超过 18 个等目标。为实
现这些目标，要实施新型信息消费升级、行业融合应用深化等 8 大行动。②

2021 年 7 月，工信部印发了《新型数据中心发展三年行动计划（2021~
2023 年）》（以下简称《行动计划》）。《行动计划》为新型数据中心制定了
6 个专项行动，包括 20 个具体任务和 6 个工程，着力推动新型数据中心发
展。《行动计划》提出，开展基于 5G 和工业互联网等重点应用场景的边缘
数据中心应用标杆评选活动，打造 50 个以上标杆工程，形成引领示范
效应。③

2021 年 7 月，中共中央、国务院发布了《中共中央 国务院关于支持浦

---

① 《关于印发〈能源领域 5G 应用实施方案〉的通知》，中国政府网，2021 年 6 月 12 日，
http：//www. gov. cn/zhengce/zhengceku/2021－06/12/content_ 5617357. htm。

② 《〈5G 应用"扬帆"行动计划（2021~2023 年）〉解读》，工信部官网，2021 年 7 月 13 日，
https：//www. miit. gov. cn/zwgk/zcjd/art/2021/art_ 96dc7fc6f6204c1cab3cc95f449e5534. html。

③ 《工业和信息化部关于印发〈新型数据中心发展三年行动计划（2021~2023 年）〉的通
知》，工信部官网，2021 年 7 月 14 日，https：//www. miit. gov. cn/zwgk/zcwj/wjfb/txy/art/
2021/art_ d6068e784bef47ca9cda927daa42d41e. html。

东新区高水平改革开放打造社会主义现代化建设引领区的意见》，赋予浦东新区改革开放新的重大任务，提出了"建立城市5G安全智慧大脑"等相关意见。①

2021年7月，《经济参考报》刊文《政策利好纷至 5G规模化应用加力提速》称，工信部将进一步提升整体政策布局力度，进一步推动5G应用的规模化发展。在能源、医疗、工业、交通、媒体等各行业龙头企业的引领下，驱动产业链上下游对行业需求与应用场景的深度挖掘与探索，极力打造具有行业领域特色的应用场景，以及可作为行业标杆的高水平示范项目。除此之外，围绕京津冀、长三角、粤港澳等区域规划建设多个行业特色应用集群，形成产业集聚效应，以此为驱动力推动一批5G融合应用产业基地的建设与发展。②

（二）全面深化改革，加快推进媒体深度融合发展

2021年以来，中国密集出台了有关媒体融合发展的顶层规划，这在制度层面对媒体融合发展提出了要求，提供了政治方向的指引，也表明了媒体融合发展工作的重要性和紧迫性。

2021年1月，中共中央宣传部副部长，国家广播电视总局局长、党组书记聂辰席在2021年全国广播电视工作会议上作工作报告。报告提出加快实现"融合化、高清化、特色化"发展目标，即"顺应媒体深度融合和全媒体的发展趋势，加快推进广电媒体融合化""积极适应文化与科技的深度融合，加速推进广电媒体高清化""积极适应分众化、差异化传播趋势，加快推进广电媒体特色化"。③

---

① 《〈中共中央 国务院关于支持浦东新区高水平改革开放打造社会主义现代化建设引领区的意见〉发布》，新华网，2021年7月15日，http：//www.xinhuanet.com/politics/zywj/2021－07/15/c_1127659560.htm。
② 《政策利好纷至 5G规模化应用加力提速》，《经济参考报》2021年7月28日，http：//dz.jjckb.cn/www/pages/webpage2009/html/2021－07/28/content_76006.htm。
③ 《2021年全国广播电视工作会议在京召开》，国家广播电视总局官网，2021年1月7日，http：//www.nrta.gov.cn/art/2021/1/7/art_112_54674.html。

2021年2月，《中共中央 国务院关于全面推进乡村振兴加快农业农村现代化的意见》（以下简称《意见》）发布。《意见》对新发展阶段优先发展农业农村、全面推进乡村振兴做出总体部署，为做好当前和今后一个时期"三农"工作指明了方向。《意见》指出，要建强并用好县级融媒体中心。①

2021年3月，《中华人民共和国国民经济和社会发展第十四个五年规划和2035年远景目标纲要》第三十五章"提升公共文化服务水平"提出，"推进媒体深度融合，做强新型主流媒体"。②

2021年3月，《国家广播电视总局办公厅关于印发5G高新视频系列标准体系（2021版）的通知》提出，为在5G高新视频领域发挥标准的引领和规范作用，助推广播电视和网络视听行业高质量创新性发展，国家广播电视总局制定了互动视频、沉浸式视频、VR视频和云游戏等四项标准体系文件。③ 四项标准体系分别从各自技术和应用发展角度出发，覆盖互动视频的制作传输、播放交互、质量评测环节，沉浸式视频和VR视频的采集、制作、传输和呈现等环节，云游戏的架构、平台、终端、安全、评测环节，促进了各自的标准化建设和规范化发展。

2021年4月，国家广电总局媒体融合发展领导小组召开2021年第一次会议，并通过了《国家广播电视总局媒体融合发展领导小组工作规则》和《2021年推进广电媒体深度融合发展工作方案》。中共中央宣传部副部长，国家广播电视总局局长、党组书记聂辰席出席会议，并对进一步做好广电媒体深度融合发展工作提出提高政治站位、形成工作合力、狠抓工作落实三个

---

① 《中共中央 国务院关于全面推进乡村振兴加快农业农村现代化的意见》，中国政府网，2021年2月21日，http：//www.gov.cn/zhengce/2021－02/21/content_5588098.htm。
② 《中华人民共和国国民经济和社会发展第十四个五年规划和2035年远景目标纲要》，中国政府网，2021年3月13日，http：//www.gov.cn/xinwen/2021－03/13/content_5592681.htm。
③ 《国家广播电视总局办公厅关于印发5G高新视频系列标准体系（2021版）的通知》，国家广播电视总局官网，2021年3月25日，http：//www.nrta.gov.cn/art/2021/3/25/art_113_55550.html。

方面的要求。①

2021年8月，中共中央办公厅、国务院办公厅印发了《关于进一步加强非物质文化遗产保护工作的意见》，提出要"加大非物质文化遗产传播普及力度"。非物质文化遗产保护工作要适应媒体深度融合趋势，丰富传播手段，拓展传播渠道，鼓励新闻媒体设立非物质文化遗产专题、专栏等，支持加强相关题材纪录片创作，办好有关优秀节目，鼓励各类新媒体平台做好相关传播工作。②

二　地方作答　基层探路

在中央顶层设计的统筹下，各省（区、市）为更好地响应中央政策，都在加紧部署落实。在推进5G网络基础设施建设、促进传统媒体机构5G融媒体应用和加速各行各业垂直领域5G应用场景等方面提出明确规划，以确保"十四五"开好局，以优异成绩庆祝中国共产党成立100周年。政策主要从5G相关基础设施建设部署和5G融媒体应用场景培育两个方面发力。

（一）各省（区、市）5G相关基础设施建设部署

自2018年中央经济工作会议首次提出"新基建"这一概念后，全国各省（区、市）政府对新基建重视程度不断强化，相关政策线路也日趋清晰。作为数字经济的发展基石、转型升级的关键支撑，以5G为代表的新一代信息技术建设已成为全国各地政府谋求社会经济高质量发展的重要因素。为回应党的十九届五中全会对"十四五"时期经济社会发展做出的全面部署，全国各省（区、市）政府出台的"2021年政府工作计划"、"十四五"规划、"二〇三五远景目标"等相关政策均有提及5G新基建规划和各行各业

---

① 《广电总局媒体融合发展领导小组2021年第一次会议召开》，国家广播电视总局官网，2021年4月23日，http://www.nrta.gov.cn/art/2021/4/23/art_112_55944.html。
② 《中共中央办公厅 国务院办公厅印发〈关于进一步加强非物质文化遗产保护工作的意见〉》，中国政府网，2021年8月12日，http://www.gov.cn/zhengce/2021-08/12/content_5630974.htm。

在5G领域开展应用的内容。

一是北京、上海、天津、重庆、广东、福建、山西、陕西、内蒙古等省（区、市）提出要加快推进新基建建设，推动5G网络全覆盖的规划部署。2021年1月，《北京市国民经济和社会发展第十四个五年规划和二〇三五年远景目标纲要》提出，要建设通信网络基础设施；实现全域5G室外连续覆盖及典型应用场景精准覆盖；加快基于IPv6的下一代互联网规模部署，"十四五"期间新建5G基站6万个，有效面积覆盖率95%以上。① 2021年2月，北京市人民政府印发的《2021年市政府工作报告重点任务清单》提出，加快千兆固网、IPv6推广应用，2021年新增5G基站6000个。2021年8月，中共北京市委办公厅、北京市人民政府办公厅印发了《北京市关于加快建设全球数字经济标杆城市的实施方案》，提出加快推进"双千兆"计划，实现千兆入户和5G网络全覆盖，建设国际领先的网络基础设施。② 2021年8月，北京市通信管理局印发《北京市"十四五"信息通信行业发展规划》，明确了"十四五"期间将"大力建设新型数字基础设施，助推5G新应用普及，为高精尖产业提速发展提供支撑"等五方面重点任务。③ 2021年8月，北京市人民政府办公厅印发了《北京市"十四五"时期高精尖产业发展规划》，提出"加快产业基础再造筑牢发展新根基"。建设以物联网、车联网、工业级5G芯片、网关、多接入边缘计算、卫星互联网为代表的通信网络基础设施，支持示范应用。④

① 《北京市国民经济和社会发展第十四个五年规划和二〇三五年远景目标纲要》，国家发展和改革委员会官网，2021年3月31日，https：//www.ndrc.gov.cn/fggz/fzzlgh/dffzgh/202103/t20210331_1271321_ext.html。

② 《中共北京市委办公厅 北京市人民政府办公厅印发〈北京市关于加快建设全球数字经济标杆城市的实施方案〉的通知》，北京市人民政府官网，2021年8月3日，http：//www.beijing.gov.cn/zhengce/zhengcefagui/202108/t20210803_2454581.html。

③ 《北京市"十四五"信息通信行业发展规划》，北京市人民政府官网，2021年8月2日，http：//www.beijing.gov.cn/zhengce/zhengcefagui/202108/t20210802_2453612.html。

④ 《北京市人民政府关于印发〈北京市"十四五"时期高精尖产业发展规划〉的通知》，北京市人民政府官网，2021年8月18日，http：//www.beijing.gov.cn/zhengce/zhengcefagui/202108/t20210818_2471375.html。

上海市2021年政府工作报告指出，要着力布局一批新基建重大项目，2021年新建5G室外基站8000个。① 2021年7月，上海市人民政府办公厅印发了《上海市先进制造业发展"十四五"规划》，提出加快面向产业的数字新基建，推动制造业、企业部署应用5G等新型信息基础设施。② 为科学有序全面推进上海城市数字化转型，将数字化应用于市民生活和城市治理等各领域，2021年1月，上海市发布了《关于全面推进上海城市数字化转型的意见》，指出要规划建设高性能公共算力中心，打造人工智能、区块链、工业互联网等数字平台。③ 2021年7月，上海市人民政府办公厅印发了《上海市战略性新兴产业和先导产业发展"十四五"规划》，要求促进"AI+5G"、互联网数据中心、边缘计算等新型网络基础设施建设，全方位推进新模式、新业态健康有序发展，推动服务方式、治理模式变革。④ 2021年8月，上海市人民政府印发《中国（上海）自由贸易试验区临港新片区发展"十四五"规划》，提出高标准构建全域通达的超高速光网，打造临港5G和固网"双千兆"示范区，实现5G网络连续覆盖。⑤

2021年2月，《天津市2021年政府工作报告》指出，推动5G、固定宽带网络提质升速，实施宽带"双千兆"工程，2021年累计建成5G基站

① 《龚正市长在上海市第十五届人民代表大会第五次会议的政府工作报告（2021年）》，上海市人民政府官网，2021年2月1日，https://www.shanghai.gov.cn/nw12336/20210201/ca9e963912cc4c30be7b63799374cd86.html。
② 《上海市人民政府办公厅关于印发〈上海市先进制造业发展"十四五"规划〉的通知》，上海市人民政府官网，2021年7月14日，https://www.shanghai.gov.cn/nw12344/20210714/0a62ea7944d34f968ccbc49eec47dbca.html。
③ 《关于全面推进上海城市数字化转型的意见公布》，网信办官网，2021年1月8日，http://www.cac.gov.cn/2021-01/08/c_1611676479346954.htm。
④ 《上海市人民政府办公厅关于印发〈上海市战略性新兴产业和先导产业发展"十四五"规划〉的通知》，上海市人民政府官网，2021年7月21日，https://www.shanghai.gov.cn/nw12344/20210721/d684ff525ead8a2dfa51e541a14e4.html。
⑤ 《上海市人民政府关于印发〈中国（上海）自由贸易试验区临港新片区发展"十四五"规划〉的通知》，上海市人民政府官网，2021年8月12日，https://www.shanghai.gov.cn/nw12344/20210812/bd6b7c5e895d42ac8885362bd0ae6e0c.html。

3.3 万个。① 2021 年 3 月，天津市人民政府办公厅印发了《天津市新型基础设施建设三年行动方案（2021～2023 年）》。② 2021 年 2 月，《天津市国民经济和社会发展第十四个五年规划和二〇三五年远景目标纲要》提出，引导基础电信企业加大建设力度，到 2022 年底累计建成 5G 基站 5 万个，到 2025 年底根据业务发展需求再建设 5G 基站 2 万个，打造全国领先的 5G 精品网络。③

2021 年 1 月，《重庆市人民政府工作报告（2021 年）》提出，2021 年新建 5G 基站 2.1 万个，扩大千兆光纤接入网络覆盖面。④ 2021 年 3 月，《重庆市国民经济和社会发展第十四个五年规划和二〇三五年远景目标纲要》提出，规划部署低轨卫星移动通信、空间互联网和量子通信网等未来网络设施，打造泛在互联立体网络体系。⑤

2021 年 3 月，《广东省 2021 年政府工作报告》提出，要大力发展数字经济，加快粤东粤西粤北地区主要城区 5G 网络规模化建设，启动 700M5G 网络建设。⑥ 2021 年 7 月，广东省人民政府印发的《广东省制造业数字化转型若干政策措施》提出"支持 5G、物联网、千兆光网等数字化基础设施建设"，支持企业开展内外网升级改造。⑦

① 《天津市 2021 年政府工作报告》，天津市人民政府官网，2021 年 2 月 1 日，http：//www. tj. gov. cn/zwgk/zfgzbg/202102/t20210201_ 5343672. html。

② 《天津市人民政府办公厅关于印发天津市新型基础设施建设三年行动方案（2021～2023 年）的通知》，天津市人民政府官网，2021 年 3 月 3 日，http：//www. tj. gov. cn/zwgk/szfwj/tjsrmzfbgt/202103/t20210303_ 5373448. html。

③ 《天津市人民政府关于印发天津市国民经济和社会发展第十四个五年规划和二〇三五年远景目标纲要的通知》，天津市人民政府官网，2021 年 2 月 8 日，http：//www. tj. gov. cn/zwgk/szfwj/tjsrmzf/202102/t20210208_ 5353467. html。

④ 《重庆市人民政府工作报告（2021 年）》，重庆市人民政府官网，2021 年 1 月 28 日；http：//www. cq. gov. cn/zwgk/zfxxgkml/zfgzbg/202101/t20210128_ 8857504. html。

⑤ 《重庆市人民政府关于印发重庆市国民经济和社会发展第十四个五年规划和二〇三五年远景目标纲要的通知》，重庆市人民政府官网，2021 年 3 月 1 日，http：//www. cq. gov. cn/zwgk/zfxxgkml/szfwj/qtgw/202103/t20210301_ 8953012. html。

⑥ 《广东省 2021 年政府工作报告》，广东省人民政府官网，2021 年 3 月 21 日，http：//www. gd. gov. cn/zwgk/gongbao/2021/10/content/post_ 3367157. html。

⑦ 《广东省人民政府关于印发广东省制造业数字化转型实施方案及若干政策措施的通知》，广东省人民政府官网，2021 年 7 月 6 日，http：//www. gd. gov. cn/zwgk/wjk/qbwj/yf/content/post_ 3338922. html。

2021年2月，《福建省2021年政府工作报告》提出，福建省2021年将新开通5G基站3万个；[①] 2021年4月，福建省人民政府印发的《福建省新型信息基础设施强基赋能专项行动工作方案（2021年）》指出，进一步完善新型信息基础设施，加速普及固定和移动网络"千兆到户"能力，推进新一代信息技术与制造业深度融合。[②]

2021年2月，《2021年山西省政府工作报告》提出，2021年山西省再新建5G基站1.5万个，加快推动市县城区5G网络全覆盖。[③] 2021年7月，《山西省信息通信业"十四五"发展规划》提出，到2025年山西省建成5G基站12万个，5G网络基本实现乡镇以上区域和重点行政村全覆盖；推进5G信息通信技术与能源、交通、文旅、教育等垂直行业深度融合，凝神聚力打造一批重点行业应用示范项目。[④]

2021年3月，《陕西省国民经济和社会发展第十四个五年规划和二〇三五年远景目标纲要》提出，要加快省内5G基础设施建设，到2025年陕西省5G基站数达到6万个，实现全省固定宽带用户下载率达到75兆位/秒。[⑤]

2021年2月，内蒙古自治区人民政府下达的《2021年内蒙古自治区国民经济和社会发展计划》提出，推广5G应用，实现旗县（市、区）、重点园区、大型企业5G全覆盖，力争建设5G基站1万个、累计建成2万个。[⑥]

---

① 《福建省2021年政府工作报告》，福建省人民政府官网，2021年2月1日，http://www.fujian.gov.cn/szf/gzbg/zfgzbg/202102/t20210201_5529296.htm。

② 《福建省预计今年5G项目投资45亿元 新建5G基站3万个》，新浪科技，2021年4月19日，http://finance.sina.com.cn/tech/2021-04-19/doc-ikmyaawc0570707.shtml。

③ 《2021年山西省政府工作报告》，山西省人民政府官网，2021年2月8日，http://www.shanxi.gov.cn/szf/zfgzbg/szfgzbg/202102/t20210208_878492.shtml。

④ 《山西信息通信业"十四五"发展规划发布》，山西省人民政府官网，2021年7月21日，http://www.shanxi.gov.cn/yw/sxyw/202107/t20210721_928877.shtml。

⑤ 《陕西省人民政府关于印发国民经济和社会发展第十四个五年规划和二〇三五年远景目标纲要的通知》，陕西省人民政府官网，2021年3月16日，http://www.shaanxi.gov.cn/zfxxgk/fdzdgknr/zcwj/szfwj/szf/202103/t20210316_2156630.html。

⑥ 《内蒙古自治区人民政府关于下达2021年自治区国民经济和社会发展计划的通知》，内蒙古自治区人民政府官网，2021年2月9日，http://www.nmg.gov.cn/zwgk/zfxxgk/zfxxgkml/202102/t20210209_886583.html。

2021年3月，《2021年内蒙古自治区政府工作报告》指出，系统布局5G基站、充电桩、加氢站等新型基础设施。[①]

2021年1月，《新疆维吾尔自治区促进5G网络建设发展规定》明确了5G网络建设发展的适用范围、建设原则、建设要求、建设管理等，鼓励各相关部门、单位推进5G多领域应用，加快5G示范项目建设。[②] 2021年2月，新疆维吾尔自治区人民政府在《2021年度政府工作报告》中提出了"加强新型基础设施建设，加快5G网络建设"的目标规划。[③]

2021年1月，《西藏自治区国民经济和社会发展第十四个五年规划和二〇三五年远景目标纲要》提出，加快千兆光纤宽带、5G网络、大数据中心建设，争取信息化整体水平达到西部中等水平。[④]

此外，其他省份在2021年政府工作报告中也提出了"加快5G基站建设"的目标。吉林省提出"拓展互联网功能，发展增值业务，建设5G基站1.5万个以上"；[⑤]黑龙江省提出"加快推进5G基站建设及技术应用，2021年要新建1.8万个5G基站"；[⑥]安徽省提出"新建5G基站2.5万个、建成应用场景100个"；[⑦]江西省提出"实施5G网络覆盖提升工程等项目，实现

① 《2021年内蒙古自治区政府工作报告》，内蒙古自治区人民政府官网，2021年3月17日，http：//www.nmg.gov.cn/zwgk/zfggbg/zzq/202103/t20210317_1192976.html。
② 《新疆维吾尔自治区促进5G网络建设发展规定》，新疆维吾尔自治区人民政府官网，2021年1月21日，http：//www.xinjiang.gov.cn/xinjiang/zfgz/202101/069cd5a5125f4521b4c1327a52173be6.shtml。
③ 《2021年度政府工作报告》，新疆维吾尔自治区人民政府官网，2021年2月8日，http：//www.xinjiang.gov.cn/xinjiang/zjjh/202102/0cb280d52c8c4a95b157f1ae93231214.shtml。
④ 《关于西藏自治区国民经济和社会发展第十四个五年规划和二〇三五年远景目标纲要的决议》，中国共产党西藏自治区委员会官网，2021年1月25日，https：//www.xzdw.gov.cn/xwzx/qnyw/202101/t20210125_173532.html。
⑤ 《2021年吉林省政府工作报告》，吉林省人民政府官网，2021年1月25日，http：//www.jl.gov.cn/szfzt/2021jlslh/zfgzbgtj/202101/t20210125_7923520.html。
⑥ 《2021年黑龙江省政府工作报告》，黑龙江省人民政府官网，2021年2月19日，https：//www.hlj.gov.cn/n200/2021/0219/c845-11014791.html。
⑦ 《2021年安徽省政府工作报告》，安徽省人民政府官网，2021年2月2日，https：//www.ah.gov.cn/public/1681/553953381.html。

重点城镇以上 5G 网络连续覆盖";① 贵州省提出"实施新基建三年行动,新建 5G 基站 2 万个";② 河南省提出"加快建设新一代信息网络和一体化融合基础设施,新建 5G 基站 5 万个,加快实施省大数据中心等项目";③ 河北省提出"加大 5G 网络、人工智能等新型基础设施建设的投资力度";④ 辽宁省提出"加快数字经济基础设施建设,制定数字辽宁发展规划,建成 5G 基站2.5 万个";⑤ 山东省提出"2021 年计划将新开通 5G 基站 4 万个";⑥ 海南省提出"实现所有乡镇及具备条件的行政村 5G 网络全覆盖";⑦ 广西壮族自治区明确了要"加快建设新型基础设施,打造千兆城市、百兆乡村";⑧ 云南省提出"5G 基站总量达到 5 万个,百兆以上宽带用户占比超过 92%";⑨四川省提出"加大对 5G 应用场景等领域投入力度,实施传统基础设施智能化改造";⑩ 甘肃省明确要"有效推进 5G 网络建设,推动 5G 技术在重点行

① 《2021 年江西省政府工作报告》,江西新闻网,2021 年 2 月 1 日,https://jiangxi. jxnews. com. cn/system/2021/02/01/019178774. shtml。
② 《2021 年贵州省政府工作报告》,贵州省人民政府官网,2021 年 2 月 24 日,http:// www. guizhou. gov. cn/xwdt/zy/ldhd/202102/t20210224_ 66836412. html。
③ 《2021 年河南省政府工作报告》,河南省人民政府官网,2021 年 1 月 25 日,https:// www. henan. gov. cn/2021/01–25/2084704. html。
④ 《2021 年河北省政府工作报告》,河北省人民政府官网,2021 年 2 月 19 日,http:// www. hebei. gov. cn/hebei/14462058/14471802/14471805/15003800/index. html。
⑤ 《2021 年省政府工作报告——2021 年 1 月 28 日在辽宁省第十三届人民代表大会第五次会议上》,辽宁省人民政府官网,2021 年 2 月 2 日,http://www. ln. gov. cn/zwgkx/zfgzbg/ szfgzbg/202102/t20210202_ 4079035. html。
⑥ 《政府工作报告(省十三届人大五次会议 2021 年)》,山东省人民政府官网,2021 年 2 月 7日,http://www. shandong. gov. cn/art/2021/2/7/art_ 101626_ 399212. html。
⑦ 《2021 年海南省政府工作报告》,海南省人民政府官网,2021 年 2 月 1 日,https:// www. hainan. gov. cn/hainan/szfgzbg/202102/40b0485136d642a7b9c5454bffe85fdb. shtml。
⑧ 《政府工作报告——2021 年 1 月 21 日广西壮族自治区第十三届人民代表大会第四次会议上》,广西壮族自治区人民政府官网,2021 年 1 月 27 日,http://www. gxzf. gov. cn/zwgk/ gzbg/zfgzbg/t7777648. shtml。
⑨ 《2021 年云南省政府工作报告解读》,云南省人民政府官网,2021 年 3 月 30 日,http:// www. yn. gov. cn/ztgg/2020ynszfgzbgjd/#gzbg。
⑩ 《2021 年四川省政府工作报告》,四川省人民政府官网,2021 年 1 月 30 日,http:// www. sc. gov. cn/10462/10464/10797/2021/1/30/6994b9b78eac40faa9a8ca0fd66ce1b5. shtml。

业领域应用"。① 各省（区、市）2020 年 5G 完成任务及 2021 年 5G 建设目标如表 1 所示。

表 1　各省（区、市）2020 年 5G 完成任务及 2021 年 5G 建设目标

省（区、市）	2020 年 5G 完成任务	2021 年 5G 建设目标
北京	累计开通 5G 基站 5.3 万个	加快数字基础设施建设,加快千兆固网、IPv6 推广应用,新增 5G 基站 6000 个
上海	在全国率先建成 5G 和固定宽带"双千兆"城市;已建成 1.5 万个 5G 基站	大力推进一批新基建重大项目,新建 5G 室外基站 8000 个
天津	累计建成 5G 基站 2.4 万余个,重点打造了 150 个 5G 应用场景	加快新型基础设施建设,推动 5G、固定宽带网络提质升速,实施宽带"双千兆"工程,累计建成 5G 基站 3.3 万个,在智能城市、智能制造、智慧港口等重点领域打造一批 5G 应用示范标杆项目,建设全国一流 5G 城市,推进智慧城市由试点示范到全域覆盖跨越,建设 5G 全域应用示范区
重庆	新建开通 5G 基站 3.9 万个,累计开通 5G 基站 4.9 万个	推动 5G 融合应用示范,拓展智慧政务、交通、医疗、旅游等智能化应用。统筹推进信息、融合、创新基础设施建设,新建 5G 基站 2.1 万个,扩大千兆光纤接入网络覆盖面
广东	累计建成 5G 基站突破 12.4 万个,达到全年建设目标的 258%	实现粤东粤西粤北地区主要城区 5G 网络规模化建设,打造珠三角 5G 网络城市群。放宽准入门槛,激发社会投资活力。大力发展 5G 产业,推进超高清视频产业发展试验区建设,加快 4K、5G 的技术规模化应用
浙江	累计建成 5G 基站 6.26 万个,实现县城及以上与重点乡镇全覆盖	完善工业互联网平台体系,实施"5G + 工业互联网"工程,形成量大面广的新技术融合应用场景

---

① 《2021 年甘肃省政府工作报告》,甘肃省人民政府官网,2021 年 2 月 1 日,2http：//www. gansu. gov. cn/gsszf/c100002/c100999/202102/1452122. shtml。

续表

省(区、市)	2020 年 5G 完成任务	2021 年 5G 建设目标
江苏	建成 5G 基站 7.1 万个,基本实现全省各市县主城区和重点中心镇全覆盖	扎实推进"5G + 工业互联网"融合发展,培育一批数据中心产业示范基地、工业大数据应用示范项目
安徽	建成 5G 基站 29415 个,5G 基站累计已达 30547 个	开展"新基建 +"行动,推进 5G 网络规划布局和基站建设,加快工业互联网、大数据中心、超算中心等建设。新建 5G 基站 2.5 万个、建成应用场景 100 个
福建	建成 5G 基站 2 万多个,实现县城及以上区域与重点乡镇 5G 网络全覆盖	计划新开通 5G 基站 3 万个
江西	发布全国首个铜箔行业"5G + 工业互联网"智慧工厂应用成果,累计开通 5G 基站超 3 万个,5G 基站实现所设区市主城区全覆盖	实施 5G 网络覆盖提升工程等项目,实现重点城镇及以上地区 5G 网络连续覆盖
河北	新建 5G 基站 2.1 万个,累计达到 2.3 万个	加大 5G 网络、人工智能等新型基础设施投资力度
山西	全国首个 5G 煤矿专网建成运行,新增 5G 基站 13750 个,117 个县区全部建设了 5G 基站	重点布局 5G 等新一代信息基础设施,再新建 5G 基站 1.5 万个,加快推动市、县城区 5G 网络全覆盖,在 5G、人工智能、大数据等领域建设一批应用场景示范工程
山东	开通 5G 基站 5.1 万个,居全国第四位;16 地市城区均已实现 5G 网络全覆盖,全部 136 个县(市、区)实现重点城区连续覆盖	新开通 5G 基站 4 万个,进一步加大 5G 网络建设力度,大力发展 5G 应用
辽宁	建成 5G 基站 2.3 万个,重点培育 100 个"5G + 工业互联网"示范工厂和园区	开工建设 5G 精品网络建设工程,新建 5G 基站 2.5 万个,谋划建设标识解析国家顶级节点、"星火·链网"超级节点
吉林	新建 5G 基站 8042 个	建设 5G 基站 1.5 万个以上,实现县域核心城区 5G 网络全覆盖,一般城区基本覆盖

续表

省(区、市)	2020年5G完成任务	2021年5G建设目标
黑龙江	建成并开通5G基站1.89万个	加快推进5G基站建设及技术应用,新建1.8万个5G基站
河南	新建5G基站3.5万个,县城及以上城区实现5G网络全覆盖	新建5G基站5万个;实现城市家庭千兆宽带、农村家庭百兆光纤和乡镇以上5G网络全覆盖;提高5G网络覆盖面,加快推进5G重点场景应用,实现乡镇、农村热点区域全覆盖
湖北	新建5G基站2.6万个,成功举办中国5G+工业互联网大会	加强新型基础设施建设,抓好5G+智能制造、智慧交通、智慧物流等十大示范工程
湖南	建成5G基站2.9万个,实现14个地级城市城区5G覆盖;再次发布30个"5G+制造业"典型应用场景,使发布的5G典型应用场景数达60个	培育5G应用,推动5G高新视频产业创新发展,新建广电5G覆盖工程
海南	累计建成5G基站10823个,基本实现海口、三亚主城区室外覆盖,其他市县城区热点覆盖,5G应用项目区域全覆盖;实施海航技术5G+AR辅助机务维护、海南炼化5G专网一期等35个5G示范应用项目	实现所有乡镇及具备条件的行政村5G网络全覆盖;实施基于5G物联网的基层医疗卫生机构能力提升工程
四川	累计建成5G基站3.9万个,实现光纤通到村、5G通到县	促进5G等新一代信息技术与传统产业融合发展,加大对5G应用场景等领域投入
贵州	累计建成5G基站20721个,实现全省9个市州及贵安新区重点城区5G网络覆盖,实现"5G网络县县通"	新建5G基站2万个,5G基站累计将超过4万个
云南	建成5G基站1.85万个,信息网能力实现跃升	全省5G基站建设数将达5万个,实现县城及各类行业领域连续覆盖,全面支撑社会各方面的融合应用

续表

省(区、市)	2020年5G完成任务	2021年5G建设目标
陕西	已建成5G基站1.8万余个,发展5G用户948.9万户	优化5G建设环境,务实推进5G规模部署
甘肃	新建成5G基站7802个,累计建成5G基站8509个。甘肃5G网络人口覆盖率达到24%以上,并实现所有市州主城区5G网络连续覆盖	有序推进5G网络建设,推动5G在重点行业领域的应用
青海	累计建成5G基站1891个,累计投资超过7亿元,实现西宁主要城区、重要商圈和人流密集区域5G覆盖,各市州的核心城区开通5G网络,开通各县县城示范站,全省5G用户达到31.22万户	基本实现城市、县城和重点乡镇5G全覆盖;督促指导各5G网络运营企业和铁塔公司加快5G网络建设,促进5G发展目标快速实现、5G行业应用迅速拓展
广西	5G基站累计达2.1万个	新建5G基站2万个,扩大5G网络设区市、县城和乡镇重点区域覆盖面;加快建设新型基础设施,打造千兆城市、百兆乡村,深化5G规模商用
内蒙古	全区5G基站突破1万个;应用5G技术,推进智慧矿山建设	系统布局5G基站等新型基础设施;大力发展数字经济,加快5G推广应用
宁夏	共建设5G基站4082个,基本实现全区主要城区和重点区域5G网络全覆盖	大力推进5G、工业互联网等新基建发展
新疆	已建成5G基站6272个,5G应用范围和场景不断拓展	基本实现中心城市、县城、乡镇、团场及重点区域的5G网络良好覆盖,推进5G等新一代信息技术融合创新和发展应用,加快构建"5G+工业互联网"产业生态
西藏	移动信号覆盖A级以上景区,5G信号覆盖七市(地)所在地	加快推进5G网络建设,构建新一代信息基础设施①

注:①《西藏各市(地)主城区实现5G网络覆盖》,西藏自治区人民政府官网,2020年12月30日,http://www.xizang.gov.cn/xwzx_ 406/bmkx/202012/t20201230_ 185722.html。

资料来源:各省(区、市)2021年政府工作报告。

二是四川、广东、湖北、河南制定相关资费减免政策，保障加快数字新基建目标推进。2021 年 2 月，四川省经济和信息化厅等 8 部门联合发布了《关于加快推动 5G 发展的实施意见》，围绕加快推进 5G 网络建设、完善 5G 建设管理、降低 5G 建设成本、促进产业加快发展等四个方面提出 14 项重点工作。① 2021 年 5 月，广东省人民政府印发的《关于加快数字化发展的意见》提出，将打造全球领先的 5G 产业创新高地；结合电力供给侧结构性改革和电力体制改革，实施降低 5G、数据中心等新型基础设施用电成本等多项举措。② 2021 年 7 月，广东省人民政府印发的《广东省制造业数字化转型若干政策措施》提出，鼓励电信运营商创新 5G 商业模式，制定面向工业应用的 5G 资费减免政策，降低工业企业内外网改造和使用成本。③《广东省制造业数字化转型实施方案（2021～2025 年）》提出，到 2023 年基本建成覆盖重点行业的工业互联网网络基础设施，5G 在工业领域深化应用，建成 50 个以上工业互联网标识解析二级节点，初步建成健康有序的标识解析体系。2021 年 3 月，湖北省发展和改革委员会等 5 部门出台的《关于降低 5G 基站用电成本有关事项的通知》明确了 5G 基站用电价格政策的调整，提出要加大 5G 基站转供电违规加价清理规范力度，加快推进 5G 基站转供电改造为直供电，同时鼓励湖北省各市、区出台 5G 基站用电等优惠支持政策，通过多措并举，降低省内 5G 基站用电成本，支持 5G 产业加速发展。④ 2021 年 4 月，河南省人民政府办公厅印发的《河南省推进新型基础设施建设行动计划（2021～2023 年）》指出，将加大 5G 基础设施建设并给予各项支持，力

① 《8 部门印发加快推动 5G 发展的实施意见构建具有四川特色的 5G 产业生态体系》，四川省人民政府官网，2021 年 3 月 4 日，http：//www. sc. gov. cn/10462/12771/2021/3/4/c10ffdebe7c34efd8d7e4be1d41b37ec. shtml。

② 《〈广东省人民政府关于加快数字化发展的意见〉解读》，广东省人民政府官网，2021 年 5 月 13 日，http：//www. gd. gov. cn/zwgk/zcjd/bmjd/content/post_ 3280587. html。

③ 《广东省人民政府关于印发广东省制造业数字化转型实施方案及若干政策措施的通知》，广东省人民政府官网，2021 年 7 月 6 日，http：//www. gd. gov. cn/zwgk/wjk/qbwj/yf/content/post_ 3338922. html。

④ 《关于降低 5G 基站用电成本有关事项的通知》，湖北省发展和改革委员会官网，2021 年 3 月 10 日，http：//fgw. hubei. gov. cn/fbjd/zc/zcwj/tz/202103/t20210319_ 3763573. shtml。

争到2023年，5G基站数量达到16.8万个。与此同时，深入开展"5G+"示范工程，在农业、服务业、医疗等行业打造一批标杆应用场景。①

三是北京、上海、天津加大对关键产品研发和生产的支持力度，加快核心产品规模化、产业化步伐。2021年1月，《北京市国民经济和社会发展第十四个五年规划和二〇三五年远景目标纲要》提出要专注技术研发，攻克一批5G等关键核心技术。② 2021年2月，北京市人民政府印发的《2021年市政府工作报告重点任务清单》提出，支持在人工智能、5G、智能制造等领域的技术研发、测试检验、中试熟化、创业孵化等公共科技服务平台建设。③ 2021年8月，《北京市"十四五"时期高精尖产业发展规划》提出，要推进先进通信网络产品及关键部件研制与示范应用。支持海淀区、经济技术开发区、中关村区域实施5G核心器件专项，加快5G研发及产业化进度，提升中高频系统解决方案能力，推动5G产业创新中心和研发制造基地建设；前瞻布局6G相关产业，研制6G前沿产品；在智能制造与装备方面，鼓励VR/AR智能头显等新型智能终端的原创设计与开发，突破5G终端核心软硬件短板，丰富5G终端产品供给与应用平台。④ 2021年8月，上海市人民政府办公厅印发了《上海市战略性新兴产业和先导产业发展"十四五"规划》，要求提升5G通信等核心芯片研发能力。⑤ 同月，《上海市先进制造

---

① 《河南省人民政府办公厅关于印发河南省推进新型基础设施建设行动计划（2021～2023年）的通知》，河南省人民政府官网，2021年4月12日，https：//www. henan. gov. cn/2021/04－12/2124639. html。

② 《北京市国民经济和社会发展第十四个五年规划和二〇三五年远景目标纲要》，国家发展和改革委员会官网，2021年3月31日，https：//www. ndrc. gov. cn/fggz/fzzlgh/dffzgh/202103/t20210331_ 1271321_ ext. html。

③ 《北京市人民政府关于印发〈2021年市政府工作报告重点任务清单〉的通知》，北京市人民政府官网，2021年2月9日，http：//www. beijing. gov. cn/zhengce/zhengcefagui/202102/t20210209_ 2280743. html。

④ 《北京市人民政府关于印发〈北京市"十四五"时期高精尖产业发展规划〉的通知》，北京市人民政府官网，2021年8月18日，http：//www. beijing. gov. cn/zhengce/zhengcefagui/202108/t20210818_ 2471375. html。

⑤ 《上海市人民政府办公厅关于印发〈上海市战略性新兴产业和先导产业发展"十四五"规划〉的通知》，上海市人民政府官网，2021年8月5日，https：//www. shanghai. gov. cn/202115bgtwj/20210805/da6588220d144f9abef953d29b2d906a. html。

业发展"十四五"规划》提出要打破5G芯片等技术产品垄断，加大移动通信技术的集成应用研发及产业化力度，到2025年基本建成具备自主发展能力、具有全球影响力的集成电路创新高地。[①] 2021年2月，《天津市国民经济和社会发展第十四个五年规划和二〇三五年远景目标纲要》指出要推动5G等关键核心技术攻关。[②] 2021年7月，《天津市制造业高质量发展"十四五"规划》提出，到2035年将全面达成现代工业产业体系的整体目标。重点鼓励5G基带芯片等关键产品的研发和生产，加快5G核心产品规模化、产业化步伐；指导企业开发基于5G标准应用的解决方案。[③]

四是北京、天津、湖北、江西、重庆提出要提升服务保障，丰富5G应用场景。2021年8月，《北京市关于加快建设全球数字经济标杆城市的实施方案》提出，支持企业、机构在5G、工业互联网、制造业数字化转型等领域深化开展技术标准合作、解决方案联合开发，主动嵌入全球数字科技创新链条和生态系统。[④] 2021年7月，天津市人民政府办公厅印发了《天津市制造业高质量发展"十四五"规划》，提出加强云计算、大数据、区块链、人工智能等新兴技术与5G融合应用，满足应用领域典型需求，推动行业应用软件向服务化、平台化转型。[⑤] 2021年3月，湖北省通信管理局印发的《湖

---

① 《上海市人民政府办公厅关于印发〈上海市先进制造业发展"十四五"规划〉的通知》，上海市人民政府官网，2021年8月20日，https://www.shanghai.gov.cn/202116bgtwj/20210820/016f860b698d4c80bfa95d156339b04d.html。

② 《天津市人民政府关于印发天津市国民经济和社会发展第十四个五年规划和二〇三五年远景目标纲要的通知》，天津市人民政府官网，2021年2月8日，http://www.tj.gov.cn/zwgk/szfwj/tjsrmzf/202102/t20210208_5353467.html。

③ 《天津市人民政府办公厅关于印发天津市制造业高质量发展"十四五"规划的通知》，天津市人民政府官网，2021年7月1日，http://www.tj.gov.cn/zwgk/szfwj/tjsrmzfbgt/202107/t20210701_5493059.html。

④ 《中共北京市委办公厅 北京市人民政府办公厅印发〈北京市关于加快建设全球数字经济标杆城市的实施方案〉的通知》，北京市人民政府官网，2021年8月3日，http://www.beijing.gov.cn/zhengce/zhengcefagui/202108/t20210803_2454581.html。

⑤ 《天津市人民政府办公厅关于印发天津市制造业高质量发展"十四五"规划的通知》，天津市人民政府官网，2021年7月1日，http://www.tj.gov.cn/zwgk/szfwj/tjsrmzfbgt/202107/t20210701_5493059.html。

北"5G服务春风行"工作方案》提出，以"主动提升服务意识，提高5G服务质量""加快赋能千行百业，丰富5G应用场景""加强统筹规划，提升5G网络质量""加强宣传推广，打造5G宣传阵地"为重点任务，结合5G良性发展模式，全面赋能经济社会高质量发展。① 2021年3月，《2021年江西省5G发展工作要点》提出，2021年江西省5G发展工作要点是提升网络基础、支撑服务、产业发展、融合应用、平台创新、安全保障六个方面的能力。② 2021年3月，据重庆市通信管理局消息，重庆将推动5G在政务、医疗、公安、交通、教育等领域广泛应用，深化5G创新场景应用，建设信息高地。③ 2021年8月，重庆市人民政府印发的《重庆市制造业高质量发展"十四五"规划（2021～2025年)》提出，增加5G手机新品在渝订单规模；加强5G等新一代信息技术研发，探索5G在汽车电子、轨道交通、工业云制造、先进医疗器械、生物医药等更多经济社会发展领域融合渗透的可能路径；构成5G等新一代信息技术新兴产业集群，培育更多5G应用场景创新中心。④

此外，广东、辽宁、山西、安徽、湖北、河南、内蒙古、湖南、新疆、四川、贵州、云南等省份2021年政府工作报告提出了"加强'5G＋X'应用场景示范工程""培育数字应用新业态""打造一批5G应用示范标杆项目"等新一代信息技术与传统产业融合发展的规划路径，推动数字经济和实体经济深度融合。

五是北京、广东、上海、福建积极推进场景应用示范，打造5G龙头

---

① 《湖北省通信管理局印发〈湖北"5G服务春风行"工作方案〉》，湖北省通信管理局官网，2021年3月11日，https://hubca. miit. gov. cn/ztzl/hb5Gfwcfx/art/2021/art_ d8265e959d8f4d4c9eb47298a9e58f11. html。

② 《关于印发2021年江西省5G发展工作要点的通知》，江西省人民政府官网，2021年4月2日，http://www. jiangxi. gov. cn/art/2021/4/2/art_ 5006_ 3307116. html。

③ 《重庆2021年将新建2.1万个5G基站》，新华网，2021年3月22日，http://www. cq. xinhuanet. com/2021 - 03/22/c_ 1127240170. htm。

④ 《重庆市人民政府关于印发重庆市制造业高质量发展"十四五"规划（2021～2025年）的通知》，重庆市人民政府官网，2021年8月3日，http://www. cq. gov. cn/zwgk/zfxxgkml/szfwj/qtgw/202108/t20210803_ 9538603. html。

企业"样板间"。2021 年 1 月,《北京市国民经济和社会发展第十四个五年规划和二〇三五年远景目标纲要》提出,聚焦 5G 等基础领域,培育一批具有核心技术主导权的龙头企业;推动以工业互联网、5G 自动驾驶、智能城市感知、超高清视频应用等为重点的垂直行业场景的应用示范。鼓励"5G + 工业互联网"内网建设改造"样板间"工程。① 2021 年 8 月,《北京市"十四五"时期高精尖产业发展规划》提出,"全面提升产业链现代化水平新层级",实施"新智造 100"工程,推进"十百千万"升级计划,打造形成一批支撑"北京智造"的优质企业群体,"深化开放合作激发产业新活力",高质量培育一批双向创新载体。② 2021 年 7 月,广东省人民政府印发的《广东省制造业数字化转型若干政策措施》聚焦工业互联网应用创新、5G 全连接工厂等方向,支持行业龙头骨干企业建设数字化转型标杆示范项目。③ 2021 年 7 月,《上海市先进制造业发展"十四五"规划》提出,围绕龙头企业,打通上下游环节,打造标志性全产业链。④ 为推动千家企业云端发展,培育更多工业互联网示范平台和应用标杆企业,《福建省 2021 年政府工作报告》提出了深入实施"上云用数赋智"行动。⑤

---

① 《北京市国民经济和社会发展第十四个五年规划和二〇三五年远景目标纲要》,国家发展和改革委员会官网,2021 年 3 月 31 日,https: //www. ndrc. gov. cn/fggz/fzzlgh/dffzgh/202103/t20210331_ 1271321_ ext. html。

② 《北京市人民政府关于印发〈北京市"十四五"时期高精尖产业发展规划〉的通知》,北京市人民政府官网,2021 年 8 月 18 日,http: //www. beijing. gov. cn/zhengce/zhengcefagui/202108/t20210818_ 2471375. html。

③ 《广东省人民政府关于印发广东省制造业数字化转型实施方案及若干政策措施的通知》,广东省人民政府官网,2021 年 7 月 6 日,http: //www. gd. gov. cn/zwgk/wjk/qbwj/yf/content/post_ 3338922. html。

④ 《上海市人民政府办公厅关于印发〈上海市先进制造业发展"十四五"规划〉的通知》,上海市人民政府官网,2021 年 7 月 14 日,https: //www. shanghai. gov. cn/nw12344/20210714/0a62ea7944d34f968ccbc49eec47dbca. html。

⑤ 《福建省 2021 年政府工作报告》,福建省人民政府官网,2021 年 2 月 1 日,http: //www. fujian. gov. cn/szf/gzbg/zfgzbg/202102/t20210201_ 5529296. htm。

（二）各省（区、市）5G融媒体应用场景培育

2021年是媒体融合作为中国国家战略的第8年，也是5G商业应用的第3年。全国各省（区、市）积极谋划2021年5G融媒体重点工作。为贯彻落实"十四五"规划，加快数字化经济发展、完善数字基础设施建设，为国内8K超高清大屏幕标准体系建设提供技术规范，2021年4月，中央广播电视总台牵头制定《8K超高清大屏幕系统视音频技术要求》，加速推动中国超高清产业应用落地，驱动中国数字化经济快速增长，为抢占世界超高清发展先机提供了不可多得的政策支持。[①]

1.主流媒体方面

一是北京、山东多举措加快媒体融合，全面实现融媒化生产和传播。北京市广播电视局多举措推进广播电视媒体融合发展，提出加强顶层设计完善政策体系，于2021年8月，起草了《关于加快推进北京市广播电视媒体深度融合发展的三年行动计划（2021~2023）》，推动首都广播电视媒体在技术创新、内容生产、服务运营、流程管理、人才培养等方面加快融合步伐。[②] 2021年7月，山东省广播电视局出台了《山东省广播电视媒体融合发展三年行动计划（2021~2023年)》，提出将推进山东广播电视媒体建设，实现新闻资讯类、生活服务类内容生产统一调度指挥，全面实现融媒化生产和传播。[③]

二是湖南、黑龙江、吉林、河北、安徽等地提出数字化、智能化发展，积极打造"智慧广电"建设。2021年1月，湖南省广播电视局出台了《湖南省促进"智慧广电"发展实施方案》，提出构建内容生产、传播网络、服

---

① 《中央广播电视总台发布〈8K超高清大屏幕系统视音频技术要求〉》，央视网，2021年4月14日，https：//www.cctv.com/2021/04/14/ARTISVm2CMHfF9lq7Fxd4MGh210414.shtml。

② 《北京局多举措推进广播电视媒体融合发展》，国家广播电视总局官网，2021年8月5日，http：//www.nrta.gov.cn/art/2021/8/5/art_114_57347.html。

③ 《山东广电局出台〈山东省广播电视媒体融合发展三年行动计划（2021~2023年)〉》，国家广播电视总局官网，2021年7月29日，http：//www.nrta.gov.cn/art/2021/7/29/art_114_57284.html。

务生态、安全监管四大智慧广电体系。① 2021 年 3 月，《黑龙江省国民经济和社会发展第十四个五年规划和二〇三五年远景目标纲要》提出，实施文化产业数字化战略，加快广电 5G 网络、智慧广电网络建设，加快发展新型文化企业、文化业态、文化消费模式。② 2021 年 3 月，吉林省广播电视局制定并出台了《"数字吉林·智慧广电"实施方案》，提出了"促进内容平台化融合生产、推进广电 5G 建设"等 18 项重点工程，明确了力争用 3 ~ 5 年时间建设成智慧广电新体系的目标。③ 2021 年 4 月，河北省广播电视局印发了《关于推动新时代广播电视播出机构做优做强做好的实施意见》，提出要积极探索在 5G、大数据、云计算、人工智能等新技术条件下的广播电视数字化、智能化发展新路径。④ 2021 年 6 月，《安徽省智慧广电建设实施意见》明确了新型主流媒体、5G 场景应用、智慧广电服务生态体系等十大重点建设任务。⑤ 2021 年 7 月，《广西壮族自治区广播电视和网络视听"十四五"发展规划》提出，持续推进全国有线电视网络整合和广电 5G 建设一体化发展，积极推进信创工程在广播电视和网络视听领域的应用。⑥ 2021 年 6 月，四川省广播电视局印发了《四川广播电视媒体深度融合发展行动计划 (2021 ~ 2023 年)》，对广电 5G 协同服务能力、5G 实时互动系统、5G 融合边缘云业务、网络 5G 大数据中心机房建设、统筹推进广电 5G 网协调发展、加

---

① 《湖南省促进"智慧广电"发展实施方案出台》，湖南省广播电视局官网，2021 年 1 月 25 日，http://gbdsj.hunan.gov.cn/gbdsj/xxgk/gzdt/sjxx/202101/t20210125_ 14275612.html。

② 《黑龙江人民政府关于印发黑龙江省国民经济和社会发展第十四个五年规划和二〇三五年远景目标纲要的通知（上）》，黑龙江省人民政府官网，2021 年 4 月 22 日，https://www.hlj.gov.cn/n200/2021/0422/c668 - 11016806.html。

③ 《吉林局制定出台〈"数字吉林·智慧广电"实施方案〉》，国家广播电视总局官网，2021 年 3 月 9 日，http://www.nrta.gov.cn/art/2021/3/9/art_ 114_ 55338.html。

④ 《河北省广播电视局印发〈关于推动新时代广播电视播出机构做优做强做好的实施意见〉的通知》，河北省广播电视局官网，2021 年 4 月 23 日，http://rta.hebei.gov.cn/view/1129.html。

⑤ 《〈安徽省智慧广电建设实施意见〉出台》，国家广播电视总局官网，2021 年 6 月 23 日，http://www.nrta.gov.cn/art/2021/6/23/art_ 114_ 56887.html。

⑥ 《〈广西壮族自治区广播电视和网络视听"十四五"发展规划〉正式发布》，广西壮族自治区广播电视局官网，2021 年 7 月 19 日，http://gbdsj.gxzf.gov.cn/qjgz/t9530172.shtml。

快应急广播技术创新和5G高新视频应用等方面提出了新要求。① 辽宁省广播电视局召开辽宁广电5G网络视听产业园区项目建设推进会，提出要以推进项目建设为依托，加快推进全省广电视听产业发展。目前，辽宁广电5G网络视听产业园区已建设完成，于2021年9月份正式启动。②

三是山东、湖北、黑龙江、安徽支持县级融媒体中心建设，建立省、市、县三级媒体传播矩阵。2021年1月，山东省召开2021年全省广播电视工作会议，强调了"十四五"时期的工作计划，提出要大力支持县级融媒体中心发展，启动"全省广播电视和网络视听节目共享交易平台"建设。③ 2021年2月，湖北省广播电视局印发了《2021年全省广播电视工作要点》，提出要加快广电5G建设一体化发展，跟踪"广电智慧县城"等重点入库项目，积极推动"中国（武汉）智慧广电产业园""中国（武汉）广电5G重点实验室"创建。④ 2021年4月，黑龙江省广播电视局审议了《关于加快推进媒体深度融合发展的实施方案》，提出将通过举办经验交流会、培训班等方式，加大运维力度、提升软件系统功能研发，推进媒体深度融合发展。⑤ 2021年5月，安徽省广播电视局出台了《安徽省加快推进广播电视媒体深度融合发展三年行动计划（2021～2023年)》，提出加快推进广播电视媒体整体转型、深度融合、多渠道传播，打造区域性垂直化传播平台，建立省、市、县三级广播电视媒体传播矩阵。⑥

---

① 《四川省广播电视局关于印发〈四川广播电视媒体深度融合发展行动计划（2021～2023年)〉的通知》，四川省广播电视局官网，2021年6月16日，http://gdj. sc. gov. cn/scgdj/gggs/2021/6/16/1cd786ca9cda46639b7a 6b43f91bbd7. shtml。

② 《省广电局持续推进辽宁广电5G网络视听产业园区项目建设》，辽宁省广播电视局官网，2021年3月12日，http://gdj. ln. gov. cn/xyyw/202103/t20210312_ 4099135. html。

③ 《2021年全省广播电视工作会议召开》，山东省广播电视局官网，2021年1月19日，http://gd. shandong. gov. cn/articles/ch02370/202107/c0421b83 - c896 - 473a - 8fd2 - e105c82183c7. shtml。

④ 《省广播电视局关于印发〈2021年全省广播电视工作要点〉的通知》，湖北省广播电视局官网，2021年2月19日，http://gdj. hubei. gov. cn/zfxxgk/zc/gfxwj/202103/t20210309_ 3383528. shtml。

⑤ 《黑龙江高标准推进媒体深度融合发展》，国家广播电视总局官网，2021年4月12日，http://www. nrta. gov. cn/art/2021/4/12/art_ 114_ 55749. html。

⑥ 《安徽省加快推进广播电视媒体深度融合发展三年行动计划（2021～2023年)》，安徽省广播电视局官网，2021年5月7日，http://gdj. ah. gov. cn/public/22555191/145834161. html。

　　四是北京、上海、河北、山东等地积极推进 5G + 4K/8K 超高清制播设备应用。2021 年 1 月,《北京市国民经济和社会发展第十四个五年规划和二〇三五年远景目标纲要》提出,实施文化产业数字化战略,开展 5G + 8K、人工智能、虚拟现实等技术在文化领域应用场景示范,实施超高清、智慧广电行动计划等。① 2021 年 7 月,《上海市战略性新兴产业和先导产业发展"十四五"规划》提出,在应用方面,要求加快发展内容制作、传输和使用的 5G + 4K/8K 超高清制播设备。② 2021 年 4 月,河北省广播电视局印发了《关于推动新时代广播电视播出机构做优做强做好的实施意见》,鼓励河北广播电视台加快超高清节目制播能力建设,探索开办适应 5G 应用、满足多终端需求的 5G 频道;协同推进京津冀广电 5G 网络发展,完善 8K 技术体系和产业链。共同做好"2022 年北京冬奥会"宣传、转播等服务保障工作。③ 2021 年 1 月,山东省召开 2021 年全省广播电视工作会议,强调加快推动媒体深度融合,打造新型主流媒体,构建一体化融媒体平台,积极实施超高清行动计划,加强 4K 制播能力建设;助推智慧广电建设,制定行动计划,组织典型案例征集活动。在大数据应用、短视频、5G 高新视频、高清电视和 4K/8K 超高清电视、VR/AR 等领域主动探索,改造提升传统广电业态。④ 2021 年 2 月,吉林省广播电视局印发了《吉林省广播电视媒体融合三年工作行动计划》,提出推进 5G 条件下超高清产业研发生产和应用推广,形成 4K + 5G + AI 的系统布局;探索发展互动视频、沉浸式视频、VR 视频、全

① 《北京市国民经济和社会发展第十四个五年规划和二〇三五年远景目标纲要》,国家发展和改革委员会官网,2021 年 3 月 31 日,https://www.ndrc.gov.cn/fggz/fzzlgh/dffzgh/202103/t20210331_1271321_ext.html。

② 《上海市人民政府办公厅关于印发〈上海市战略性新兴产业和先导产业发展"十四五"规划〉的通知》,上海市人民政府官网,2021 年 7 月 21 日,https://www.shanghai.gov.cn/nw12344/20210721/d684ff525ead8a2dfa51e541a14e4.html。

③ 《河北省广播电视局印发〈关于推动新时代广播电视播出机构做优做强做好的实施意见〉的通知》,河北省广播电视总局官网,2021 年 4 月 23 日,http://rta.hebei.gov.cn/view/1129.html。

④ 《2021 年全省广播电视工作会议召开》,山东省广播电视局官网,2021 年 1 月 19 日,http://gd.shandong.gov.cn/articles/ch02370/202107/c0421b83 - c896 - 473a - 8fd2 - e105e 82183c7.shtml。

景直播和云游戏等高新视频，提高用户体验；推动大数据、超高清、5G、人工智能等新技术应用和科技成果转化，提升智慧广电领域自主创新能力和核心竞争力等重点任务。① 为加快浙江智慧广电发展，促进广播电视迭代重构与转型，2021 年 3 月，《浙江省广播电视和网络视听发展"十四五"规划》提出，"打造智慧广电发展先行之窗"的总体目标及"以技术创新为支撑，深化智慧广电建设"的主要任务。② 2021 年 5 月，青海文化旅游节在西宁开幕，本次会展以"5G 赋能广电·智慧创造未来"为主题，展示了 4K/8K 超高清视频、VR 党建、VR 云游戏、5G 智慧电台、虚拟制作等 5G 高新技术以及智慧广电网络阶段性成果。③ 2021 年 6 月，《加快推进福建广播电视媒体深度融合发展三年行动计划（2021～2023 年）》强调，要积极推广 5G＋4K/8K 等高新技术应用，推动成立高新视频产业联盟，开展高新视频示范社区传输。④ 2021 年 7 月，湖北省广播电视局印发了《关于推进全省智慧广电发展的实施意见》，提出"创新节目内容生产模式，推动 5G 高新视频发展应用，发展环绕式沉浸式语音广播"等总体要求。⑤ 2021 年 7 月，《广西壮族自治区广播电视和网络视听"十四五"发展规划》提出，力争"十四五"末，广电 5G 基本实现全区行政村以上的全覆盖，有线电视网络具备 20 套以上 4K 超高清电视频道传输服务能力。⑥

---

① 《吉林省广播电视局关于印发〈吉林省广播电视媒体融合三年工作行动计划〉的通知》，吉林省广播电视局官网，2021 年 2 月 3 日，http：//gdj. jl. gov. cn/zwgk/tzgg/202102/t20210203_7934382. html。

② 《省发展改革委 省广播电视局关于印发〈浙江省广播电视和网络视听发展"十四五"规划〉的通知》，浙江省广播电视局官网，2021 年 3 月 31 日，http：//gdj. zj. gov. cn/art/2021/3/31/art_ 1229248384_ 4572344. html。

③ 《5G 赋能广电智慧创造未来——2021 青海文化旅游节广电展区》，青海省广播电视局官网，2021 年 5 月 21 日，http：//gdj. qinghai. gov. cn/content/60a795c13fdee1380a42a471. html。

④ 《加快推进福建广播电视媒体深度融合发展三年行动计划（2021～2023 年）》，福建省广播电视局官网，2021 年 6 月 3 日，http：//gdj. fujian. gov. cn/gkai/ghjh/202106/t20210603_ 5606575. htm。

⑤ 《省广播电视局关于印发〈关于推进全省智慧广电发展的实施意见〉的通知》，湖北省广播电视局官网，2021 年 7 月 6 日，http：//gdj. hubei. gov. cn/ywdt/tzgg/202107/t20210706_3632365. shtml。

⑥ 《〈广西壮族自治区广播电视和网络视听"十四五"发展规划〉正式发布》，广西壮族自治区广播电视局官网，2021 年 7 月 19 日，http：//gbdsj. gxzf. gov. cn/qjgz/t9530172. shtml。

五是海南、宁夏防范 5G 基站干扰信号工作，保障广播电视安全播出。海南省旅游和文化广电体育厅制定了 2021 年工作计划，提出加强广播电视安全保障，完善全省防范 5G 基站干扰广播电视信号工作协调机制。① 2021 年 8 月，宁夏回族自治区广播电视局印发了《2021 年广播电视工作要点》，提出"做好保护 C 频段广播电视卫星接收站免受 5G 基站干扰相关工作，保障安全播出"的要求。②

六是上海、湖南、江苏、浙江等成立 5G 融媒体实验室，研究探索广电升级新空间。2021 年 1 月，《湖南省促进"智慧广电"发展实施方案》提出建设国家广播电视总局 5G 高新视频多场景应用重点实验室的工作任务。③ 2021 年 2 月，吉林省广播电视局印发了《吉林省广播电视媒体融合三年工作行动计划》，鼓励和引导科研机构和研发型企业参与智慧广电领域的理论创新和关键技术攻关，组建相关 5G 创新应用实验室。④ 2021 年 4 月，海峡两岸 5G 融媒体应用实验室签约筹建。中国台湾网副总经理张娜表示，中国台湾网将发挥 5G 与新媒体深度融合的优势，将实验室打造成促进两岸文化交流的平台、展示台企优质品牌的平台、培育两岸电商人才的平台、沟通两岸青年情感的平台，用中华文化凝聚两岸民心，用互联网技术提升台企品牌形象，用实战经验培育两岸电商人才，用真情实感帮助台湾青年融入大陆。⑤ 2021 年 5 月，国家广播电视总局回复同意江苏省广播电视局的《关于江苏省广电有线信息网络股份有限公司申请成立"5G 融合接入应用创新国

---

① 《省旅文厅部署 2021 年海南旅游文体广电工作任务》，东方市人民政府官网，2021 年 2 月 1 日，http：//dongfang. hainan. gov. cn/dfly/ywxx/ztjj/202102/t20210201_ 2927794. html。

② 《自治区广播电视局关于印发〈2021 年广播电视工作要点〉的通知》，宁夏回族自治区广播电视局官网，2021 年 8 月 17 日，http：//gdj. nx. gov. cn/xxgk/zfxxgkml/bmwj/202108/t20210817_ 2978068. html。

③ 《湖南省促进"智慧广电"发展实施方案出台》，湖南省广播电视局官网，2021 年 1 月 25 日，http：//gbdsj. hunan. gov. cn/gbdsj/xxgk/gzdt/sjxx/202101/t20210125_ 14275612. html。

④ 《吉林省广播电视局关于印发〈吉林省广播电视媒体融合三年工作行动计划〉的通知》，吉林省广播电视局官网，2021 年 2 月 3 日，http：//gdj. jl. gov. cn/zwgk/tzgg/202102/t20210203_ 7934382. html。

⑤ 《海峡两岸 5G 融媒体应用实验室在北京签约筹建》，新华网，2021 年 4 月 28 日，http：//www. xinhuanet. com/tw/2021－04/28/c_ 1127388541. htm。

家广播电视总局实验室"（江苏有线）的请示》，提出江苏省将设立"5G融合接入应用创新国家广播电视总局实验室"，着力研发5G融合接入、边缘云部署和高新视频规模化应用，打造有线无线融合、室内室外协同的自主可控广电5G网络产业链，推进广电5G家庭和垂直行业应用发展。① 2021年5月，国家广播电视总局回复同意浙江省广播电视局的《关于华数数字电视传媒集团有限公司申请成立智慧家庭创新研究与应用国家广播电视总局实验室的请示》，提出在广电网络智慧家庭融合服务平台、广电特色智慧家庭产品服务方面加大研发探索力度，拓展转型升级新空间，培育新业态、新服务。② 2021年5月，国家广播电视总局回复同意上海市广播电视局的《关于推荐成立"智慧广电网络安全生态创新研究国家广播电视总局实验室"的请示》，上海提出将设立"智慧广电网络安全生态创新研究国家广播电视总局实验室"，为智慧广电网络安全提供技术支撑。实验室将对智慧广电网络、融合媒体智能终端安全风险、相关检测技术和产品展开研究。③

七是河北、福建、内蒙古探索5G与通信深度融合发展促进广电5G+政务服务新模式。2021年4月，河北省广播电视局印发了《关于推动新时代广播电视播出机构做优做强做好的实施意见》，要求推动"智慧广电+公共服务建设"。④ 2021年6月，《加快推进福建广播电视媒体深度融合发展三年行动计划（2021~2023年）》强调，探索5G广播与通信深度融合发展，开辟广播电视移动传输新渠道，让广播电视服务融入公共安全、应急通信、防

---

① 《国家广播电视总局关于同意设立"5G融合接入应用创新国家广播电视总局实验室"的批复》，国家广播电视总局官网，2021年5月28日，http：//www.nrta.gov.cn/art/2021/5/28/art_ 113_ 56623.html。

② 《国家广播电视总局关于同意设立"智慧家庭创新研究与应用国家广播电视总局实验室"的批复》，国家广播电视总局官网，2021年5月28日，http：//www.nrta.gov.cn/art/2021/5/28/art_ 113_ 56624.html。

③ 《国家广播电视总局关于同意设立"智慧广电网络安全生态创新研究国家广播电视总局实验室"的批复》，2021年5月28日，http：//www.nrta.gov.cn/art/2021/5/28/art_ 113_ 56622.html。

④ 《河北省广播电视局印发〈关于推动新时代广播电视播出机构做优做强做好的实施意见〉的通知》，河北省广播电视局官网，2021年4月23日，http：//rta.hebei.gov.cn/view/1129.html。

疫救灾等应用场景，应用好随行广播。① 2021 年 7 月，内蒙古自治区广播电视局回复自治区十三届人大四次会议《关于加快智慧广电发展促进广播电视网络与各行业融合合作的建议》称，将与自治区政务服务局签订框架协议，推动广电 5G + 政务服务发展，建设电子政务信创云平台项目。②

2. 垂直行业领域方面

截至 2021 年底，全国除港澳台外的 31 个省（区、市）均根据十三届全国人大四次会议审议通过的《中华人民共和国国民经济和社会发展第十四个五年规划和 2035 年远景目标纲要》制定本省（区、市）"2021 年政府工作报告""第十四个五年规划"和"二〇三五年远景目标纲要"等引领性文件，积极拓展新技术应用场景，实施"5G + X"工程等目标计划，形成更多有创新性的共性技术解决方案及标准。

（1）5G + 健康医疗

近年来，"5G + 健康医疗"二者融合发展释放出乘数效应，进一步深化医药健康产业与新兴技术领域的融合，有力支撑关键技术研发及相关成果的转化与应用。北京、广东、海南多次印发相关政策文件，支持 5G 在医疗方面的扩展应用。北京市人民政府于 2021 年 1 月印发的《北京市国民经济和社会发展第十四个五年规划和二〇三五年远景目标纲要》提出，"发展互联网医院，推进 5G 院前急救、中医大数据智能诊疗"等示范项目建设。③ 2021 年 7 月，北京市人民政府办公厅印发了《北京市加快医药健康协同创新行动计划（2021～2023 年)》，提出大力推动医药健康产业与人工智能、

---

① 《加快推进福建广播电视媒体深度融合发展三年行动计划（2021～2023 年)》，福建省广播电视局官网，2021 年 6 月 3 日，http：//gdj. fujian. gov. cn/gkai/ghjh/202106/t20210603_5606575. htm。

② 《对自治区十三届人大四次会议第 169 号建议的答复》，内蒙古自治区广播电视局官网，2021 年 7 月 15 日，http：//gbdsj. nmg. gov. cn/gdj_ zwgk/gdj_ zfxxgk_ fdzdgk_ rdjy/202107/t20210715_ 1788266. html。

③ 《北京市国民经济和社会发展第十四个五年规划和二〇三五年远景目标纲要》，国家发展和改革委员会官网，2021 年 3 月 31 日，https：//www. ndrc. gov. cn/fggz/fzzlgh/dffzgh/202103/t20210331_ 1271321_ ext. html。

区块链、大数据、5G 等新兴技术领域融合发展，提高研发效率，加速培育形成新一轮产业增长点。① 2021 年 8 月，北京市人民政府印发的《北京市"十四五"时期高精尖产业发展规划》提出，"率先推动应用5G、人工智能的心脑血管重大疾病防控、智能可穿戴监测、急救诊断、辅助诊断等场景落地。"② 2021 年 3 月，广东省人民政府办公厅印发了《广东省数字政府改革建设2021 年工作要点》，提出推进远程医疗示范点建设。依托广东省远程医疗平台，在揭阳市开展"5G + 远程医疗服务"示范点建设，提升基层医院信息化水平及远程医疗水平。③ 2021 年 7 月，广东省人民政府印发了《广东省制造业数字化转型实施方案（2021～2025 年)》，提出利用好5G、大数据、人工智能等新一代信息通信技术在监测预警、病毒溯源、新药筛选、防控救治等医疗卫生领域的拓展应用，推进"互联网 + 医疗健康""智慧医疗"关键技术研发及相关成果的转化与应用。④ 2021 年 2 月，海南省推进"5G + 医疗"在基层的应用。《2021 年海南省政府工作报告》指出，积极推进"三医联动一张网"建设，开展基于5G 物联网的基层医疗卫生机构能力提升工程，助推县域紧密型医联体和医共体建设。⑤

（2）5G + 工业互联网

中国"5G + 工业互联网"探索步伐加快，已有效应用到航空制造、能

---

① 《北京市人民政府办公厅关于印发〈北京市加快医药健康协同创新行动计划（2021～2023 年)〉的通知》，北京市人民政府官网，2021 年 7 月 22 日，http：//www. beijing. gov. cn/ zhengce/zfwj/202107/t20210722_ 2446806. html。

② 《北京市人民政府关于印发〈北京市"十四五"时期高精尖产业发展规划〉的通知》，北京市人民政府官网，2021 年 8 月 18 日，http：//www. beijing. gov. cn/zhengce/zhengcefagui/ 202108/t20210818_ 2471375. html。

③ 《广东省人民政府办公厅关于印发广东省数字政府改革建设2021 年工作要点的通知》，广东省人民政府官网，2021 年 3 月 25 日，http：//www. gd. gov. cn/zwgk/gongbao/2021/12/ content/post_ 3367176. html。

④ 《广东省人民政府关于印发广东省制造业数字化转型实施方案及若干政策措施的通知》，广东省人民政府官网，2021 年 7 月 6 日，http：//www. gd. gov. cn/zwgk/wjk/qbwj/yf/content/ post_ 3338922. html。

⑤ 《2021 年海南省人民政府工作报告》，海南省人民政府官网，2021 年 2 月 1 日，https：// www. hainan. gov. cn/hainan/szfgzbg/202102/40b0485136d642a7b9c5454bffe85fdb. shtml。

源电力、智慧港口、矿山等多个场景。在深入贯彻落实"5G+工业互联网"发展方面，北京、上海、广东、天津、浙江、江苏、辽宁等省市提供相应的政策支持，积极推动5G与工业互联网深度融合发展，促进制造业产业转型升级，加快构建"高精尖"产业体系建设。2021年8月，北京市人民政府印发了《北京市"十四五"时期高精尖产业发展规划》，提出在航空航天方面，与5G、车联网等产业协同，拓展一批卫星网络应用场景。① 2021年7月，上海市人民政府办公厅印发的《上海市先进制造业发展"十四五"规划》提出，加强"5G+工业互联网"在垂直领域的协同应用，明确表明将促进5G通信、智能交通等在智能网联汽车上的落地应用，着力打造国家智能汽车创新发展平台，实现产业规模稳步突破。② 2021年7月，广东省人民政府印发了《广东省制造业数字化转型实施方案（2021～2025年）》和《广东省制造业数字化转型若干政策措施》，提出"以工业互联网创新应用为着力点，深入推进制造业数字化转型和高质量发展"的指导思想和"'深化5G+工业互联网'融合发展，推动5G赋能战略性产业集群，加快典型应用场景推广，试点建设5G工业传输专网"的发展目标。③ 2021年2月，天津市人民政府印发的《天津市国民经济和社会发展第十四个五年规划和二○三五年远景目标纲要》提出，大力开发工业互联网软件和5G工业模组，提升工业互联网产业赋能能力。④ 2021年2月，浙江省人民政府印发了《2021年浙江省政府工作报告》，在谈及数字经济时指出，浙江要大力推进

---

① 《北京市人民政府关于印发〈北京市"十四五"时期高精尖产业发展规划〉的通知》，北京市人民政府官网，2021年8月18日，http：//www. beijing. gov. cn/zhengce/zhengcefagui/202108/t20210818_ 2471375. html。

② 《上海市人民政府办公厅关于印发〈上海市先进制造业发展"十四五"规划〉的通知》，上海市人民政府官网，2021年7月14日，https：//www. shanghai. gov. cn/nw12344/20210714/0a62ea7944d34f968ccbc49eec47dbca. html。

③ 《广东省人民政府关于印发广东省制造业数字化转型实施方案及若干政策措施的通知》，广东省人民政府官网，2021年7月6日，http：//www. gd. gov. cn/zwgk/wjk/qbwj/yf/content/post_ 333 8922. html。

④ 《天津市国民经济和社会发展第十四个五年规划和二○三五年远景目标纲要》，天津市人民政府官网，2021年2月8日，http：//www. tj. gov. cn/zwgk/szfwj/tjsrmzfbgt/202102/t20210208_ 5353467. html。

数字产业化，完善工业互联网平台体系。"5G＋工业互联网"作为浙江数字经济行动计划之一，将形成量大面广的新技术融合应用场景。[①] 2021年2月，江苏省人民政府印发的《江苏省政府2021年政府工作报告》指出，为打造"数字强省"，江苏省积极推进"5G＋工业互联网"融合发展，实施"大数据＋优势产业链"行动，推动5G、大数据、人工智能与工业产业的深度融合。[②] 2021年2月，辽宁省人民政府印发的《2021年省政府工作报告》指出，重点培育100个"5G＋工业互联网"示范工厂和园区，建设一批工业互联网平台和规模化数据中心。[③] 2021年2月，《贵州省国民经济和社会发展第十四个五年规划和2035年远景目标纲要》提出，加快推进5G与工业互联网行业深度融合应用，助力工业数字化改造，在工业园区智慧矿山、智慧电网、智慧工厂等领域积极融合推广5G应用，完成园区企业智能化转型。[④] 2021年3月，甘肃省人民政府印发了《甘肃省国民经济和社会发展第十四个五年规划和二〇三五年远景目标纲要》，提出促进钢铁、石化、稀土、能源、有色、建材等甘肃省具有比较优势的行业与5G、云计算、人工智能、区块链等新技术深度融合，加快数字化车间和智能工厂建设。[⑤] 2021年3月，西藏自治区人民政府印发了《西藏自治区国民经济和社会发展第十四个五年规划和二〇三五年远景目标纲要》，提出加快西藏5G网络建设和应用发展，实施5G＋赋能行动，将拉萨打造成青藏高原大数据中心

---

① 《2021年浙江省政府工作报告》，浙江省人民政府官网，2021年2月1日，http：//www.zj.gov.cn/col/col1229493828/index.html。
② 《江苏省政府2021年政府工作报告》，江苏省人民政府官网，2021年2月2日，http：//www.jiangsu.gov.cn/art/2021/2/2/art_33720_9744791.html。
③ 《2021年省政府工作报告》，辽宁省人民政府官网，2021年2月2日，http：//www.ln.gov.cn/zwgkx/zfgzbg/szfgzbg/202102/t20210202_4079035.html。
④ 《贵州省国民经济和社会发展第十四个五年规划和2035年远景目标纲要》，贵州省发展和改革委员会官网，2021年2月24日，http：//fgw.guizhou.gov.cn/zwgk/xxgkml/ghjh/202102/t20210224_66840750.html。
⑤ 《甘肃省人民政府关于印发甘肃省国民经济和社会发展第十四个五年规划和二〇三五年远景目标纲要的通知》，甘肃省人民政府官网，2021年3月3日，http：//gov.gscn.com.cn/system/2021/03/03/012551150.shtml。

城市，推进北斗西藏应用示范项目及配套项目建设。①

（3）5G + 智慧城市

北京、广州、天津、重庆利用5G、大数据、物联网等信息化手段，打造"智慧之城"数字经济新格局。2021年5月，北京市人民政府办公厅印发了《北京市城市积水内涝防治及溢流污染控制实施方案（2021～2025年)》，要求巧用5G、大数据、物联网等高科技助力手段，完善市、区两级相关单位数据信息共享机制。② 北京市征求"关于开展老旧厂房更新改造工作"的意见，提出驱动以5G、人工智能、大数据、工业互联网等为代表的新兴技术更新城市改造升级。③ 2021年6月，中共北京市委印发的《北京市全面依法治市规划（2021～2025年)》提出，加强科技和信息化保障，通过运用5G、人工智能、云计算、大数据等现代高新科技手段，推进数据化、网络化、智能化在法治中国首善之区的建设应用。④ 2021年8月，《北京市关于加快建设全球数字经济标杆城市的实施方案》提出，建设新一代数字原生城市操作系统，形成城市级物联网、人工智能和5G应用的基础，形成数字城市操作系统创制工程。⑤ 2021年5月，广州市人民政府印发了《广州市进一步加快智慧城市建设全面推进数字化发展工作方案》，明确广州未来3年建设任务，提出将5G运用到政务服务、智慧城市治理等方面，

① 《西藏自治区国民经济和社会发展第十四个五年规划和二〇三五年远景目标纲要》，中国共产党西藏自治区委员会官网，2021年3月29日，https：//www. xzdw. gov. cn/xwzx/daod/202103/t20210329_ 197641. html。

② 《北京市人民政府办公厅关于印发〈北京市城市积水内涝防治及溢流污染控制实施方案（2021～2025年)〉的通知》，北京市人民政府官网，2021年5月14日，http：//www. beijing. gov. cn/zhengce/zhengcefagui/202105/t20210514_ 2389790. html。

③ 《北京市规划和自然资源委员会、北京市住房和城乡建设委员会、北京市发展和改革委员会、北京市财政局关于开展老旧厂房更新改造工作的意见》，北京市人民政府官网，2021年6月17日，http：//www. beijing. gov. cn/zhengce/zhengcefagui/202106/t20210617_ 2414632. html。

④ 《中共北京市委关于印发〈北京市全面依法治市规划（2021～2025年)〉的通知》，北京市人民政府官网，2021年6月22日，http：//www. beijing. gov. cn/zhengce/zhengcefagui/202106/t20210622_ 2418054. html。

⑤ 《中共北京市委办公厅 北京市人民政府办公厅印发〈北京市关于加快建设全球数字经济标杆城市的实施方案〉的通知》，北京市人民政府官网，2021年8月3日，http：//www. beijing. gov. cn/zhengce/zhengcefagui/202108/t20210803_ 2454581. html。

建设广州智慧城市，"智慧之城"打造数字经济新格局。[①] 2021年2月，《天津市 2021 年政府工作报告》指出，做强做优"城市大脑"建设试点，加强数据在城市运行、社会治理、政府监管等领域的汇聚共享，实现城市全域实时监测和智能预警；推动天津智慧人文城市国家级标杆区、5G 全域覆盖应用示范区建设。[②] 2021 年 1 月，《重庆市人民政府工作报告（2021年)》提出，"十四五"期间，将推动数字经济和实体经济的深度融合，强化 5G 融合应用示范，拓展政务、交通、医疗、旅游等智慧化、智能化应用，升级打造"智造重镇""智慧名城"等创新场景。[③]

（4）5G+体育文旅

北京以"科技+内容"推动 5G 在体育赛事中的应用，传播积极健康的生活方式，助力体育强国建设。《2021 年市政府工作报告重点任务清单》提出，加快人工智能、5G+8K、智能网联汽车、数字人民币等领域应用的落地，落实"科技冬奥"办会理念。[④] 2021 年 6 月，《北京市人民政府办公厅关于促进全民健身和体育消费推动体育产业高质量发展的实施意见》，提出促进体育与传媒融合，推进 5G、8K、VR 等技术在体育赛事中的应用。推进体育大数据中心及应用平台建设，支持开发线上产品和服务，支持直播、短视频、游戏等在线体育产品创作与生产，打造数字体育产业。[⑤] 2021 年 8月，《北京市"十四五"时期高精尖产业发展规划》提出，支持超高清视频与 5G 协同发展在冬奥会等重大活动的示范应用。

① 《广州建设"智慧之城"：数字政府、数字经济、数字社会三位一体》，广州市人民政府官网，2021 年 5 月 22 日，http：//www. gz. gov. cn/xw/jrgz/content/post_ 7295188. html。
② 《天津市 2021 年政府工作报告》，天津市人民政府官网，2021 年 2 月 1 日，http：//www. tj. gov. cn/zwgk/zfgzbg/202102/t20210201_ 5343672. html。
③ 《重庆市人民政府工作报告（2021 年)》，重庆市人民政府官网，2021 年 1 月 28 日，http：//www. cq. gov. cn/zwgk/zfxxgkml/zfgzbg/202101/t20210128_ 8857504. html。
④ 《北京市人民政府关于印发〈2021 年市政府工作报告重点任务清单〉的通知》，2021 年 2月 9 日，北京市人民政府官网，http：//www. beijing. gov. cn/zhengce/zhengcefagui/202102/t20210209_ 2280743. html。
⑤ 《北京市人民政府办公厅关于促进全民健身和体育消费推动体育产业高质量发展的实施意见》，北京市人民政府官网，2021 年 6 月 11 日，http：//www. beijing. gov. cn/zhengce/zhengcefagui/202106/t20210611_ 2411065. html。

天津、贵州、黑龙江提出"智慧文旅建设",推动旅游基础设施实现数字化、智能化升级。《天津市国民经济和社会发展第十四个五年规划和二〇三五年远景目标纲要》《天津市文化和旅游融合发展"十四五"规划》提出推进智慧文旅建设,推进超高清视频实时传送和处理系统建设,提升"VR + AR"导游导览、历史文化场景重现等沉浸式实景体验。结合五大道、意式风情区、金街步行街等提升改造项目,扩大5G网络覆盖面;开拓无接触消费模式,加快发展5G消费,提升消费新业态发展。[1][2]2021年2月,《贵州省国民经济和社会发展第十四个五年规划和2035年远景目标纲要》提出,完善各类旅游中重点景区(点)5G通信基础设施覆盖,实现5G网络在4A级以上旅游景区深度全覆盖、3A级以上旅游景区核心区覆盖。[3] 2021年3月,《黑龙江省国民经济和社会发展第十四个五年规划和二〇三五年远景目标纲要》提出,推动旅游基础设施实现数字化、智能化升级,实现景区及相关道路通信信号连续覆盖和重点景区景点5G全覆盖。[4]

(5)5G + 乡村建设

一是上海、浙江、重庆、云南助推数字乡村建设,推进农村地区5G网络覆盖。2021年7月,上海市人民政府印发了《上海市乡村振兴"十四五"规划》,提出要建设农业智能化生产基地,探索基于5G通信的农业物联集成应用模式,提升农村信息化水平,推进农村地区5G网络覆盖,有效发挥

---

① 《天津市人民政府关于印发天津市国民经济和社会发展第十四个五年规划和二〇三五年远景目标纲要的通知》,天津市人民政府官网,2021年2月8日,http://www.tj.gov.cn/zwgk/szfwj/tjsrmzf/202102/t20210208_ 5353467. html。

② 《市文化和旅游局关于印发〈天津市文化和旅游融合发展"十四五"规划〉的通知》,2021年7月1日,天津市人民政府官网,http://whly.tj.gov.cn/ZWGKYXXGK1640/ZFXXGK5456_ 1/FDZDGKNR5153/LZYJ400/202107/t20210701_ 5493051. html。

③ 《贵州省国民经济和社会发展第十四个五年规划和2035年远景目标纲要》,贵州省发展和改革委员会官网,2021年2月24日,http://fgw.guizhou.gov.cn/zwgk/xxgkml/ghjh/202102/t20210224_ 66840750. html。

④ 《黑龙江省人民政府关于印发黑龙江省国民经济和社会发展第十四个五年规划和二〇三五年远景目标纲要的通知》,黑龙江省人民政府官网,2021年3月10日,https://zwgk. hlj. gov. cn/zwgk/publicInfo/detail? id = 449066。

5G 的技术优势，实现更加精细化城乡网格管理，构建城乡智慧化管理体系。① 2021 年 6 月，《浙江省数字乡村建设"十四五"规划》提出，将进一步完善乡村信息基础设施。到 2025 年，5G 基站基本实现乡镇、重点行政村和"农业两区"全覆盖；有序推进 5G 网络建设应用和基于 IPv6 的下一代互联网规模部署，利用 5G 等新一代信息科技，加快推进乡村生产生活基础设施数字化改造升级。② 2021 年 7 月，《重庆市人民政府办公厅关于加快实施重庆市国民经济和社会发展第十四个五年规划和二○三五年远景目标纲要》提出，加快推进 5G 网络、千兆光纤等新型基础设施在农村地区的普及，提升乡村数字化建设。③ 2021 年 8 月，云南省广播电视局印发了《云南省智慧广电服务乡村振兴专项行动方案》，提出加快推动乡村有线电视网络升级改造和广电 5G 建设一体化发展，力争"十四五"期间实现有线电视光缆通达云南省行政村和有条件的自然村，广电 5G 网络实现云南省行政村全覆盖、自然村基本覆盖。④ 此外，山西、吉林、河南、海南在"2021 政府工作报告"中也提出了加快推进 5G 在县、镇、村地区的建设和网络全覆盖的工作任务。

二是北京、云南、黑龙江利用 5G 助推农村农业、教育新发展。2021 年 8 月，北京市人民政府印发了《北京市"十四五"时期乡村振兴战略实施规划》，提出"十四五"时期，北京将着力打造农业"中关村"，加快推进 5G、人工智能等新一代信息科技在农业领域的应用，推进农业生产经营和管理服务数字化

---

① 《上海市人民政府关于印发〈上海市乡村振兴"十四五"规划〉的通知》，上海市人民政府官网，2021 年 7 月 20 日，https：//www. shanghai. gov. cn/nw12344/20210720/046782b10d2145c0b201c41aca762196. html。

② 《浙江省数字乡村建设"十四五"规划》，浙江新闻网，2021 年 6 月 11 日，https：//zjnews. zjol. com. cn/gdxw2021/202106/t20210611_ 22663981. shtml。

③ 《重庆市人民政府办公厅关于加快实施重庆市国民经济和社会发展第十四个五年规划和二○三五年远景目标纲要》，重庆市人民政府官网，2021 年 7 月 19 日，http：//www. cq. gov. cn/zwgk/zfxxgkml/szfwj/qtgw/202107/t20210719_ 9488913. html。

④ 《云南局印发〈云南省智慧广电服务乡村振兴专项行动方案〉》，国家广播电视总局官网，2021 年 8 月 5 日，http：//www. nrta. gov. cn/art/2021/8/5/art_ 3605_ 57398. html。

改造。力求到 2025 年农业科技进步贡献率提高到 77%。① 2021 年 8 月，北京市人民政府印发了《北京市"十四五"时期高精尖产业发展规划》（以下简称《发展计划》），指出要"优化区域协同发展新格局"，推动区域特色化、差异化、联动化，建设一批特色鲜明产业组团。《发展规划》指出，平谷农业科技创新示范区要积极发挥平台作用，深入推进 5G 等信息技术集成应用，打造具有全球示范性的数字农业产业体系。② 2021 年 8 月，云南省广播电视局印发了《云南省智慧广电服务乡村振兴专项行动方案》，提出积极利用有线电视和广电 5G 网络，为乡村地区中小学生提供网络教学，探索利用 5G 和 VR/AR 技术，开展"空中课堂"沉浸式教学，提升乡村学生学习体验和学习效果。③ 2021年 3 月，黑龙江省人民政府印发了《黑龙江省国民经济和社会发展第十四个五年规划和二〇三五年远景目标纲要》，提出要实现光纤网络行政村全覆盖、5G 网络乡镇覆盖，打造北斗、5G 和物联网等农业生产大数据中心，实现农业多场景 5G 应用，为智慧农业提速。④

（6）5G + 超高清视频显示

2021 年 2 月，北京市人民政府印发了《2021 年市政府工作报告重点任务清单》，提出实施超高清视频产业行动计划，加快推动"5G + 8K"在多领域创新应用示范，筑构领先于全国的 8K 超高清视频产业集群。⑤ 2021 年

---

① 《北京市人民政府关于印发〈北京市"十四五"时期乡村振兴战略实施规划〉的通知》，北京市人民政府官网，2021 年 8 月 12 日，http：//www. beijing. gov. cn/zhengce/zfwj/202108/t20210812_ 2467323. html。
② 《北京市人民政府关于印发〈北京市"十四五"时期高精尖产业发展规划〉的通知》，北京市人民政府官网，2021 年 8 月 18 日，http：//www. beijing. gov. cn/zhengce/zhengcefagui/202108/t20210818_ 2471375. html。
③ 《云南局印发〈云南省智慧广电服务乡村振兴专项行动方案〉》，国家广播电视总局官网，2021 年 8 月 5 日，http：//www. nrta. gov. cn/art/2021/8/5/art_ 3605_ 57398. html。
④ 《黑龙江省人民政府关于印发黑龙江省国民经济和社会发展第十四个五年规划和二〇三五年远景目标纲要的通知》，黑龙江省人民政府官网，2021 年 3 月 10 日，https：//zwgk. hlj. gov. cn/zwgk/publicInfo/detail？ id =449066。
⑤ 《北京市人民政府关于印发〈2021 年市政府工作报告重点任务清单〉的通知》，北京市人民政府官网，2021 年 2 月 9 日，http：//www. beijing. gov. cn/zhengce/zhengcefagui/202102/t20210209_ 2280743. html。

8月，《北京市"十四五"时期高精尖产业发展规划》提出在虚拟现实方面，发展面向5G的云化终端，强化虚拟现实与5G、人工智能、超高清视频等新一代信息技术的深度融合。2021年7月，上海市人民政府办公厅印发的《上海市先进制造业发展"十四五"规划》提出，到2025年，将上海市建设成为国内领先的超高清显示集聚区和"5G+8K"应用示范区，新型显示产业规模达到700亿元。① 2021年7月，广东省人民政府印发了《广东省制造业数字化转型实施方案（2021~2025年)》，提出加强超高清视频与新一代信息技术的融合应用，探索互动式、沉浸式及虚拟现实形式视频和云服务等新兴业态，拓展更多新体验、新场景。② 为融合文化科技发展，打造具有国际影响力的高新视频全产业链园区，2021年2月，《2021年湖南省政府工作报告》提出，加速推进马栏山视频文创产业园规划建设，朝"中国V谷"飞速奔跑。为云集5G高新视频、网络影视剧、动漫游戏、创意设计、旅游演艺、文旅装备制造等3000多家文创代表性企业的园区发展提供"硬核"支撑。③

---

① 《上海市人民政府办公厅关于印发〈上海市先进制造业发展"十四五"规划〉的通知》，上海市人民政府官网，2021年7月14日，https://www.shanghai.gov.cn/nw12344/20210714/0a62ea7944d34f968ccbc49eec47dbca.html。

② 《广东省人民政府关于印发广东省制造业数字化转型实施方案及若干政策措施的通知》，广东省人民政府官网，2021年7月6日，http://www.gd.gov.cn/zwgk/wjk/qbwj/yf/content/post_3338922.html。

③ 《2021年湖南省政府工作报告》，湖南省人民政府官网，2021年2月5日，http://www.hunan.gov.cn/szf/zfgzbg/202102/t20210205_14403031.html。

B.3
中国5G融媒体应用监管及规范

卫昱辰　马　黛*

摘　要： 5G融媒体应用是一套复杂的体系，对"5G＋应用"进行事前监管规制的难度很大。本报告通过梳理近年来各地方的政府工作报告及省级媒体报道，发现当前存在5G基站建设不规范、技术标准不统一、基站电磁辐射污染环境、基站转供电环节加价等问题。当前，从中央到地方及时出台行业监管机制和规范措施，从堵到疏，将已经出现的问题及时解决，还未出现但存在隐患的问题从源头遏制，积极打造5G基础设施建设和应用治理新模式。本报告提出在顶层利好政策不断出新的同时，要加强事前预判，积极推进后端行业监管等措施，在监管的同时不打击行业发展的积极性。

关键词： 5G　媒体融合　5G融媒体应用

一　5G基础设施建设监管及规范

目前，中国5G网络部署已然走在世界前列，正在快速释放着网络潜能，激发产业转型升级的活力，呈现5G应用火热、技术攻关提速的良好态

---

* 卫昱辰，中国传媒大学传播学硕士研究生，文化部科技创新项目《中国章草书数码字库创建及其推广应用》主要完成人之一，主要研究方向为社交媒体与互联网信息等；马黛，中国传媒大学新闻传播学部传播研究院、媒体融合与传播国家重点实验室博士研究生，主要研究方向为媒介文化研究、媒体融合、网络舆情等。

势。但"5G+应用"是一套复杂的体系，对其可能带来的产业变革进行事前监管规制的难度很大。目前，中国"5G+应用"监管法规及行业应用规范措施相对不成熟，在监管的同时不打击行业发展的积极性也是监管机构需要思考的问题。面对新业态，制定相关标准，使5G在各领域的应用更加规范、更加有序，成为需要着手推进的头等大事。

（一）保障维护5G基站有序建设

各省市纷纷出台5G基站建设监管和规范措施，保障维护5G基站有序建设和管理。2019年6月，上海市人民政府印发了《上海市人民政府关于加快推进本市5G网络建设和应用的实施意见》，提出规范5G基站建设、强化对违规基站规范管理的要求。[①] 2020年6月，上海市经济信息化委印发了《上海市5G移动通信基站布局规划导则》，明确5G基站规划布局和5G基站设置要求，保障并维护了5G基站的管理和建设。[②] 2021年4月，浙江省公布了《建设工程配建5G移动通信基础设施技术标准》（以下简称《标准》）。作为全国首部建设工程配建5G移动通信基础设施强制性地方标准，该《标准》的颁布实施实现了5G移动通信基础设施与建设工程的有机融合，提升了建筑设施的共建共享和资源利用水平，规范了移动通信基础设施的设计、施工及验收标准，为建设建筑工程配建提供了依据，对促进建筑物信息化、智能化，加快5G网络商业化应用等具有重要意义。[③] 2021年6月，浙江省嘉兴市出台了《关于进一步加强建设工程配建5G移动通信基础设施工作的通知》，要求各主体单位按照国家

---

① 《上海市人民政府关于加快推进本市5G网络建设和应用的实施意见》，上海市人民政府官网，2019年6月27日，https：//www.shanghai.gov.cn/nw44392/20200824/0001-44392_59494.html。

② 《上海市经济信息化委关于印发〈上海市5G移动通信基站布局规划导则〉的通知》，上海市经济信息化委官网，2020年6月3日，http：//sheitc.sh.gov.cn/xxfw/20200603/708c39efdfe2448eb045d393c4bdefba.html。

③ 《全国首部建设工程配建5G设施强制性地方标准正式发布》，浙江省人民政府官网，2021年4月1日，http：//www.zj.gov.cn/art/2021/4/1/art_1553153_59094171.html。

相关规范、标准进行建设，各地建设行政主管部门加强对项目建设过程的监管。①

（二）规范5G标准体系建设

2020 年 7 月，国际标准组织第三代合作伙伴计划（3rd Generation Partnership Project，3GPP）官方宣布，5G R16 标准规范已经冻结，这是 5G 的第一个演进版本。在这个技术标准中，中国主导的项目占了 21 个，以 40% 的份额位列世界第一。② 由此可见，中国在 5G 相关标准制定方面已经具备一定的话语权和主导权，同时也体现了中国在国际 5G 标准制定方面占有不容忽视的地位。早在 2018 年，工信部就规范了相关单位使用 5G 基站开展协调管理工作的准则和办法。2020 年 1 月，工信部印发了《中华人民共和国工业和信息化部公告》（2019 年第 61 号），涵盖了 "5G 移动通信网技术要求" 等在内的 447 项 5G 相关行业标准，推动了 5G 信息通信技术与实体经济的融合。③ 同年 12 月，为规范和保障电信和互联网行业数据安全，工信部办公厅印发了《电信和互联网行业数据安全标准体系建设指南》，提出结合 5G、移动互联网、车联网等重点领域自身发展情况和数据安全保护需求制定相关数据安全标准。④

（三）监测管理5G电磁辐射

中央及各省市出台相关监管措施和保护规范，防治 5G 电磁辐射环境污

---

① 《强化设计标准　加强过程监管　助推建设工程 5G 落地实施》，嘉兴市城乡和住房建设局官网，2021 年 6 月 22 日，http：//jsj. jiaxing. gov. cn/art/2021/6/22/art_ 1633695_ 58926975. html。
② 《最新版 5G 技术冻结 中国主导 21 个标准：40% 份额世界第一》，新浪看点，2020 年 8 月 4 日，http：//k. sina. com. cn/article_ 1659643027_ 62ec249302000sx9n. html？from = tech&sudaref = k. sina. com. cn&display =0&retcode = 0。
③ 《中华人民共和国工业和信息化部公告》（2019 年第 61 号），工信部官网，2020 年 1 月 6 日，https：//www. miit. gov. cn/jgsj/kjs/jscx/bzgf/art/2020/art_ 6e35a5ef916c466e9367cbb553999 599. html。
④ 《工业和信息化部办公厅关于印发〈电信和互联网行业数据安全标准体系建设指南〉的通知》，工信部官网，2020 年 12 月 25 日，https：//www. miit. gov. cn/jgsj/kjs/jscx/bzgf/art/ 2020/art_ 05443293fbb3406bb70be70f660faddf. html。

染，防止5G基站施工进度受阻。在防治5G电磁辐射环境污染方面，为防治5G移动通信基站可能导致的电磁辐射环境污染，2018年生态环境部就此发布了《移动通信基站电磁辐射环境监测方法》，为监测基站辐射提供了规范性技术支持。2020年12月，生态环境部又批准了四项有关监测5G移动通信基站电磁辐射环境的国家保护标准，即《5G移动通信基站电磁辐射环境监测方法（试行）》《环境影响评价技术导则 输变电》《建设项目竣工环境保护验收技术规范 输变电》《建设项目竣工环境保护验收技术规范 广播电视》。[①]

自此，各地区也积极响应顶层设计，自2021年以来，上海、辽宁等省市生态环境局（厅）陆续制定工作计划，对5G移动通信基站进行辐射安全监督检查和现场宣传，助力"5G基站"建设新速度。上海市徐汇区、普陀区、青浦区等按照《2021年上海市辐射安全监管工作计划》的要求对各区5G基站建设进行规范化检查和科普宣传，针对存在的环保制度不健全、档案管理不规范、建设项目备案不及时等问题深入一线执法，确保通信基础设施建设与保护。[②] 2021年3月，辽宁省生态环境厅就"做好电磁辐射监管，推动5G发展工作"召开新闻发布会，提出在"十四五"时期，将以"数字化"破题，加大对5G基站的电磁辐射监测力度，有效防范化解基站"邻避问题"。[③]

近年来，5G基础设施建设如火如荼，但也有不少地区部分业主以辐射影响健康为由，阻挠5G基站施工，导致施工进度受阻。在防止5G基站施工进度受阻方面，广东、山东等省市出台相关政策法规，解决百姓关心的通信设施实际问题，规范5G基础设施建设秩序。2018年，广东省人民政府发

[①] 《关于发布〈5G移动通信基站电磁辐射环境监测方法（试行）〉等四项国家环境保护标准的公告》，生态环境部官网，2020年12月18日，http：//www.mee.gov.cn/ xxgk2018/xxgk/ xxgk01/202012/t20201218_ 813924.html。

[②] 《监管、执法、宣传三协同，助力"5G基站"建设新速度》，上观新闻，2021年5月10日，https：//sghexport.shobserver.com/html/baijiahao/2021/05/10/429260.html。

[③] 《核你在一起｜辽宁日报：辽宁将加大对5G基站的监督性监测力度》，澎湃新闻，2021年4月2日，https：//www.thepaper.cn/newsDetail_ forward_ 12019873。

布了《广东省通信设施建设与保护规定》，要求针对破坏5G通信设施的，将联合相关部门给予严厉惩处。[①] 2020年，《关于加快推动5G网络建设的若干政策措施》和《珠海市促进5G网络建设及产业发展若干政策措施》等文件中明确规定，国家机关、事业单位、国有企业、各类学校、医院，以及公园、广场、车站等各类公共场所和公共设施都要免费向电信运营商开放，用于建设5G等通信设施，不得收取任何进场费、接入费、协调费、分摊费、占用费及所有租金性质的费用。[②③] 2020年，山东省第十三届人民代表大会常务委员会第二十三次会议表决通过了《山东省通信基础设施建设与保护条例》（以下简称《保护条例》）。《保护条例》明确指出任何单位及个人都有配合通信设施建设的义务，如有阻止、破坏、盗窃通信设施建设等行为将以罚款和处分等形式追究其责任。[④]《保护条例》的颁布实施为山东省5G通信新基础设施建设提供了规范标准，切实保障了5G行业产业整体利益与合法权益。

（四）专项整治5G基站转供电环节加价问题

针对5G基站耗电量高、价格违法行为频现的情况，中央及各省市出台相关治理方案，并集中开展专项整治行动。2020年10月，国家发改委、工信部等14个部门联合印发了《近期扩内需促消费的工作方案》，加大对5G网络建设的支持力度，通过进一步扩大电力市场化交易、推动转供电

---

① 《广东省通信设施建设与保护规定》（粤府令第256号），广东省人民政府官网，2018年11月13日，http://www.gd.gov.cn/zwgk/wjk/qbwj/yfl/content/post_161490.html。
② 《广东省工业和信息化厅 广东省通信管理局印发〈关于加快推动5G网络建设的若干政策措施〉的通知》，广东省工业和信息化厅官网，2020年8月3日，http://gdii.gd.gov.cn/xrc/content/post_3057993.html。
③ 《图解〈珠海市促进5G网络建设及产业发展若干政策措施〉》，珠海市人民政府官网，2020年6月15日，http://www.zhuhai.gov.cn/zfxxgk/zfxxgkml/content/post_2590896.html。
④ 《山东省通信基础设施建设与保护条例》，山东省人大官网，2020年9月25日，http://www.sdrd.gov.cn/articles/ch00177/202009/49e174e7-0c5f-4981-ba33-bc3df13491a9.shtml。

改直供电、加强转供电环节价格监管等措施降低5G基站运行电费成本。[①]广东、山东等地方政府出台的5G相关政策中对供电提出新要求，转供电改直供电成为"主旋律"，同时开展5G基站转供电环节加价集中专项整治行动，制定集中整治方案，明确整治内容、时间安排和方法步骤。广东省发展改革委印发了《广东省发展改革委关于降低5G基站用电成本有关问题的通知》等，提出相关公用设施用电及损耗不得通过加收电价及电费的方式解决，不得在5G基站转供电环节上牟利。2020年6月，山东省政府新闻办召开发布会，介绍落实电价优惠、加快5G基站建设有关情况。会议提出，针对不落实国家降价政策、违规转供电加价、搭车涨价等价格违法行为，开展5G基站转供环节加价集中专项整治行动。[②] 2021年，青岛市发展改革委等4个部门印发了《青岛市清理规范5G基站转供电加价专项行动实施方案》，要求各相关单位规范执行电价政策，服务5G网络建设，优化营商环境。

（五）规范指引5G宣传营销服务不当行为

当前，5G发展取得积极成效，部分电信企业存在用户提醒不到位、宣传营销不规范等问题。为切实维护用户权益、推动5G持续健康发展，不断提升5G服务质量，针对5G虚假宣传、5G强迫办理、5G禁止取消、5G制定套餐等乱象，2021年2月，工信部下发《关于提升5G服务质量的通知》（以下简称《通知》）。从"六个要求"和"四个提醒机制"对5G服务进行整顿和提升，对5G乱象做出应对和治理，从各方面对运营商和5G服务严格规范与管理，为提升5G服务质量做出了规范性指引。《通知》还提出各基础电信企业要全面提升思想认识；带着责任、带着感情展开5G服务工作，切实维护用户利益；深化企业内部横向联动、纵向穿透的服务管理制度

---

① 《关于印发〈近期扩内需促消费的工作方案〉的通知》，中国政府网，2020年10月29日，http://www.gov.cn/zhengce/zhengceku/2020-10/29/content_5555891.htm。
② 《山东落实电价优惠和公共资源开放加快5G基站建设》，央广网，2020年7月1日，http://m.cnr.cn/news/20200701/t20200701_525151803.html。

建设，制定完善本企业5G服务标准，将5G服务质量作为一线窗口绩效考核的重要内容。①

二 5G场景应用监管及规范

在2021世界5G大会"5G与行业应用标准化论坛"上，工信部总工程师韩夏指出，5G标准化工作将成为5G应用和发展的重中之重，并提出了"加强协作构建5G应用标准体系，加快重点行业5G融合应用标准研制"的相关建议。工信部办公厅分别于2021年3月和6月发布关于印发2021年第一批②、第二批③行业标准制修订和外文版项目计划的通知，涵盖了5G及下一代移动通信、人工智能、超高清视频、车联网、工业互联网等行业标准。2021年7月，工信部等十部门联合印发的《5G应用"扬帆"行动计划（2021~2023年）》（以下简称《行动计划》）提出，"坚持包容审慎监管原则，加强协同监管，加快自动驾驶、远程医疗等重点领域5G应用相关法律法规研究，探索监管新模式"。同时，《行动计划》还提出"5G应用标准体系构建行动"的要求，明确指出要系统推进5G行业应用标准体系建设及相关政策措施落实，加速推动融合应用标准的制定。④

---

① 《工业和信息化部关于提升5G服务质量的通知》，中国政府网，2021年2月3日，http：//www.gov.cn/zhengce/zhengceku/2021-02/03/content_5584704.htm。

② 《工业和信息化部办公厅关于印发2021年第一批行业标准制修订和外文版项目计划的通知》，工信部官网，2021年3月2日，https：//www.miit.gov.cn/zwgk/zcwj/wjfb/zh/art/2021/art_fd1fb741299145dca8ad3c6acebd47ed.html。

③ 《工业和信息化部办公厅关于印发2021年第二批行业标准制修订和外文版项目计划的通知》，工信部官网，2021年6月9日，https：//www.miit.gov.cn/jgsj/kjs/wjfb/art/2021/art_87e3ccbbd2a24891b1817dfe26bc671d.html。

④ 《十部门关于印发〈5G应用"扬帆"行动计划（2021~2023年）〉的通知》，工信部官网，2021年7月12日，https：//www.miit.gov.cn/zwgk/zcwj/wjfb/txy/art/2021/art_8b833589fa294a97b4cfae32872b0137.html。

（一）5G+智慧教育

2021年3月，江苏省教育厅表示，"十四五"期间相关部门将适时出台相应的政策，加快建立在线教育标准和规范，完善在线教育激励与保障机制，推动传统教育教学活动与信息化技术的结合。为构建迎合智能时代的江苏智慧教育发展新格局，江苏积极推动教育信息化转型升级，大力研发5G、大数据、人工智能等新兴技术与特色教育融合的创新发展新范式。[①] 同年5月，在广东省"5G+智慧教育"项目启动会上，广东省表示"5G+智慧教育"项目的研究将形成技术指引及标准草案，并将打造5G在教育行业应用的标杆，形成教育行业标准，带动5G大规模应用。[②] 2021年7月，《5G应用"扬帆"行动计划（2021~2023年）》提出，将在"5G+智慧教育"中研究制订网络、应用、终端等在线教育关键环节技术规范。[③]

（二）5G+远程医疗

2018年8月，《国务院办公厅关于改革完善医疗卫生行业综合监管制度的指导意见》从加强监管、创新监管等政策措施方面强调了医疗行业的信用机制、信息公开机制、风险预警评估机制及管理监管机制，明确医疗卫生行业的监管制度建设。[④]

目前，中国已有上百家"5G+医疗"示范点，在远程影像诊断、远程心电诊断、远程超声等业务方面形成了良好的商用基础。2019年9月，全

---

① 《"十四五"江苏将建立在线教育标准和规范》，现代快报，2021年3月5日，http://www.xdkb.net/p1/161101.html。

② 《广东省重点领域研发计划重大专项"5G+智慧教育"项目启动会召开》，广东省教育研究院官网，2021年5月20日，https://gdae.gdedu.gov.cn/gdjyyjy/bygzdt/202105/a20939c406c241cb8554f977066c3f0e.shtml。

③ 《十部门关于印发〈5G应用"扬帆"行动计划（2021~2023年）〉的通知》，工信部官网，2021年7月12日，https://www.miit.gov.cn/zwgk/zcwj/wjfb/txy/art/2021/art_8b833589fa294a97b4cfae32872b0137.html。

④ 《国务院办公厅关于改革完善医疗卫生行业综合监管制度的指导意见》，中国政府网，2018年8月3日，http://www.gov.cn/zhengce/content/2018-08/03/content_5311548.htm。

国 30 余家省部级医疗行业与通信行业联合启动了"5G + 医疗行业级标准"的制定工作,即《基于 5G 技术的医院网络建设标准》(以下简称《建设标准》)。① 作为"5G + 医疗"的行业级标准,《建设标准》涵盖了医疗行业应用场景、5G 网络能力、建网指导等方面内容,成为中国医疗体系中的 5G 网络基础设施规范建设标准,并正式纳入国家卫生健康标准体系。2020 年 8 月,《国家卫生健康委办公厅关于下达 2020 年度卫生健康标准项目计划的通知》确立了"5G 技术在医疗卫生行业应用的标准研究"项目。② 为共同推动医疗行业 5G 应用健康发展,2020 年 10 月,在 5G 医疗卫生行业标准研究启动大会暨中国远程医疗与互联网医学大会上,多家医疗行业与通信行业联合发布了《基于 5G 技术的医院网络建设标准(MEC 分册)》和《医疗装备 5G 通信能力要求规范分册》,并宣布成立"5G 医疗应用与评测实验室",为 5G 医疗卫生行业标准研究提供技术支撑。相关专家在 2021 年 5 月举行的中国远程医疗与互联网医学大会暨互联网医院高质量发展论坛上表示,5G 在医疗卫生行业的应用标准研究或将在 2021 年下半年结题,并提交至国家标准委员会。

(三)5G + 智慧城市

智慧灯杆将 5G 通信、智慧照明、视频监控、交通管理和环境监测等市政工程融为一体。作为智慧城市的重要支撑,智慧灯杆成为新型城市公共设施建设的重要载体。2019 年 9 月,广东省住房和城乡建设厅发布了《智慧灯杆技术规范》(以下简称《技术规范》)。作为全国首个针对智慧灯杆的省级标准,《技术规范》聚焦《广东省加快 5G 产业发展行动计划(2019 ~ 2022 年)》中"优化 5G 发展环境、促进 5G 产业高质量发展"的发展主题,

---

① 《中国启动医院 5G 网络建设标准制定》,中国政府网,2019 年 9 月 4 日,http://www.gov.cn/xinwen/2019 - 09/04/content_ 5427271.htm。
② 《国家卫生健康委办公厅关于下达 2020 年度卫生健康标准项目计划的通知》,国家卫生健康委员会官网,2020 年 8 月 31 日,http://www.nhc.gov.cn/fzs/s3581p/202008/3c85073a07114197bdb8fd7aff023150.shtml。

以落实智慧灯杆推广应用为目标，规范智慧灯杆建设标准。智慧灯杆作为助力智慧城市建设的项目之一，可以在整合城市空间与土地资源的基础上，提升城市公共服务功能和环境品质治理水平，实现城市公共基础设施集约化建设。[1] 2021年3月，深圳市人民政府出台了《深圳市多功能智能灯杆基础设施管理办法》，明确了智能灯杆运营主体、使用单位或第三方等各自的责权界定，为智能灯杆的具体管理措施搭建了清晰的全流程管理链条，填补了政策空白，是国内首部智能灯杆领域的规范性文件。[2]

（四）5G + 智慧广电

近年来，中央及地方层面制定多项5G + 媒体应用相关标准，使得广电5G标准体系建设和技术应用更加规范有序。2019年1月，针对中国县级融媒体中心建设过程中涉及的信息安全、运维监控、基础设施配套等内容的规范化问题，受中共中央宣传部委托，国家广播电视总局组织编制并审查了《县级融媒体中心省级技术平台规范要求》，同时，中共中央宣传部和国家广播电视总局联合发布了《县级融媒体中心建设规范》。[3] 同年4月，国家广播电视总局官网又继续发布了《县级融媒体中心网络安全规范》《县级融媒体中心运行维护规范》《县级融媒体中心监测监管规范》。[4] 前后五项系列标准和规范的颁布，为县级融媒体中心的建设发展划分了标准体系，同时也推动了各地打造县级融媒体中心新范式。2020年2月，国家广播电视总局

---

[1] 《广东省住房和城乡建设厅关于发布广东省标准〈智慧灯杆技术规范的公告〉》，广东省住房和城乡建设厅官网，2019年9月1日，http://zfcxjst.gd.gov.cn/gkmlpt/content/2/2593/post_2593324.html#1429。

[2] 《深圳市人民政府关于印发深圳市多功能智能杆基础设施管理办法的通知》，深圳市工业和信息化局官网，2021年3月1日，http://gxj.sz.gov.cn/gkmlpt/content/8/8575/post_8575765.html#3115。

[3] 《〈县级融媒体中心省级技术平台规范要求〉〈县级融媒体中心建设规范〉发布实施》，国家广播电视总局官网，2019年1月15日，http://www.nrta.gov.cn/art/2019/1/15/art_3557_41835.html。

[4] 《〈县级融媒体中心网络安全规范〉〈县级融媒体中心运行维护规范〉〈县级融媒体中心监测监管规范〉发布实施》，国家广播电视总局官网，2019年4月11日，http://www.nrta.gov.cn/art/2019/4/11/art_114_43244.html。

副局长朱咏雷专题研究智慧广电 5G 标准体系建设工作，提出了"研究完善标准体系建设思路""积极参与国际标准制定工作""加快推进广电 5G 标准体系建设"三点要求。① 为奠定 5G 与媒体生产的深度融合和快速发展的坚实根基，2020 年 7 月，中央广播电视总台召开《中央广播电视总台 5G 媒体应用白皮书（2020 版）》终审会。作为媒体行业率先对 5G 应用做出技术性规范，白皮书呈现了总台基于 5G，面向 4K 超高清视频、VR 和移动生产场景的研究和实践成果，对 5G 在媒体行业的应用具有重要的指导意义和推动作用。②

2021 年以来，各地积极探索 5G + 智慧广电建设管理措施，提出监测监管体系、安全播出制度等监管和规范办法。5 月，湖南省广播电视局提出加强网络视听新媒体建设管理措施，在确保导向、提升内容、加强网络智能监管等方面提出了建设管理措施，在确保满足网民精神文化需求的同时，把握好网络意识形态工作的正确方向。③ 6 月，中共安徽省委宣传部、安徽省广播电视局印发的《安徽省智慧广电建设实施意见》提出，要实现广播电视在监测、监管等方面的智慧化协同发展，明确智慧广电监测监管体系等十大重点建设任务。④ 7 月，四川省广播电视局提出规范 IPTV 分平台管理措施：提高政治站位、开展 IPTV 专项整治、完成各项总分平台规范对接任务、建立健全监测监管体系及安全播出制度、及时维护收视综合评价大数据系统。⑤ 7 月，湖北省广播电视局印发《关于推进全省智慧广电发展的实施意见》，提出完善智慧广电监管和网络安全体系等六个方面具体措施，力争用 3 ~ 5 年

---

① 《朱咏雷专题研究广电 5G 标准体系建设工作》，国家广播电视总局官网，2020 年 2 月 25 日，http：//www. nrta. gov. cn/art/2020/2/25/art_ 3565_ 50185. html。

② 《〈中央广播电视总台 5G 媒体应用白皮书（2020 版）〉发布》，央视网，2020 年 7 月 8 日，http：//tv. cctv. com/2020/07/08/ARTISXAxEvUYCulNVgbY25Sw200708. shtml。

③ 《湖南广电局加强网络视听新媒体建设管理》，国家广播电视总局官网，2021 年 5 月 28 日，http：//www. nrta. gov. cn/art/2021/5/28/art_ 114_ 56635. html。

④ 《〈安徽省智慧广电建设实施意见〉出台》，国家广播电视总局官网，2021 年 6 月 23 日，http：//www. nrta. gov. cn/art/2021/6/23/art_ 114_ 56887. html。

⑤ 《四川广电局进一步规范 IPTV 分平台管理》，国家广播电视总局官网，2021 年 7 月 21 日，http：//www. nrta. gov. cn/art/2021/7/21/art_ 114_ 57211. html。

时间，在湖北省初步形成布局合理、竞争有序、特色鲜明、形态多样、可管可控、可持续发展的智慧广电新发展格局。① 8 月，江苏省广播电视局谋划"十四五"广播电视强省建设目标，建成数字时代广播电视和网络视听监测监管体系，行业和阵地管理更加有力。②

此外，在5G高新视频标准体系建设及技术规范方面，2019 年 8 月，四川电信在四川5G +4K/8K 超高清视频产业大会上公布了与华为、富士康、四川传媒学院等企业及院校联合编制的《5G +4K/8K 超高清技术白皮书》（以下简称《白皮书》）。《白皮书》对 5G 网络和 4K/8K 传输内容的标准化给予了明确的定义，为 4K/8K 等超高清视频领域的发展目标和演进路线提供了清晰的发展蓝图。③ 2020 年 12 月，华为联合中国电子技术标准化研究院等多家机构发布行业内首个 5G 超高清监控标准——《5G 超高清监控摄像机通用技术规范》，对码率、丢帧率、单码流峰均比等多个 5G 超高清视频传输指标提出了规范要求，确保了超高清视频的 5G 传输质量。④ 2021 年 3 月，国家广播电视总局组织制定了"5G 高新视频系列标准体系"，包括《5G 高新视频 – 互动视频标准体系（2021 年版）》《5G 高新视频 – 沉浸式视频标准体系（2021 年版）》《5G 高新视频 – VR 视频标准体系（2021 年版）》《5G 高新视频 – 云游戏标准体系（2021 年版）》四项标准体系文件，⑤ 涉及传输、播放、内容、终端、评测等多个环节，该系列标准体系发挥了在 5G 高新视频领域的引领和规范作用，推动了广播电视和网络视听行业高质量创新

---

① 《湖北广电局加快推进智慧广电建设发展》，国家广播电视总局官网，2021 年 7 月 12 日，http://www.nrta.gov.cn/art/2021/7/12/art_ 114_ 57123.html。
② 《江苏局谋划"十四五"广播电视强省建设目标》，国家广播电视总局官网，2021 年 8 月 18 日，http://www.nrta.gov.cn/art/2021/8/18/art_ 114_ 57594.html。
③ 《我省发布〈5G +4K/8K 超高清技术白皮书〉》，四川省人民政府官网，2019 年 8 月 7 日，http://www.sc.gov.cn/10462/10464/13183/13184/2019/8/7/b53b8ba5c29c428d88e35b5f09364c4b.shtml。
④ 《华为 5G 超高清监控摄像机通用技术规范》，腾讯网，2020 年 12 月 3 日，https://new.qq.com/omn/20201203/20201203A04SQS00.html。
⑤ 《国家广播电视总局办公厅关于印发5G 高新视频系列标准体系（2021 版）的通知》，国家广播电视总局官网，2021 年 3 月 25 日，http://www.nrta.gov.cn/art/2021/3/25/art_ 113_ 55550.html。

性发展，对促进 5G 高新视频标准化建设和规范化发展具有重要指导意义。

（五）5G+直播平台

依托于 5G 等一系列新兴技术，网络直播平台经济发展迅猛。但直播带货行业不成熟，也存在不少问题。在此背景下，指导性政策及时出台，为行业健康发展"立规矩"。2019 年，国务院办公厅印发了《国务院办公厅关于促进平台经济规范健康发展的指导意见》（以下简称《指导意见》）。《指导意见》提出建立健全消费者投诉和举报机制，明确了加强平台经济领域消费者权益保护的大方向，为适应平台经济发展特点的规范化提供了新型监管机制。[①] 2020 年以来，中央监管层为促进平台经济健康发展陆续对直播带货领域进行了相关规定，直播带货迎来行业标准化发展时期，正式进入"监管时代"。7 月，《视频直播购物运营和服务基本规范》《网络购物诚信服务体系评价指南》《网络直播营销活动行为规范》正式施行。10 月底，《网络交易监督管理办法（征求意见稿）》公开征求意见。11 月，《互联网直播营销信息内容服务管理规定（征求意见稿）》正式发布，明确提出直播营销平台应当以显著方式提醒用户平台外私下转账、交易等行为存在的风险，及时防范和制止违法广告、价格欺诈等侵害消费者权益的行为。同时，各地方政府也积极响应中央顶层设计，规范网络直播标准。2020 年，浙江省制定出台了全国首个直播电商行业规范标准《直播电子商务管理规范》，广州出台了《广州市直播电商发展行动方案（2020～2022 年)》，上海市发布了《上海市促进在线新经济发展行动方案（2020～2022 年)》。

2021 年，中央监管规范继续发力，为修正网络市场秩序，竭力为直播平台营造良好的网络环境。3 月，国家市场监管总局为保护消费者权益，提高直播带货产品供给质量，对直播带货平台组织开展了行政指导工作，

---

① 《国务院办公厅关于促进平台经济规范健康发展的指导意见》，中国政府网，2019 年 8 月 8 日，http://www.gov.cn/zhengce/content/2019－08/08/content_5419761.htm。

并提出增强质量意识、做好品质监管等六点要求。① 4月，国家互联网信息办公室等七部门联合发布了《网络直播营销管理办法（试行）》，在规范网络市场秩序、维护人民群众合法权益的同时，促进新业态健康有序发展。② 8月，商务部就《直播电子商务平台管理与服务规范》行业标准（征求意见稿）公开征求意见，聚焦直播电商行业电子商务平台企业这一关键主体，细化平台对直播主体、产品和服务信息、营销行为等的管理责任，以及平台在服务能力、技术支持、消费者保护等方面的服务要求，指导直播电商平台企业进一步提升管理和服务水平，促进直播电商行业健康有序发展。

（六）5G＋金融

2019年10月，中国信息通信研究院发布《"5G＋金融"应用发展白皮书（2019年）》（以下简称《白皮书》）。《白皮书》显示，截至目前，中国内地针对开放银行的监管政策和有关管理方案仍然缺位。"5G＋"应用"入盒"，有效推动了监管创新与风险防范体系的构建。2020年，中国版"监管沙盒"率先在北京落地。北京市公布的"监管沙盒"试点名单多个项目涉及5G、自动驾驶、物联网等技术，如中国建设银行申请的"5G＋智能银行"项目等，有利于及时发现5G应用于金融领域的风险。③

（七）5G＋工业互联网

2020年3月，为强化5G网络数据安全保护，工信部印发《工业和信息化部关于推动5G加快发展的通知》，提出要建立健全5G、车联网、工业互

---

① 《市场监管总局对提升直播带货平台产品质量开展行政指导着力维护消费者权益促进直播经济规范健康发展》，国家市场监督管理总局官网，2021年3月16日，http://www.samr.gov.cn/xw/zj/202103/t20210316_326967.html。
② 《网络直播营销管理办法（试行）》，国家网络信息办公室官网，2021年4月22日，http://www.cac.gov.cn/2021-04/22/c_1620670982794847.htm。
③ 《北京金融科技"监管沙盒"试点首批应用完成登记》，人民网，2020年3月16日，http://bj.people.com.cn/n2/2020/0316/c82839-33880598.html。

联网等各类相关技术和标准应用场景的数据安全管理制度与标准规范。①
2020 年 8 月，针对广东省政协委员何飚《关于加强 5G 技术及应用安全的提
案》，广东省通信管理局做出答复称，广东将针对 5G 的特定应用场景提出
监管方案和监测验证，比如 5G 环境下工业互联网、车联网等方面的安全监
管。② 2020 年 11 月，中国移动联合中兴通讯、中国信通院、北京邮电大学
等共同发布了《5G + 工业互联网安全白皮书》（以下简称《白皮书》）。《白
皮书》针对智能制造、电网、矿山、港口等工业垂直行业在引入 5G 后的普
适性安全需求，为 5G + 工业互联网应用场景的安全防护提供参考。③ 同月，
中国工业互联网研究院发布了《面向煤炭行业的 5G + 工业互联网标准化研
究白皮书》，为煤炭行业 5G + 工业互联网标准体系框架构建确定了标准化研
究方向，为适应和引导煤炭行业 5G + 工业互联网发展制定了标准体系。④

（八）5G + 车联网

近年来，为发挥标准在车联网产业生态环境构建中的引领和规范作
用，5G 车联网标准化工作受到了中国主管部门的高度重视。为加强对车
联网产业发展的规范和引导，2018 年，工信部联合国家标准化管理委员
会组织制定了《国家车联网产业标准体系建设指南（总体要求）》等系
列文件，66 项标准的制定为全面规范智能网联汽车道路测试、产业技术
研发和标准化规范营造了良性发展环境。⑤ 2019 年 7 月，交通运输部印发

---

① 《工业和信息化部关于推动 5G 加快发展的通知》，工信部官网，2020 年 3 月 24 日，https：//
www. miit. gov. cn/zwgk/zcwj/wjfb/txy/art/2020/art_ ffd918abf3e 848efbb2a6225dbe266db. html。
② 《广东将针对 5G 特定应用场景开展安全监管》，中国新闻网，2020 年 8 月 11 日，http：//
www. chinanews. com/cj/2020/08 - 11/9261889. shtml。
③ 《中国移动携手中兴通讯发布〈5G + 工业互联网安全白皮书〉》，环球网，2020 年 11 月 3
日，https：//tech. huanqiu. com/article/40XulOaSSn0。
④ 《中国将制定煤矿 5G + 工业互联网标准体系》，荆楚网，2020 年 11 月 21 日，http：//news.
cnhubei. com/content/2020 - 11/21/content_ 13459776. html。
⑤ 《工业和信息化部 国家标准化管理委员会关于印发〈国家车联网产业标准体系建设指南
（总体要求）〉等系列文件的通知》，中国政府网，2018 年 12 月 31 日，http：//www. gov.
cn/zhengce/zhengceku/2018 - 12/31/content_ 5440205. htm。

了《数字交通发展规划纲要》，提出到2025年，第五代移动通信（5G）等公网和新一代卫星通信系统初步实现行业应用。① 2019年10月，中国联通制定的"5G+智慧交通"系列白皮书是针对5G+远程智能驾驶的技术规范，旨在对车联网产业发展提供参考。② 2020年，国家发改委、工信部等多部门在完善5G车联网标准体系建设方面提出中国标准。2020年2月，国家发改委、中央网信办、科技部等共11个部门联合发布的《智能汽车创新发展战略》明确了要建立"智能汽车中国化标准"的发展战略，到2025年，基本建成中国标准智能汽车的技术创新、产业生态、基础设施、法规标准、产品监管和网络安全体系。③ 同年5月，工信部明确了《2020年工业通信业标准化工作要点》，首次聚焦5G网络与应用、车联网等重点领域行业，推进标准的制定工作。④ 2021年3月，交通运输部会同工信部、国家标准化管理委员会联合印发《国家车联网产业标准体系建设指南（智能交通相关)》。⑤ 文件针对智能交通通用规范、核心技术及关键应用，构建包括智能交通基础标准、服务标准、技术标准、产品标准等在内的标准体系，指导车联网产业智能交通领域的相关标准制修订，充分发挥标准在车联网产业关键技术、核心产品和功能应用的引领作用。

（九）5G消息

作为基础短信业务的全新升级，5G消息是一种能够与其他运营商实现

① 《交通运输部关于印发〈数字交通发展规划纲要〉的通知》，中国政府网，2019年7月28日，http：//www.gov.cn/xinwen/2019 – 07/28/content_ 5415971.htm。

② 《中国联通"5G+智慧交通"系列白皮书在京发布》，新华网，2019年10月31日，http：//big5.xinhuanet.com/gate/big5/www.bj.xinhuanet.com/rdsp/2019 – 10/31/c_ 11251784 15.htm。

③ 《关于印发〈智能汽车创新发展战略〉的通知》，国家发改委官网，2020年2月24日，https：//www.ndrc.gov.cn/xxgk/zcfb/tz/202002/t20200224_ 1221077_ ext.html。

④ 《2020年工业通信业标准化工作要点》，工信部官网，2020年5月12日，https：//www.miit.gov.cn/xwdt/gxdt/sjdt/art/2020/art_ 34892ba18efb47b49914d95 6323a03aa.html。

⑤ 《国家车联网产业标准体系建设指南发布》，工信部官网，2021年3月22日，http：//www.gov.cn/xinwen/2021 – 03/22/content_ 5594770.htm。

互通的电信服务。自2020年4月三大运营商联合发布《5G消息白皮书》起，5G消息的概念正式走进人们的视野，5G消息创新融合应用落地的脚步也不断加快。2020年11~12月，《5G消息总体技术要求》《5G消息终端技术要求》《5G消息终端测试方法》等一系列标准获报批。业界普遍认为，2021年或成为5G消息全面商用之年。2021年初，《5G消息不同运营商业务互通总体技术要求》出现在工信部报批稿公示列表当中。2021年2月，新华网牵头并联合GSMA（全球移动通信系统协会）、中国信息通信研究院、中国三大移动通信运营商等权威机构发布了传媒行业首个5G消息应用标准，即《传媒行业应用5G消息业务总体技术要求》。加速推进5G消息在传媒行业应用落地的同时，助推和构建了5G消息产品和服务的健康产业生态，推动了媒体深度融合加速发展。

2021年3月，为进一步落实、推进5G消息发展规则，加速全行业5G消息生态建设，中国信息通信研究院和中兴通讯联合举办了"中国5G消息高质量发展新闻发布会"，并在会上正式发布了中国首个"5G消息平台技术要求"和"测试标准及评价体系"。8月，为提升用户体验，保障5G消息产品功能和推动5G消息标准化发展，5G消息工作组协同中国通信企业协会、中国信息通信研究院、三大移动通信运营商等7家成员部门和企业联合揭牌"5G消息联合实验室"，加速了5G消息商用的步伐。5G消息陆续在广州、深圳、长沙、成都等市展开商用试点，主要涉及新闻媒体、政务服务、气象服务、金融服务等领域。①

---

① 《规则先行，5G首个平台标准发布，行业生态建设提速》，澎湃新闻，2021年4月8日，https：//www.thepaper.cn/newsDetail_ forward_ 12104432。

案 例 篇
Case Study

B.4
5G时代背景下中国县级媒体
融合发展案例研究

张晟瑜　张英培*

摘　要： 5G时代背景下，媒体融合是大势所趋，本报告响应国家开展县级融媒体建设的前瞻性号召，以县级融媒体中心的建设为研究对象，运用案例分析、深度访谈、专家访谈、档案分析等方法研究县级融媒体中心如何在市、地委宣传部领导下，建立三位一体的媒体构架（政府、市场、用户）。本报告以长兴传媒集团、邛州银杏融媒集团、富顺县融媒体中心、海宁市传媒中心为例，从县域概况、县级媒体融合发展的历史与现状、实践的亮点等方面进行探索，为推进县级融媒体的建设与发展提供案例借鉴。

* 张晟瑜，中国传媒大学广告学院设计学博士研究生，主要研究方向为公共艺术设计与传播；张英培，中国传媒大学传播学博士，郑州大学新闻与传播学院讲师，主要研究方向为媒体融合、健康传播、国际传播等。

关键词： 5G 县级融媒体 媒体融合

一 中国县级融媒体发展背景

县级媒体处于整体媒体架构的基层，关系到媒体如何及时传播、与群众第一时间连接，从而有效实现中央与地方信息传播的上传下达。同时，县级媒体作为最接近基层群众的媒体，还肩负着引导群众舆论、服务群众生活的重任。在互联网快速发展以及传播领域变革的新形势下，县级媒体较之中央、省市级媒体，传播力、影响力不断减弱，生存空间变得更为狭窄，受众分流现象更为严重。为稳固县级媒体的主流地位，巩固基层思想文化阵地，重塑县级媒体的传播力、公信力、引导力，县级媒体转型融合发展势在必行。在宏观政策的鼓励和促进下，中国媒体融合持续推进，在广度和深度上均实现了稳步拓展。在这一过程中，中央级和省市级主流媒体取得了令人瞩目的成绩，发挥了示范作用。在上层政策的引领下，随着融合水平的提升，媒体融合逐渐从中央向地方渗透，中央对推进县级融媒体中心建设进行了部署，推进媒体融合工作的重点从省以上媒体延伸到基层媒体、从主干媒体拓展到支系媒体。县级融媒体作为媒体融合改革的前沿课题，媒体中心融合了县级不同的媒体机构，包括报社、电视台、广播电台和互联网平台等，此类媒体中间的整合不是简单的相加，而是一种真正意义上的"融合"，县级融媒体在建设的过程中，虽然能够借鉴"中央厨房"的做法，但还需因地制宜，结合地方经济、文化特色进行"本地化"开发。

县级融媒体将广播电视台、网站、报刊、客户端、微信、微博等县域公共媒体资源整合起来，有助于实现从上至下各级媒体的全面融合转型，这是推动媒体深化改革的"最后一公里"。"引导群众、服务群众"是县级融媒体的目的。中央全面深化改革委员会第五次会议指出："把基层百姓所需所盼与党委、政府积极作为对接起来，把服务延伸到基层、问题解决在基层，切实推动基层宣传思想工作。"县级媒体与群众密切相关，其在反映民生、振兴农村建设、繁荣地方经济、扶贫攻关决战小康等方面都起到重要作用，其在引导舆论方面起到的作用尤其不容忽视。与此同时，随着融合媒体的深入发展，县级融媒体作为融合媒体发展的基层单位，研究这一选题将推进县级融媒体的建设与发展。同时，还有利于将主流价值以人民群众喜闻乐见的形式进行传播，将有利于社会健康，有助于良性舆论生态的建构。

二　中国县级5G融媒体典型案例

（一）案例一　长兴传媒集团

2018年9月20～21日，中宣部在浙江省湖州市长兴县召开全国县级融媒体中心现场建设推进会，"长兴模式"在中宣部高规格的现场会议上亮相并推向全国。作为国内最受瞩目的融媒体中心之一，长兴县融媒体中心的奠基可追溯至2011年4月。

1. 长兴县的概况

长兴县地处浙、皖、苏三省交界，是浙江省的北大门，经济发展水平较高，下辖9镇2乡4街道，县域面积1430平方千米，户籍人口63.45万人。2018年10月，长兴县入选"综合实力百强县""全国新型城镇化质量百强县市""全国绿色发展百强县市"；同年11月，长兴县入选"2018年工业百强县（市）"，并被科技部确定为首批国家创新型县（市）。

2. 长兴县媒体融合的历史与现状

作为东部地区经济实力强的县级基层单位，长兴县媒体资源相对丰富。其融媒体中心共有员工438人，总资产达9亿元，2017年营业收入达到2.09亿元，2018年1～8月主营业务收入为1.16亿元，同比增长3.42%。长兴县对媒体融合的探索始于2011年，该年4月，长兴广播电视台、长兴宣传信息中心、县委报道组、"中国长兴"政府门户网站新闻版块融合组建长兴传媒集团。该集团是全国第一家整合广播、电视、报纸、杂志、网站、"两微一端"、

数字电视网络公司、大数据公司等于一体的县域全媒体传媒集团。

2011年下半年，长兴传媒集团设立了全媒体采访部，开启融媒体报道模式的尝试。2012年，全媒体采访部升级为全媒体采访中心，融媒体报道团队建设逐渐成熟。2014年，集团搭建了全媒体新闻集成平台，并于2015年升级为融媒体平台。2016年12月，长兴传媒集团和长兴县国资委共同出资1亿元，按7∶3的比例注册成立长兴慧源有限公司。该公司承接政府社会投资类信息化项目，负责建设运维云数据中心，形成了全县"智慧枢纽"，使大数据建设成为媒体融合的"新引擎"。2017年4月，长兴传媒集团进行架构重组，组建了融媒体中心，下设10个部室，进一步整合媒体资源以打通各媒体平台。重组后，集团实行"积分制考核体系"，进一步细化和完善五级升降制，并且深化分配制度改革，从而充分调动了聘用人员的工作积极性。2017年11月，"融媒眼"系统上线，强化"一次采集、多种产品、多媒体传播"的模式，深入推进管理扁平化、功能集成化、产品全媒化。

3. 长兴县媒体融合实践的亮点

目前，长兴县的媒体融合实践主要具有以下五方面的特点。

（1）利用"融媒眼"协调新闻产播

"融媒眼"是长兴传媒集团联合多家第三方公司共同研发的拥有自主知识产权的融媒体系统。这一系统类似于人民日报"中央厨房"的县域版，集集中指挥、采编调度、信息沟通、稿库资源共享、热点搜集、传播效果反馈等功能于一体，既是一套指挥系统，也是一套办公系统，更是一套融媒体生态系统。

"融媒眼"系统的最大特点是开放性。在开放性的基础上，"融媒眼"可与多个平台进行合作，从而实现集百家长，为我所用。长兴县级融媒体的"融媒眼"系统入驻"全国党媒信息公共平台"，共享《人民日报》部分功能及数据，如新闻热点汇聚、新闻线索抓取、选题定向分析、舆情分析等；与新华社现场云直播平台合作，助力云移动直播平台发展；与南京大汉网络有限公司合作，研发"掌心长兴"移动客户端3.0版本；与旗下的长兴慧源有限公司合作，推进智慧服务功能建设；与浙江省广播电视集团合作，对接中国蓝云,拓展外宣通道等。"融媒眼"系统与技术合作方的互动关系如图 1 所示。

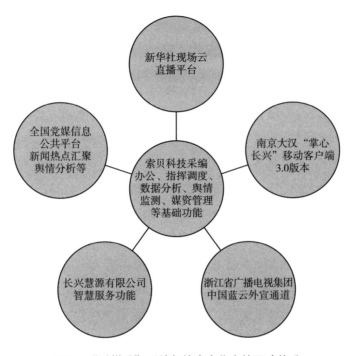

图 1　"融媒眼"系统与技术合作方的互动关系

资料来源:谢新洲主编《县级融媒体中心建设理论与实践》,电子工业出版社,2019,第 137 页。

(2)重组组织架构,实行集团化运营

长兴传媒集团由党委会领导,归县委宣传部管理,以事业单位企业化的形式运作,内部设立董事会、编辑委员会(编委会)、经济管理委员会(经委会),形成了重大决策、舆论宣传、经营创收三大系统统一运行、互助发展的组织架构。董事会负责组织管理和后勤保障,包括办公室、人力资源部、纪检监察部、计划财务部、行政管理部。编委会主要负责内容生产和建设,下设一个融媒体中心,该中心包括 10 个部室,分别是综合部、制作部、技术部、采访(图片)部、大型活动(专题)部、广播部、报刊部、电视部、新媒体部、外联部。经委会负责集团经营性业务,包括网络公司、科技

公司、品牌营销中心、产业发展中心。其中，品牌营销中心和产业发展中心主要负责经营管理，统筹规划集团经营目标，对接具体经营业务，监管业务流程；网络公司、科技公司则在为融媒体建设提供技术支持的基础上，通过承接信息化项目实现创收，成为集团主要的营收模块之一。

（3）四大平台的有序联动

长兴县融媒体报道模式强调全媒体信息采集平台、全媒体采访平台、全媒体编审平台、全媒体刊播平台四大平台的高效有序联动。全媒体信息采集平台在获取和集中信息之后，第一时间做出判断，把有效信息准确提供给全媒体采访平台和全媒体编审平台，并跟进该信息在各平台刊播后的社会反响。全媒体采访平台需做好与全媒体信息采集平台和全媒体编审平台的对接工作，确保新闻采访的及时、准确。全媒体编审平台在遇到需要补充采访或更改选题等问题时，需与全媒体采访平台联系；完成当天的编审工作后，要把编审过程中出现的差错及改进建议上报中心综合部；如发现值得深挖或关注的新闻线索，第一时间告知全媒体采访平台；针对从全媒体信息采集平台获取的社会反响形成处理建议，提供给全媒体采访平台，并由后者安排跟进采访事宜。全媒体刊播平台需要将新闻成品中的问题和发现的新闻线索反馈给全媒体编审平台和全媒体采访平台。

（4）以"媒体＋"为核心的多元化产业经营模式

在经营模式上，"媒体＋"是长兴传媒集团创新营收模式、提升造血能力的突破口，旨在通过将媒体内容生产与产业发展相结合，立足自身媒体优势，释放媒体融合衍生项目的活力和影响力，实现"1+1＞2"的成效。其中，"媒体＋活动＋服务"模式通过为乡镇、企业等客户量身定制活动或生产媒体产品，与新浪微博、今日头条等合作扩大宣传影响力，实现活动和营销的高度融合。借助"媒体＋互联网＋项目"的模式，辐射会展、金融、教育等多种业态，展开跨界合作。同时，按照"搭平台、输模式"的理念，将全国县级融媒体建设模式中相对领先的"长兴模式"输出至其他地区，在帮扶其他地区探索融媒体发展的同时促进自身创收。"媒体＋资本＋项目"模式重点将旗下长兴慧源有限公司打造成一家科技创新板上市企业。

长兴慧源有限公司是长兴传媒集团布局未来智慧发展格局、重建商业模式和盈利模式的重要一步，其数据涵盖多个行业和业务职能领域。比如作为智慧项目的主要平台，与航天五院展开合作，统一管理政府投资的信息化项目。政府通过购买服务的方式享受信息化服务，最终实现政务资源的整合和共享。长兴传媒集团的智慧项目主要基于两个技术基点：云计算数据中心和城乡信息栅格平台。由上述技术基点形成的长兴政务大数据，将为各类智慧应用提供数据支持。目前，长兴县代表性的智慧项目有政务服务建设领域的"最多跑一次"（"浙里办"的长兴拓展平台）、服务经济建设领域的工业亩产大数据平台、生态文明建设领域的"智慧河长"、平安城市建设领域的"雪亮工程"四项。智慧政务不仅是融媒体工作与智慧城市建设的契合点之一，还是长兴县融媒体建设的发展方向之一。

（5）多元的人才激励机制

在人才激励机制方面，长兴传媒集团通过加强动态监测评估、强化绩效考核标准、完善薪酬体系和晋升机制等方式，实现了按岗定薪、同岗同酬、量化考核、多劳多得的分配模式，从而消除了编制内外人员身份的差异。一方面，调动了聘用人员和体制内人员的工作积极性，逐步建立起注重能力、实绩优先、标准统一、科学量化、跟踪监测的分配激励机制；另一方面，较为有效地激发了工作人员的潜能，遏制了"干多干少一个样儿"的消极怠惰心理，逐步实现了人才管理的科学化、系统化和规范化。

长兴传媒集团在发展中也存在一定问题。长兴传媒集团虽然在机构重组、平台搭建、流程再造、经营创收、人才管理等方面均走在全国前列，但是还存在编制不足、资金压力大、产权结构和资料来源单一等问题。首先，长兴传媒集团虽然通过薪酬体制改革基本消除了编制内外人员的身份差异，但是没有编制限制了优秀员工的晋升空间，无法真正上升到集团的领导层顶端，发展空间存在极大的局限性。长兴县虽然经济实力较强，但是毗邻上海、杭州等城市，对高端人才的吸引力有限，愿意进入长兴传媒集团工作的主要是一些寻求稳定的返乡人员，倘若没有编制的保障和身份认同，可能会造成回流人才的再次外流。其次，长兴传媒集团虽然年营收已经达到两亿

元,但是实际利润率并不高,全集团成本利润意识不强。长兴传媒集团由于体量较大、前期的投入较多,目前还处在负债经营阶段,每年的营收也仅仅是"借新账还旧账",是否能形成良性的、可持续的盈利循环还有待验证。最后,目前来看,长兴传媒集团的产权结构和资金来源都较为单一,产权全部属于国有,资金来源主要依靠自身经营获得,没有其他形式资本的参与。这导致长兴传媒集团的市场化程度不高,在实际运作中受到掣肘,容易畏葸不前。

(二)案例二 邳州银杏融媒集团

1.邳州的概况

邳州地处江苏省最北部,面积 2088 平方千米,人口 195 万人,是全国著名的大蒜之乡、板材之乡、银杏之乡、玉雕之乡、书法之乡和民间文化绘画之乡,荣获全国文明城市、国家卫生城市、国家园林城市、中国绿色发展百强县市、中国最具幸福感城市(县级市)等称号,产业、物产、人文等方面的资源优势和强劲的发展势头为其媒体融合推进积蓄了动力。

2.邳州媒体融合的历史与现状

2015 年 4 月,邳州市广播电视台(以下简称邳州广电)召开全台年度工作会议。会议上,台长做出了先于苏北地区县级台启动机制体制改革的决定,并将探索媒体融合的设想写入年度工作报告,同时出台《打造新兴媒体与传统媒体融合发展的新型主流媒体三年规划纲要》。邳州广电探索媒体融合转型发展的尝试开始了。2015 年 7 月,邳州广电对内召开了全台机制体制改革动员大会,统一思想、凝聚共识,营造共同推动改革的浓厚氛围,确保改革的平稳、有序推动。会上,邳州广电启动了机制体制改革筹备工作,确立了改革的重心将放在包括管理体制、用人制度、分配制度等全台各方面,并开始在整体上重新设计邳州传媒的组织架构。为了更好地适应市场经济、技术潮流,为了更好地巩固舆论阵地,推动媒体融合,邳州广电一改原来职能不清的局面,重新设定了 4 个中心、37 个部室的组织架构,并启动各部室、各岗位的"三定"(定编、定岗、定责)工作。此外,邳州广电推出全员绩效考核体系、公开竞聘制度及员工双向选岗等人事制度和分配制度。为了践行企业化的运营模式，邳州广电还决定立即注册成立邳州精进文化传媒有限公司和邳州精进商贸有限公司，负责各渠道的广告经营、营销活动和创收任务。会后，邳州广电组织全员开展集中、分批的新岗位技能培训以及新制度体系学习，保障各项制度和工作的有序衔接，为改革做准备。

2015 年底，邳州广电拉开了融媒体改革序幕。改革之初，邳州广电策划以新媒体平台为依托，将现代企业管理制度引入事业单位，探索实践"事企并轨"运作模式。邳州广电希望通过创新管理体制来激活用人机制、改革分配制度、探索人才培养模式。邳州广电启动技术改造，成立银杏融媒集团。集团将广播、电视、报纸、网站、客户端、微信、微博等媒体资源进行融合，构建了"两台一报一网、两微一端多平台"八位一体的全媒体平台。银杏融媒集团将内部机构明确划分为 4 个中心：融媒体新闻中心、融媒体经济发展中心、融媒体行政服务中心、融媒体技术保障中心。在业务、运营、人事等具体层面，银杏融媒集团也加快了调整步伐。2015 年 11 月 1日，邳州广电完成了所有部门及岗位的调整和选岗，从完全事业化管理进入"事企并轨"运作的新时代。

2016 年 5 月，邳州广电全台网高清化数字升级改造暨融媒体平台项目获批立项。项目包含高标清重播、高清制播网、融合媒体平台、媒资平台、全媒体直播间、App 六个分项的建设。2016 年 6 月，邳州市机构编制委员会批复，并报徐州市编办，邳州市广播电视台更名为邳州广播电视台，同时增挂邳州银杏融媒集团牌子。

2017 年 5 月，邳州广电成功入选江苏省县级媒体深度融合四家试点之一。2017 年 11 月，邳州广电发布《"银杏融媒"品牌发展计划书》，提出了集中全力打造"一棵树"的倡议，将银杏元素融入品牌形象。自此，"银杏融媒"逐渐成为邳州广电对外的统一形象和主打品牌。

目前，邳州银杏融媒集团（以下简称银杏融媒）有"两台"（电视台、广播电台），"三微"（邳州银杏甲天下、无线邳州、银杏直播微信号），"一端"（"邳州银杏甲天下"App），以及《邳州日报》、邳州新闻网、头条

号、多平台企鹅号、抖音号等媒体资源。此外，银杏融媒旗下也建立了以邳州精进文化传媒有限公司和邳州精进商贸有限公司为主的经济实体。这样，银杏融媒就在邳州建构了由多元媒体和多元产业构成的政务类、生活类、服务类中介平台。

同时，银杏融媒实现了"321百万级"用户覆盖。其中，广播电台用户覆盖突破300万级；电视信号覆盖突破200万级；移动端用户覆盖突破100万级。2015年开始，邳州广电经济创收每年以超过20%的幅度增长，2019年总创收突破3000万元。截至2020年1月，邳州广电挂三块牌子，分别为邳州银杏融媒集团、邳州广播电视台、邳州市融媒体中心。

3. 邳州媒体融合实践的亮点

（1）与基层社会治理相结合

在融媒体改革中，银杏融媒特别重视传媒与社会治理的关系。银杏融媒在部门设置、内容发布、绩效考核办法等层面都向社会治理服务做了倾斜。银杏融媒的管理层认为，传媒应该加强与地方党委和政府的合作，协助地方党委和政府进行社会治理。银杏融媒的管理者和相关部门负责人对"传媒与社会治理"的认识和实践体现在两个方面：一方面，银杏融媒积极在"邳州银杏甲天下"App平台上搭建"政企云"，以加强与地方党委和政府在社会治理层面上的合作；另一方面，银杏融媒在"邳州银杏甲天下"App上开通了市民问政服务，以方便地方百姓更好地使用App进行政务监督，从而实现更好的社会治理。

（2）积极提供公共服务

除了参与社会治理，银杏融媒还将自身打造成为综合服务平台。县级融媒体中心应该成为向本地人民群众提供以政务服务为核心的各种本土性服务平台，包括公共事业服务和生活服务，以此体现新型主流媒体的服务功能，提升为所在区域人民群众提供综合服务的能力。从这个角度来看，县级融媒体中心不能简单整合县域各类媒体机构，也不能只依靠孤立的"中央厨房"建设，而是必须盘活各类社会资源，加强与本土各类企事业单位的联系，聚合各类便民惠民服务。

在提供社会服务的方面，银杏融媒一方面在"邳州银杏甲天下"App中添加了"智慧城市"的模块，另一方面推出了《搭把手》新闻栏目来疏通民生堵点和痛点。"智慧城市"是银杏融媒在 App 上打造的手机政务服务平台。2022 年 5 月，"智慧城市"已经与全市 200 多家政企单位合作，接入城市服务项目 81 项。《搭把手》是一档服务类新闻栏目，通过新媒体收集网友反映的问题和提出的诉求，由记者根据诉求进行现场采访，将解决问题的全过程在大屏上进行报道，最终通过新媒体将结果反馈，形成互动互联的融合节目新形式。《搭把手》栏目形态是：在大屏上，主持人以导播形式引出"话题 + 记者帮忙全程报道 + 主持点评"；在小屏上，形成"节目视频 + 文字 + 图片 + 小编与网友的互动"。报纸、广播也同步推出《搭把手》栏目，形成了集合效应。

（3）践行舆论引导

启动融媒体改革后，银杏融媒实现了用户激增，很快就重获了对地方宣传和舆论的主导权。在实现了地方性的舆论主导后，银杏融媒开始放弃以前的"否认""辟谣"等硬性做法，尝试将传统广电时代的"正面宣传""舆论管控""组织动员"等职能融入新的日常宣传实践。随着银杏融媒实现了对信息流平台和主流用户的掌握，舆论引导的观念和做法也得到了革新。

（4）走产业化发展路径

在财经制度的改革上，银杏融媒对内采用工资绩效考核制度，对外开始积极创收，并尝试兼顾社会效益与经济效益。截至 2019 年，银杏融媒在实践中摸索出了三条产业化路径。

首先，"融媒 + 产业"是银杏融媒早期的市场化途径。初期，银杏融媒的产业经营范围非常广泛，试水了酒水零售、电子商务和教育培训等领域。这些产业收入为集团后续发展提供了经济保障。随着邳州广电成立的商贸公司被划入集团的经济发展中心，相关负责人迅速开展了第一轮商贸改革。这次改革旨在甄选产业合作的对象，并将商务合作进一步规范化。

其次，"融媒 + 政务"是银杏融媒目前的主要经营方向。融媒体改革之

后，银杏融媒建立了"政企云"，并开发了政企号、微信矩阵、服务接入、功能开发、应用搭建甚至平台代维等服务。"政企云"主要是运用传统媒体平台（电视、电台、报纸）与新媒体平台（新闻客户端、网站、微信、微博等），整合发布各政企单位信息资源以及接入政企单位的应用服务等，让市民更方便地通过多平台、多元化、多形式的方式获取信息资讯，更加便捷地使用公共应用服务功能，满足政企单位的业务需求。"政企云"服务项目不仅提供了融合媒体平台的宣传服务，还提供了编排、发布、整合的资讯内容服务，研发、美工、程序等技术研发服务，策划、运营、管理等平台运维服务，以及微信、微博、网站等平台整体托管服务。多种类型服务相结合，让政企单位能够轻松做好宣传工作，更好地管理运营所属宣传平台。

最后，"融媒 + 活动"是银杏融媒的主要营收方向。作为地方媒体，银杏融媒与地方的机关单位和企业有天然的联系，每年都能通过项目安排的方式承接会展、节庆、演练等宣传策划活动。

（三）案例三 富顺县融媒体中心

四川省富顺县融媒体中心是在整合原广播电视台和《富顺宣传》杂志社的基础上组建起来的，并于 2018 年 8 月建成投入运营。其发展背靠中国西部县域经济百强和全省县域经济 50 强的富顺县，并有 2015 年开始运营的微信公众号"最富顺"作为发展基础，是中国县级媒体融合最早的试水者之一。整体而言，富顺县融媒体中心自投入运行以来，其工作主要围绕电子政务、舆情引导和民生服务开展。比如开设网民互动的"回音壁"、建立网评员制度、建立网络舆情管控机制、建立网络"大V"管理库。突出政务服务民生，专门开设县级部门、乡镇窗口通道，授权各单位自行管理账号，上传各类政策信息和办事流程；通过融媒体平台实现网上办事，方便群众日常生活，水电气缴费、医院挂号、机动车违章查询、社保医保查询、住房公积金查询、移动电信缴费等均已实现网上办理，有效地打通服务群众的"最后一公里"。

1. 富顺县的概况

富顺县地处中国四川省。在全国的县级融媒体中心建设进程中，四川省因其相对特殊的内在因素，具有不可替代的地位。四川省拥有 183 个县的县域组织体量，还拥有全国第二大藏区、最大彝区等多民族聚居特征，县级融媒体中心建设在打通媒体融合、连接群众、基层治理"最后一公里"功能的实现方面，面临的难度相对较大。

富顺县是中国井盐发源地之一，也是一座历史悠久的千年古县。全县面积 1342 平方千米，辖 16 个镇、1 个乡、3 个街道、204 个村、73 个社区，全县户籍人口 105.79 万人，是国家新型城镇化综合试点县和全省首批扩权强县试点县，以及中国西部县域经济百强和全省县域经济 50 强。

2. 富顺县媒体融合的发展历史与现状

早在 2015 年，富顺县广播电视台就申请开通了微信公众号"最富顺"，并组建了新媒体部开展工作，实现内容的每天更新，但基本处于在新媒体上发布信息的状态，还谈不上真正意义上的运营。截至 2017 年初，"最富顺"微信公众号关注人数接近 4 万人，在县域内有了一定的影响力，于是富顺县广播电视台开始开发移动客户端。2017 年 10 月，"富顺眼"App 正式上线。2018 年 7 月，富顺县启动融媒体中心建设工作，将"富顺眼"App 作为融媒体核心平台进行了全面优化，将其打造为一个集信息发布、民生服务、网络互动于一体的综合性可移动平台。发展至今，富顺县融媒体中心已初步建成包括"富顺网"官方网站、"富顺融媒""富顺融媒锐观点"微信公众号、"富顺融媒"微博、"富顺眼"App、"富顺融媒"今日头条号和"富顺融媒"抖音号等在内的融合媒体矩阵。

3. 富顺县媒体融合的实践亮点

（1）成立融视频工作室，为媒体融合提供适合网络传播的视频内容

为了更好地利用原广播电视台频道资源和现有设备，富顺县融媒体中心形成了"跳出电视做电视，融合思维做视频"的思路，充分盘活电视台现有的人员、设备，利用专业优势，成立融视频工作室，由资深电视新闻工作者担任负责人，与具有采访、拍摄、制作、播音、主持等专业能力的人员共

同组成团队，专业从事融媒体环境下的视频生产。目前，富顺县融媒体中心融视频工作室主要承担以下三个方面的工作。

一是生产融媒体视频内容。富顺县融媒体中心自组建开始，就着手传统电视媒体与新媒体的内容融合，策划生产适合新媒体传播的微视频，融视频工作室工作人员自编、自导、自演的短剧《富顺人还在排队挂号缴费吗?》等运用年轻人熟悉的视角、语态、场景等进行拍摄制作，为推广介绍"富顺眼"App及其功能起到了很好的作用。融视频工作室制作的微视频主要通过电视、App、微信、户外大屏等各种平台播放，收到了良好的效果。与此同时，工作室还注册了"富顺融媒"抖音号，专门制作各类短视频，用于全网传播，以提高"富顺融媒"的知名度。

二是制作《西湖问政》节目。富顺县融媒体中心一直有意做一档电视问政节目，但由于人员不足，融媒体中心主要负责问政节目的录制和其他技术工作，节目前期介入不多。几年时间内，《西湖问政》节目做了十几期，历经多次改版，但仍然没有达到群众预期。融视频工作室成立后，全面接手了《西湖问政》节目。《西湖问政》节目通过电视、手机、户外大屏进行同步直播，已经不再是一档单纯的电视节目了，因此它要求负责的团队不仅要有较高的政治素质，还要有对政策法规的把握、新闻工作者的敏锐、电视从业者的专业素养和互联网思维。《西湖问政》节目也是富顺县融视频工作室未来的工作重点。

三是利用电视优势做节目。依托富顺县原广播电视台的电视制作资源，融视频工作室将继续利用电视优势，策划制作一些优质的视频节目。相对于重装投入的大型电视节目，适合演播室生产的访谈节目以其投入少、成本低的制作特点，成为融视频工作室的首选。富顺县访谈资源较多，融视频工作室通过对访谈对象进行梳理分类，分别列出部门和乡镇负责人、富顺文化名人、富顺商界精英、群众意见领袖（网络"大V"）等几大类访谈嘉宾，针对嘉宾类别确定访谈主题，如政策解读、发展规划、文以化之、创新创业、回报社会、热点事件评析等，围绕主题精心设计问题，通过访谈讲好富顺故事，形成完整节目在电视媒体播出，同时拆分成短视频在新媒体推送。

（2）打造和推广以"富顺眼"为核心的融合媒体矩阵

"富顺眼" App 是富顺县融媒体中心建设的重点。在"富顺眼" App 的打造方面，富顺县融媒体中心的工作主要集中在以下四点。首先，打通平台视听节目资源共享端口。App 开设"电视电台"栏目，实时同步电视频道和交通音乐广播，确保用户能够通过 App 实时收看（听）地方广播电视节目，并可根据节目单实现回看，从而实现了本地广播电视节目可移动化。开设信息发布专栏，App 首页专门设置了"政务服务"和"聚焦乡镇"两个栏目，县级部门和乡镇管理人员能够自行登录发布各类动态信息，确保每周更新 1~2 次。这个栏目还能够帮助人们了解各乡镇的基本情况，如历史沿革、重大事件、文化资源、本土人才等，已成为当地历史文化知识的百科全书。

其次，为了提高各部门工作人员的积极性，富顺县融媒体中心一方面对各单位管理人员进行业务培训；另一方面也形成专项报告提交县委、县政府进行专题研究，明确将此项工作纳入县委、县政府对部门和乡镇的年度综合目标考核，从制度层面提出了明确要求。第一，聚合大量生活服务类实用功能，"民生服务"一栏开通了本地水电气缴费、社保医保查询缴费、医院挂号缴费、通信运营商缴费，以及行政审批、订餐电话、宾馆预订、各类维修等生活服务功能；第二，设置处理网民咨询诉求的通道，在 App 开设了"回音壁"栏目，方便网民反映各类问题、咨询了解各类政策。融媒体中心平台要及时将问题交办县级有关部门和乡镇，要求相关部门单位在 5 个工作日内回复。

再次，为了保证用户的诉求和反映的问题能得到及时的回应和解答，富顺县融媒体中心将工作人员划分为多个对口联络组，与相关部门、乡镇形成定点专人联络机制，并组建微信群，将固定联络人员纳入其中，以确保收到用户互动信息后能够及时与相关人员进行沟通。此外，为了加强保障督促机制，县融媒体中心向县委、县政府做了专题请示，将县级各部门、各乡镇对网民反映问题的及时回复与办理纳入县委、县政府对部门、乡镇的年度综合目标考核。"富顺眼" App 用户进入"回音壁"后，可在页面上端点击"文明随手拍""咨询求助""意见建议""环保问题收集""报料"等按钮，分

类查看留言及回复情况。"回音壁"对网友留言的处理和回复及时、认真、严谨，切实做到了事事有回音、件件有着落，实实在在地为用户解决了实际问题，这不仅为"富顺眼"App带来了大批忠实用户，而且做到了将网民留在本地，将舆情化解在基层。

最后，为了推广以"富顺眼"App为核心的融媒体传播矩阵，富顺县融媒体中心的工作人员进行了多样化的尝试，如积极争取县委、县政府的政策支持，利用行政资源发展用户；集中县级融媒体中心全体工作人员，由领导带头深入各县级部门、乡镇、企事业单位进行上门服务；通过各类活动做好推广；策划制作大量宣传物品等。

（3）建立基层网评制度，逐渐完善舆情管控机制

富顺县于2017年2月建立了基层网评制度，旨在密切关注网络舆情动向，收集研判网络舆情线索，做好信息报送和网评队伍建设管理工作。其具体实施办法是要求各乡镇、县级部门设立1~2名骨干网评员，负责涉及辖区内及行业的网络舆情管理工作。2017年8月，富顺县又建立了基层宣传制度，由原来的网评员负责深挖素材，持续对富顺县经济社会发展的成就进行关注。

2017年10月，"富顺眼"App正式运营，为进一步增强联动，丰富客户端内容，对相应舆论进行及时报送、及时疏导，在县委宣传部的组织要求下，对基层乡镇及县级部门网评员、账号管理员、基层宣传员进行了大整合，建立了一支日趋专业的评论员队伍。县委宣传部要求，各乡镇、县级部门应按照正式在编在岗人员20%的比例建立一支网评员队伍。网评员在县委宣传部的指导下开展工作，基本职责是掌握网上动态，开展网上宣传、网上评论，引导网上舆情，针对重大突发事件、重大典型案例，尤其是负面舆情积极评论、回复，进行正面引导。

经过富顺县融媒体中心的集中培训，乡镇以及部门账号管理员已经掌握了图文发布方法，实现了自主编辑发布宣传文稿，并按照相关要求，每周的原创宣传内容不低于一条。账号管理员的顺利搭建，不仅为融媒体中心扩充了专业宣传队伍，而且提高了工作效率，在完成工作对接的基础上节省了工

作时间。

(4) 积极向社会征稿,倡导公民新闻

随着媒体融合改革的深入,富顺县融媒体中心的工作人员认识到,虽然其节目和内容获得的关注日益增多,但新闻资源匮乏、本土节目质量不高的问题逐渐暴露。为此,革新传播内容成为改革的重要工作之一。

媒体融合之前,《富顺宣传》副刊的文化言论栏目《雒原新声》就县域文化现象、活动、事件进行评论,反响很好。富顺县融媒体中心沿袭了这一传统,在"富顺眼"App 上重新开设了《雒原新声》栏目,倡导读者以公民身份发言,鼓励独立思考与判断,让时评走出狭隘的新闻工作者视野,也让更多关心社会时事、心系国计民生的普通人加入时评写作的队伍。不论是媒体人士,还是学校教师;不论是县域业余文字工作者,还是有写作习惯的党政干部,让大家对时评及其背后呈现的社会万象、深度思想和开阔的知识视野充满兴趣,从文化言论扩展到社会生活的方方面面。这一栏目收获了很好的传播效果,做到了让群众更好地表达自己的诉求,让政府部门更好地倾听群众声音。

(四)案例四 海宁市传媒中心

1. 海宁市传媒中心概况

海宁市位于浙江省北部,钱塘江北岸,地处长江三角洲杭嘉湖平原,地势自西南向东北倾斜。海宁市是浙江省辖县市,由嘉兴市代管,下辖 8 个镇、4 个街道、3 个省级经济开发区,总面积 863 平方千米,户籍人口 71.41 万人。2019 年 6 月 30 日,海宁日报社和海宁市广播电视台、中国(浙江)影视产业国际合作实验区海宁基地服务中心整合设立海宁市传媒中心。海宁市传媒中心为海宁市委直属公益二类科级事业单位,保留海宁日报社、海宁市广播电视台、中国(浙江)影视产业国际合作实验区海宁基地服务中心牌子。2019 年 7 月 28 日,海宁市传媒中心召开了第一次中层干部大会。2019 年 11 月,完成了海宁市传媒中心职能配置、内设机构和人员编制工作,建立以 15 个部室为主体的传媒中心组织架构。2019 年 12 月完成

传媒中心〔含传媒集团（筹）〕中层职位选聘、2020年度职工双向选择与竞聘上岗工作。自2020年1月起，除电视节目部、广播节目部、技术运维部外，已基本实现合署办公。

海宁市传媒中心建立了以政经新闻部、社区新闻部、视频产品部、新媒体产品部、电视节目部、广播节目部等15个部室为主体的传媒中心组织架构。传媒集团（筹）建立"六大中心"——政务运营中心、商业运营中心、地产运营中心、教育运营中心、广播运营中心、产业运营中心。海宁市传媒中心建立了"报网微视端"媒体矩阵，拥有《海宁日报》、海宁电视台、FM96大潮之声、大潮App、"海宁日报""大潮网"微信公众号等媒体平台。

2020年，海宁市传媒中心已完成机构、人员、办公、媒体平台的基本融合，海宁市传媒中心〔含传媒集团（筹）〕组织架构及员工构成情况如图2、图3所示。各项工作稳步推进，力争将传媒中心早日建设成为舆论引导主阵地、综合服务主平台、信息交互主枢纽。2020年，海宁市传媒中心新媒体用户数达90万人，大潮App用户数达25万人，月均活跃用户数达3万人。传媒中心〔除传媒集团（筹）外〕营收为2850万元，传媒集团（筹）总营收为13150万元，传媒集团（筹）利润为3650万元。影视产业全年上缴税费目标为1.25亿元。

海宁市传媒中心完善了工作制度，建立适应融媒体发展的管理体系。建立科学考评体系，推出深度融合考核制度，优化细化考核评估体系，完善绩效分配体系和奖励政策，坚持业绩导向，薪酬向一线岗位、采编岗位、关键岗位倾斜，激发员工的工作热情和创造力。传媒中心按照媒体属性，实行一体化管理。建立分层分类的岗位体系，变身份管理为岗位管理，坚持按需设岗、按岗聘用、岗变薪变。完善内部绩效考核、薪酬管理办法，按照多劳多得、优绩优酬、自主分配的原则，逐步实现同岗同酬。事业编制人员保留事业档案工资，并按国家相关政策，对档案工资进行相应调整。在此基础之上，出台新媒体平台采编审核制度、月度媒体好产品评选办法、播音员主持人管理办法等一系列配套管理制度，完善采编经营融合考核办法和评优制度，鼓励创新创优。

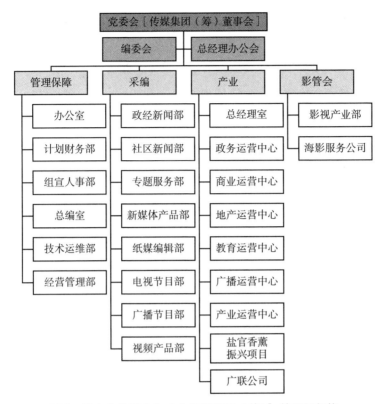

图 2 海宁市传媒中心 [含传媒集团（筹）] 的组织架构

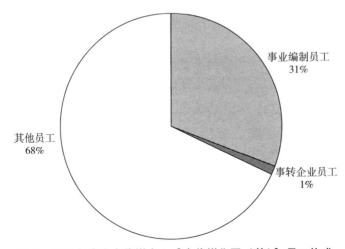

图 3 2020 年海宁市传媒中心 [含传媒集团（筹）] 员工构成

海宁市传媒中心通过再造生产流程，打通内容传播渠道，拓展终端服务功能。并完善采、编、播"中央厨房"系统，建成全媒体新闻融合平台、高清非编制作网络系统、媒体资产管理系统、新闻协同指挥系统。进一步完善采、编、播融合体系，依托"中央厨房"和职能部室，建立起总编协调、值班调度、部门沟通、采前策划等制度，建成"一次采集、多种生成、多元传播"的全媒体内容生产分发系统，推行"选、采、编、审、发"五步工作法（见图4），坚持移动优先，一端呈现，实现宣传平台融合，同频共振、二次传播，放大传播效应；通过"中央厨房"主动与省、市媒体互联互通互动，让海宁市新闻"走出去"。2020年完成标改清播出系统、报社大楼视频剪辑系统机房改造等项目。打通上级媒体云端，与浙报集团天目云、浙江省广播电视集团"中国蓝云"、新华社进行服务项目合作。

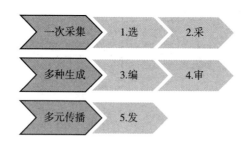

图4　海宁市传媒中心制作分发流程机制

实行节目"变脸"，应对媒体生态新现象，适应受众新需求。为增强《海宁日报》的生活性、可读性，《海宁日报》改版新开设众议、人物等版面，整合原有专刊、副刊，推出《新视野》与《爱生活》周刊，增强版面的设计感与辨识度，版式简洁、大气，内容丰富、贴近生活。改版电视栏目《海宁新闻》《海视广角》，《海视广角》开启全新播报方式，"广角热线"聚焦民生诉求，"广角视界"讲述百姓故事，"主播点屏"则为全媒体交互播报。广播FM96大潮之声和FM101新农村两频率改版。全新推出了房产、汽车、旅游、健康、法律维权等节目版块，从衣食住行、吃喝玩乐到琴棋书画，更多元、更多边地服务海宁市民。让"听见，更有远见"成为广播的价值体现。

筹建海宁传媒集团，依托"媒体＋"，推动媒体服务、媒体产业转型升级，切实将媒体产业打造为海宁市传媒中心高质量发展的重要引擎。发挥资源优势，增强自身"造血"能力，努力实现社会效益和经济效益的双赢。2020 年是传媒中心成立后真正全方位运营之年。海宁市传媒中心充分利用融合带来的市场平台主动贴近市场，承接云签约、出口商品展销会、端午龙舟赛、汽车展销、集体婚礼等各类活动，实现了社会效益和经济效益的双赢，主要体现在以下三个方面。

一是"媒体＋政务"服务。策划执行云签约、云开工、云投产、云竣工、云招商、云路演等系列云上活动，利用新理念、新技术拓展新业务，承接线上线下各类活动近 100 项。全媒体平台在服务好市委、市政府的基础上，将服务进一步深入街镇。

二是"媒体＋惠民"服务。举办以爱为名"疫"见真情大型集体婚礼活动，30 对新人参加婚礼，近 5 万人通过大潮直播间观看活动。

三是"媒体＋商业"服务。大潮商城以"微信＋短视频＋直播"的组合营销模式，开设大潮"网上菜篮子"，开通公益"助农 e 站"，助农突围滞销。大潮商城两大微信公众号推送《求扩散！海宁 200 户花农紧急求助："这一幕太心疼了"》一文，2 小时阅读量突破 10 万，转发 19.4 万，2 小时内实现销售额 20.43 万元，解决花农燃眉之急。借力出口优品，销售本土终端类产品 200 多万元，消费渠道从江浙沪延伸至长三角以外地区。此外，盐官香薰振兴项目已于 2020 年 4 月开始对外营业，在其第一个营业季度中，已接待近 10 批培训团队，约 1000 人次，举办活动 14 场。

2. 海宁市媒体融合的问题与难点

尽管海宁市的媒体融合已经取得了较为突出的成效，但不容忽视的是，这些成效下尚有一些问题制约着海宁市传媒中心的发展。

（1）路径规划尚不明晰，地方媒体优势难以凸显

在制约海宁市媒体融合发展的问题当中，路径规划不明晰是最为宏观性和全局性的问题。主要体现为尚未充分开发其作为地方主流媒体的优势，在其发展路径规划方面存在一定程度的模糊性。对此，海宁市传媒中心的基层

工作人员已有一定认识，如新媒体产品部的工作人员在一次内部会议中谈到海宁市融媒体的发展优势时说："我觉得优势在于，第一，城市的融媒体中心在当地居民认知中较有公信力，因此我们的用户也相对集中；第二，在县市一级，传播效应较好；第三，服务半径小，能为用户提供更便捷、更高效的服务；第四，人们对'互联网＋政务'抱有期待，尤其是对本土化、社区化互联网服务体系抱有期待。"① 作为海宁市当地最主流和核心的媒体，海宁市传媒中心一定程度上处于垄断地位，用户群体和传播效果相对稳定，而且相对较小的服务半径也使其服务相对便捷和高效。但这些优势目前尚未在海宁市传媒中心的宏观规划中得以体现。在有关海宁市媒体融合的规划文件中，最常见的表述是"做长三角最好的区域媒体"，② 但何谓"好"，以及如何实现"好"，中心内部对此尚未形成定论。这很大程度上限制了海宁市融媒体改革的深度和广度。

（2）化学反应尚未实现，传统媒体之间融合缓慢

海宁市融媒体发展过程中第二个制约因素是其与传统媒体间的融合相对缓慢。2014 年 8 月 18 日，中央全面深化改革领导小组第四次会议审议通过《关于推动传统媒体和新兴媒体融合发展的指导意见》之后，国内各层级主流媒体的融合改革方向确定为传统媒体与新兴媒体的融合，但不同于中央级媒体体量大、受众多的优势而能够在自身发展优势的基础上开展媒体融合改革，县一级的媒体融合改革往往要求县级广电、报、网等多家媒体实现横向融合。正如关琼严在其文章中指出，这意味着县级媒体的融合改革要分两步走，"第一步是要整合传统媒体，主要目的是消除壁垒，组织重构，整合资源，壮大实力，避免重复建设；第二步是在整合传统媒体的基础上实现与新兴媒体的融合发展，主要目的是在理顺机制、整合资源的基础上，集县级传统媒体之力推进与新兴媒体的融合实践，提升媒体融合的层次和质量"。③

---

① 海宁市传媒中心，2020 年 8 月 19 日。本报告主要来源于工作调研及部门交流，仅供参考，不作为学术引用数据。
② 据内部文件《海宁市传媒中心工作汇报》，第 5 页。
③ 本报告主要来源于工作调研及部门交流，仅供参考，不作为学术引用。

而在这一方面，海宁市传媒中心的融合改革难称理想。

2003 年 7 月，《中共中央办公厅 国务院办公厅关于进一步治理党政部门报刊散滥和利用职权发行，减轻基层和农民负担的通知》发布，要求"县（市、旗）和城市区不办报刊，已经办的要停办"。《海宁日报》因其较大的影响力和发展规模而得以在裁并县级报的改革浪潮中被保留下来。如果单论《海宁日报》自身的发展，近年来《海宁日报》的发展态势堪称良好，但如果从媒体融合的角度来看，《海宁日报》和海宁市广播电台不相上下的发展规模和影响力则意味着海宁市的媒体融合无法像其他县级媒体一样采取以某一媒体为基础、兼容其他媒体的发展优势的发展路径，这一定程度上为海宁市总体的媒体融合带来困难。一方面，纸媒、广电和网络媒体之间尚未发生"化学反应"，内容产品的"报纸化""电视化"风格明显，缺少"网感"；另一方面，不同媒体组织机构在融合过程中容易造成工作量叠加的问题，而且由于融合改革时常有人员流失，容易使工作陷入混乱。如海宁市传媒中心组宣人事部工作人员认为："以往的报社的财务由各部门管理，但广电却有专门的财务，合并后由于基础条件的不对等和业务流程的差别造成了工作量的叠加，再加上一些人员流失，因此感到人手比较紧张。然而如果进一步扩招员工的话，则会对财政造成更大压力。因此当前的工作导向是不断挖掘每个员工的潜力，然而对于大龄员工而言，给予他们过多的工作压力，或者做新兴的融媒体内容也不现实。"

（3）采编分离显露弊端，新闻生产流程优化困难

生产流程的优化和再造是 20 世纪 90 年代兴起于美国的一种管理方式，其核心是对组织的作业流程进行根本的再思考和彻底的再设计，以期达到对成本、质量、服务、速度等关键绩效的重大改进。[①] 对于媒体融合而言，生产流程的优化和再造不仅意味着改革新闻生产流程以实现不同媒体间的组织和机构融合，而且意味着建立一条更高效的生产线以革新新闻生产过程。目

---

① 张媛媛：《媒介融合背景下的电视综艺节目产播流程再造》，《中国电视》2018 年第 5 期，第 58 ~ 61 页。

前业内常见的媒体融合流程主要包括采编合一和采编分离两种。前者是指一个新闻工作者身兼记者、摄像、编辑等多种岗位职责的工作方式，此类做法有利于新闻采集和编辑两道工序的统筹，一方面对媒体的记者数量要求较高，另一方面也有观点认为该做法模糊了"媒体融合"和"媒体工作者融合"两个概念，将过多的工作压力施加于新闻工作者，违背了用工伦理。正是基于这些考虑，海宁市传媒中心建立了"一次采集、多种生成、多元传播"的内容生产和分发系统，推行"选、采、编、审、发"分离的工作模式。然而，观察这一采编分离方法的执行，发现其不能提高海宁市传媒中心的工作效率，"选、采、编、审、发"全流程配合不够紧凑，效率相对较低。选——现有的选题标准依照的是报纸或电视的采访标准，并不太适用于新媒体平台，没有"网感"，不受新媒体平台用户的欢迎；采——"一次采集"的素材存在不完善、素材流向不确定的问题，无法事先预设采访目的，如电视稿与报纸稿不互通，给二轮编辑人员带来了极大的不便；编——二轮编辑团队的创作严重依赖于一轮团队的内容采集；审——在采编对接上，各部门人员权限和编辑的格式还未协调完全，云端系统的内容审核仍然需要人工进行校对和最后确认，无法完全做到"智能审核"；发——安排好各机构的发稿频次和时间，避免"引流"并实现内容差异化仍显困难。

（4）技术引进方向未明，软硬件投入未成体系

是否引进更新的融媒体技术，引进什么样的技术，新引进的技术怎样与员工对接等是困扰着海宁市媒体中心经营者和普通员工的几个重要问题。虽然一定程度上媒体融合就是传统媒体通过采用新的传播技术与新兴媒体融合发展的过程，但是由于传播技术种类多元、更新迭代的速度较快、不同技术在不同试点县取得的效果参差不齐等原因，海宁市传媒中心在软硬件投入方面有所踌躇。而且，新引进的技术往往需要建立特定的工序与之相配，这对新闻生产的流程优化和员工培训等方面提出了新的要求。如海宁市传媒中心技术运维部的工作人员提出，目前在人员权限、文稿排版的格式等方面常有问题制约其生产效率的提高。

（5）经营模式尚不成熟，资金缺口依赖财政补贴

海宁市传媒中心逐渐探索出一条集"媒体＋政务"服务、"媒体＋惠民"服务、"媒体＋商业"服务于一体的"媒体＋"产业经营模式，利用融媒体资源贴近市场，承接了云签约、云招商、出口商品展销会、端午龙舟会、汽车展销、集体婚礼等各类活动，逐步提高了自身"造血"能力。但是，由于前期投入较大，现有的经营模式所获盈利难以弥补资金缺口，财政资助和政策扶持仍然是海宁市传媒中心目前主要的收益来源。显而易见的是，这一情况不利于媒体的可持续发展，海宁市传媒中心亟须探索出更加成熟的经营模式。

（6）人事制度改革滞后，媒体融合人才难引难留

人事制度与当前情况的不匹配是限制海宁市媒体融合改革的主要原因之一。2020 年，海宁市传媒中心共有在职员工 313 人，其中事业编制员工 98 人。但由于转企改制后事业编制名额的明显减少，海宁市传媒中心出现事业编制员工逐渐老龄化、新进的员工难以取得编制的情况。为了应对这一情况，海宁市传媒中心制定了一系列措施以激发员工活力，如由中心内部采用中层职位选聘、职工双向选择、竞聘上岗等机制，选聘出符合条件的人员到有需求的岗位；实行内部绩效考核如"新媒体平台采编审核制度""月度媒体好产品评选办法"，多劳多得、优绩优酬等，但由于事业编制在人们的传统观念中往往与工作的稳定性密切相关，因此编制名额的不足仍导致了海宁市传媒中心在人才引进和留用方面出现困难，不仅在人员招聘时很难招到符合预期条件的人才，而且后续也有很多人才通过事业单位考试离职去了其他单位。这导致海宁市传媒中心在媒体融合的大环境下，缺乏全能型、全流程的独立人才，发展明显受限。

3. 海宁市媒体融合的发展建议和问题对策

在厘清海宁市媒体融合存在的上述问题之后，本报告将基于学界相关理论研究成果和业界成功案例的融媒体改革经验有针对性地提出相应的解决对策。

（1）明确融合改革总体方向，树立服务型融媒体理念

针对海宁市传媒中心现存的路径规划尚不明晰的问题，相应的工作应该

从进一步明确媒体融合改革的总体方向入手。作为海宁市最具传播力的地方媒体，海宁市的媒体融合改革应该紧密结合其优势，进一步贴近百姓生活，提升自己的服务效能。

服务本地社区是地方媒体的王牌功能。综观国内外发展历史较长的地方媒体，其媒体实践工作与地方服务紧密相连。以在中国城市社区中发展了近20年、社区服务模式逐渐趋于成熟的都市社区报为例，在媒体融合的时代背景下，中国社区报趋向于打造集 App、社区报、社区服务于一体的以社区讯息、服务、社交提供等为功能诉求的一体式社区生活服务移动互联平台，如《北京青年报》旗下的社区报《北青社区报》打造了"社区驿站"这一社区综合服务平台来服务居民，实现线下实体与社区报一起进入社区，以实体形式建立社区入口，同时推出"OK 家"社区生活手机服务平台和微信公众号，集成线上服务并聚拢社区活跃用户，这一线上、线下同步深入社区的形式使得《北青社区报》实现了讯息、服务、社交功能的融合。

（2）明确融合改革总体方向，树立服务型融媒体理念

在明确县级媒体的融合改革应该包括传统媒体间的融合和与新兴媒体的融合两个步骤之后，海宁市的媒体融合实践也应分两步走。第一步是继续深化报纸和广电等传统媒体间的融合改革，在这一阶段需要梳理不同传统媒体各自的传播特性、语言风格、人事制度，从下至上、由里及表地促进报纸和广电之间的融合，这是海宁市融媒体改革的基础步骤，要预留充足的时间使其充分融合，从而实现你中有我、我中有你的"化学反应"，切忌"一刀切"地破除各种媒体原有的办事习惯，完全依靠组织合并等生硬的政策手段促成不同媒体间的外部融合，而给后续实际工作的开展造成不便。第二步是在传统媒体整合融合取得成效之后进一步引入、开发和应用新型的传播技术，促成传统媒体与新兴媒体的融合发展。这一步是在整合现有资源基础之上的进一步发展，其关键是"新"，因此需要对新技术保持相对开放的态度，在充分调研、观察和论证不同技术的优缺点，合理引入和应用新技术的同时预留试错时间和成本，对其给予一定程度的宽松度。

（3）逐步完善技术引进机制，搭建"基础＋智能"融媒系统

技术是传统媒体与新兴媒体融合的关键。技术引用合理，能够有效提升融媒体的工作效率和传播效果，也可以为其产业发展提供契机；技术引用不合理，则既可能会耗费高额的经济成本，又会限制甚至降低媒体的运营效果。因此，海宁市以及其他县级媒体在进行融合改革时要对技术的引用保持相对审慎的态度。针对技术应用效果和成本的综合考量，海宁市传媒中心应逐步完善技术引进机制，搭建"基础＋智能"的媒体融合技术系统。

一方面，以省级技术平台为支撑，搭建省县联动的基础融媒系统。2019年1月15日，《县级融媒体中心省级技术平台规范要求》发布实施，规定了为县级融媒体中心提供业务和技术支撑的省级平台规范要求，适用于支撑县级融媒体中心的省级技术平台的设计、建设和运行维护。另一方面，引入智能媒体技术，进一步提升传播效能。随着人工智能技术的不断发展，智能媒体已经成为当前乃至未来一段时期内媒体技术领域的主角。海宁市应抓住目前的战略机遇，在媒体融合改革早期合理引入智能媒体技术，为未来的媒体融合发展早布局、早应用、早见效。目前常见的智能媒体技术主要包括传感器、虚拟现实和增强现实、物联网、大数据、云计算、人机交互等，[①] 对于海宁市传媒中心而言，对智能媒体技术的引入应以大数据和云计算等技术为切入点。一方面，通过对本地用户的新闻浏览、转发数据等的抓取实现对本地信息的大批量采集，为"选、采、编、审、发"流程中的"选"和"采"提供大量素材，从而缓解编辑阶段无稿（片）可编的情况；另一方面，通过智能算法分析本地用户的新闻浏览习惯，为用户画像，进而为其推送符合其喜好的新闻，提升用户黏性。

（4）发掘融合媒体电商潜力，打造多元"融媒＋"盈利模式

目前，"融媒＋"已经成为县级媒体融合中常见的经营模式，如长兴县的"媒体＋活动＋服务""媒体＋互联网＋项目""媒体＋资本＋项目"，

---

① 段鹏：《智能媒体语境下的未来影像：概念、现状与前景》，《现代传播（中国传媒大学学报）》2018 年第 10 期，第 1～6 页。

邳州"融媒+产业""融媒+政务""融媒+活动"等。但是，实践路径的确立和改良应注重普遍性和多样性的统一，在商业模式的确立方面，更应因地制宜、具体问题具体分析。海宁市的皮革贸易全国知名，在"网络带货"成为电商销售重要形式的当前，海宁市传媒中心应与当地电商的发展相结合，以融媒促进电商，以电商拉动融媒。

（5）持续深化用人制度革新，构建UGC+PGC内容生产模式

鉴于媒体融合人才相对不足的情况，建议海宁继续深化用人制度改革，并建立UGC（用户生成内容）+PGC（专业生产内容）的内容生产模式。

用人制度改革方面，应进一步打通媒体内部人才晋升通道，以工作业绩为标准合理分配事业编制名额，调动工作人员积极性。内容生产模式方面，在UGC+PGC的内容生产模式的基础上，通过技术手段实现了专业采编人员对用户生成内容的编审，并在编审后将其推送到专业的媒体平台。通常，用户将自己发掘的新闻内容以文字、图片或视频等形式发布到媒体平台的稿件库，之后采编人员会基于对这些新闻内容的突发性、重要性、社会影响等方面的考量从中筛选出符合预期的稿件，加工后将其发布在媒体平台上。与上述在特定版块发布的用户生成内容不同的是，此类内容生产模式下的UGC有更多的曝光概率，因而更加有利于调动普通用户在新闻生产中的积极性，更能激发新闻作品经由当地民众在社交网络多次分发的潜在可能，是一种效果较好的UGC应用方式。以《齐鲁晚报》旗下App"齐鲁壹点"为例。《齐鲁晚报》是大众报业集团主办的山东省内唯一的省级晚报，自1988年创刊以来一直稳居山东省报纸发行量、广告收入、社会影响力的榜首。媒体融合进程开始后，《齐鲁晚报》旗下App"齐鲁壹点"将开发UGC价值作为其重要工作，开设了专门征集用户生成内容的情报站版块，以UGC为内容源，专业记者为把关人，通过线上与线下联动的运营模式，将专业新闻生产和UGC结合起来，取得了良好的社会效果。"齐鲁壹点"的UGC+PGC编发流程主要包括三步：首先，用户发布的信息经过机器人和人工的审核后被发布在情报站上；其次，专业的记者和编辑在情报库中筛选出符合标准的信息，通过用户在平台预先存留的联系方式与之取得联系，进行相应采访和

核实；最后，专业的记者和编辑对用户生成内容进行编辑和补充，并将之发布到"齐鲁壹点"App。① 对于投稿的用户而言，其在发布信息、接受采访、被核实信息和信息最终发布等过程中与编辑和记者进行了较多沟通，获得了较强的新闻生产的参与感，这为用户之后在社交网络继续传播该条信息创造了契机，从而有利于信息在当地民众中的二次或多次传播。

---

① 刘苗苗：《地方媒体融合中专业生产与用户生产的关系——以齐鲁晚报·齐鲁壹点情报站为例》，《青年记者》2019 年第 29 期，第 65~66 页。

专 题 篇
Special Topic Report

B.5
中国5G融媒体应用应对疫情
情况报告（2022）

王　源　王一淳*

摘　要: 新冠肺炎疫情突袭而至，人民的生命健康安全受到极大威胁。为
防控疫情，人们在物理空间中的聚集大幅减少，转而增加的是线
上空间中人与人、人与物、物与物之间的沟通。疫情拉开了人与
人之间的物理距离，但是强化了人们在线上空间中的联结需求。
本报告梳理了新冠肺炎疫情期间中国5G融媒体应用情况，从
"5G＋医疗健康""5G＋教育办公""5G＋媒体""5G＋新型消
费"四大方面进行探讨，得出5G在特殊时期为有效沟通提供了
坚实技术保障的结论。

---

* 王源，中国传媒大学新闻传播学部传播研究院、媒体融合与传播国家重点实验室博士研究
生，主要研究方向为媒体融合与全媒体建设等；王一淳，中国传媒大学新闻传播学部传播研
究院、媒体融合与传播国家重点实验室博士研究生，主要研究方向为智能传播、媒体融合、
媒介生存性等。

关键词： 新冠肺炎疫情 5G 5G融媒体应用

工业和信息化部于2020年3月24日发布《工业和信息化部关于推动5G加快发展的通知》（工信部通信〔2020〕49号）（以下简称《通知》），深入贯彻落实习近平总书记关于推动5G网络加快发展的重要讲话精神，要求各省、自治区、直辖市通信管理局，中国电信集团有限公司，中国移动通信集团有限公司，中国联合网络通信集团有限公司，中国铁塔股份有限公司，中国广播电视网络有限公司最大限度消除新冠肺炎疫情影响，全力推进5G网络建设。5G的开发与持续发展并未被不断蔓延的疫情阻碍，相反恰是在疫情期间，5G在智慧医疗、智慧教育、智慧交通、智慧城市和工业互联网领域被不断开发应用，如疫情期间的线上会议、远程医疗、5G红外测温、无人配送、边缘计算等应用都依靠5G的大带宽、大连接、低时延的技术特性给特殊时期的人们提供了极大的安全保障和有力帮助。工业和信息化部数据显示，目前5G行业应用创新案例已超1万个，5G正加速融入千行百业，5G与垂直行业的融合应用是促进产业转型升级的直接动力。[1] 清华大学调查报告显示，疫情激发了企业对5G的需求，各大企业在疫情结束后有意愿进行数字化转型的比例超过53%，远超过去。[2] "5G＋医疗健康""5G＋教育办公""5G＋媒体"等"5G＋"模式是未来产业发展的关键所在。本报告梳理、分析了疫情期间较为突出的5G融媒体应用，探讨其在特殊时期的应用方式与产生的效果，聚焦优质5G融媒体产品，总结其在特殊时期技术赋能下的创新化应用思路，为中国5G融媒体产品后续研发提供全新的借鉴思路。

一　5G＋医疗健康

新冠肺炎疫情蔓延期间，中国"5G＋医疗健康"创新发展，5G智慧医

---

① 唐绪军、黄楚新、王丹：《"5G＋"：中国新媒体发展的新起点——2019～2020年中国新媒体发展现状及展望》，《新闻与写作》2020年第7期，第43～44页。

② 《中国5G发展和经济社会影响白皮书（2020）》，中国信息通信研究院，2020。

疗系统建设不断完善，不同种类的 5G 融媒体技术也在疫情预警、疫情防控、院前急救、远程诊疗、智能影像辅助诊断、医疗辅助等方面达到了较好的应用效果，为中国抗击新冠肺炎疫情提供了强有力的帮助。

（一）云医疗远程会诊

5G 融媒体应用是疫情蔓延期间保障医护人员生命健康安全的重要技术手段，能在提高医疗效率的同时降低人群二次感染概率。2020 年 2 月 25 日，在 5G 网络技术和医疗云平台应用的支持下，来自湖北武汉、北京、浙江舟山三地六个会场的专家一同展开新冠肺炎 CT 远程会诊。同月 27 日，依托 5G 网络技术和医疗云平台应用，来自北京清华长庚医院的董家鸿院士、上海复旦大学附属中山医院的葛均波院士和广州中山大学附属第一医院的谢灿茂教授一同为武汉雷神山医院的一位 67 岁的新冠肺炎重症患者进行远程会诊。事实上，虽然远程医疗并非新兴事物，但是现代医疗具有医疗影像数据多、量级大的特征，在远程医疗过程中对网络的要求也不再停留于以往简单的数据传输与数据送达层面，而是进一步要求极低时延、极高画质来保证手术等高难度操作的精准完成。以"5G 远程 CT"为例，与普通远程会诊相比，"5G 远程 CT"能够接入医院的 PACS 系统，把 CT、核磁、超声、各种 X 光机等医学影像设备产生的原始数据，通过 5G 网络传输出去，让远程在线的医生能"真正"看清病人的 CT 影像。[①] 当前一张医学 CT 图像的数据大小以 GB 为计算单位，远程手术中视频直播的画面精度需要达到 8K 画质，在图像的远程传输过程中任何微小的数据损耗或丢失都有可能造成现实医疗过程中的误诊或操作失误。而在新冠肺炎疫情期间，病患的原始 CT 影像医疗数据依托大带宽、低时延、大连接的 5G 网络技术在不同地区间高速传递，使得同一位病患能够得到来自不同地区的专家的诊断与治疗意见。

新冠肺炎疫情突袭而至使得中国依托 5G 融媒体应用的远程医疗技术飞

---

① 《5G 医疗事半功倍 中国联通 5G 网络在全国多地数次保障远程会诊》，新华网，2020 年 2 月 28 日，http：//www.xinhuanet.com/info/2020－02/28/c_138826807.htm。

速向前推进，2020 年 2 月，在一个月的时间内，江西省首批 8 家省直医院及随州市 9 家定点医院逐一远程接入"江西省对口支援随州市新冠肺炎防治工作远程医疗系统"平台，并正式上线启用，于 2 月 25 日对随州的 5 位新冠肺炎患者进行跨地域的远程会诊，有效利用了不同地区、不同层级的医疗资源。同月 27 日，浙江大学医学院附属邵逸夫医院也展开了对武汉、荆门两地新冠肺炎危重患者的联合会诊，来自不同地区的医疗专家集思广益，为湖北的重症患者提供了救治方案。2021 年 6 月，浙江大学医学院附属第二医院运用神经外科机器人，依托 5G 远程指挥中心，远程控制位于 200 公里外丽水市松阳县分院手术室的"从操作手"，为患者实施脑内血肿清除术。① 2021 年 7 月，上海启动 5G + 区块链疑难危重新生儿急救转诊系统，院方在急救车内建立一套智能转诊舱，通过 5G 网络低时延的特性，将患儿的生命体征、车内救治等信息实时传输到医院救治指挥中心平台，后方专家团队能够提前介入评估和救治。这将会进一步提高疑难危重患儿的抢救成功率和质量。② 另外在海南省，对很多居民而言，小病不出村、大病不出岛，5G 让省级三甲医院医生进行远程会诊成为现实。通过 5G，医疗一体机可在线预约上级医院的专家号，检查画面和结果实时显示在上级医院的治疗室的显示屏上，医生只要操作好检查仪器就能够实时诊断。③ 同时在医疗工作中，5G 不单单应用于对病患的远程诊治，也协同人工智能、大数据等新兴技术有效地推进病毒检测、疫苗研发等工作，提升了中国抗击疫情的效率与效果。

（二）5G 红外测温

疫情期间中国 5G 融媒体应用不仅仅停留在医学治疗与研究的层面，更是赋能优质医疗资源加速下沉。疫情期间，各地、各企业积极利用 5G 推出

---

① 《首个 5G 数字化神经外科空中手术室搭建：远程清除患者脑血肿》，澎湃新闻网，2021 年 6 月 18 日，https：//www.thepaper.cn/newsDetail_ forward_ 13198004。

② 《上车即入院，上海启动 5G + 区块链危重新生儿急救转诊系统》，澎湃新闻网，2021 年 7 月 13 日，https：//www.thepaper.cn/newsDetail_ forward_ 13561816。

③ 《"小病不出村""好课行千里"——海南 5G 创新应用便民惠民纪实》，《经济参考报》2021 年 4 月 26 日，http：//www.jjckb.cn/2021 - 04/26/c_ 139906298.htm。

远程诊疗、智能医护机器人等。中国作为人口大国，在疫情防控工作中，也需依靠相应技术手段对人口健康情况与流动路线进行调查与监测，通过大数据追踪查找密接和次密接人员。安徽、山东、浙江等省利用"5G＋热成像"实现了远距离无接触式体温检测和数据分析监测。2020 年 3 月 25 日，国务院联防联控机制就新一代信息技术助力疫情防控举行发布会，会议上工业和信息化部新闻发言人、信息技术发展司司长谢少锋表示，在支撑疫情科学防控方面，一些医疗机构借助互联网、大数据、云计算、人工智能等新技术，精准高效地开展疫情的监测分析、病毒溯源、患者追踪、社区管理等方面的工作。[①]

新冠肺炎患者的主要症状之一是体温异常。一般来说，对患者逐个进行手动测温是常见的医疗监测手段，但在特殊时期，需要监测体温的对象不仅有患者，也包括身在公共场所的大流量人群。新冠肺炎疫情防控的第一条防线是体温检测，中国常用的红外体温检测仪是集 5G、生物识别、热成像、视频智能分析于一体的技术结合体。2020 年 2 月，工业和信息化部发布《关于组织做好红外体温检测仪及配套零部件生产企业复工复产工作的紧急通知》（以下简称《通知》），强调为贯彻落实党中央、国务院重要决策部署，依据《国务院办公厅关于组织做好疫情防控重点物资生产企业复工复产和调度安排工作的紧急通知》要求，各省、自治区、直辖市人民政府和交通运输部要在疫情防控重点物资生产运输保障事务中加入红外体温检测仪和配套设施零部件。《通知》表明，体温检测是疫情检测的第一关口，红外体温检测仪在公共场所对甄别疑似患者发挥了重要作用，是打赢疫情防控战的重要装备。[②] 5G 红外测温系统不同于单支测温枪逐人测温，它的检测覆盖范围更广，其红外细密温感探测器能够同时对 10 米之内的多人进行扫描

---

① 《工信部：目前已有 20 余款人工智能系统应用在疫情一线》，人民网，2020 年 3 月 25 日，http：//health. people. com. cn/n1/2020/0325/c14739－31648122. html。

② 《关于组织做好红外体温检测仪及配套零部件生产企业复工复产工作的紧急通知》，工信部官网，2020 年 2 月 1 日，https：//wap. miit. gov. cn/ztzl/rdzt/xxgzbdgrdfyyqfkgz/tzgg/art/2020/art_ d1cf148e646e407a82f2d2764f233409. html。

检测并以视频画面形式呈现，能够以较快速度测量人群体温并报告异常，同时将测量误差控制在正负0.3摄氏度。对于被体温检测的人群而言，5G红外测温技术使得人们无须逗留原地，便可安全通过检测，不易出现因逗留和聚集时间过长而增加疫情聚集性交叉感染的可能。对于体温检测的工作人员而言，5G红外测温技术一方面凭借其快速查找和追踪功能帮助工作人员迅速排查人群中的异常状态；另一方面设备24小时全时段无死角检测在减轻工作人员负担的同时也降低了工作人员的感染风险。

基于疫情防控需要，众多企业加入研发、生产5G+红外测温产品的行列以支援中国抗击疫情。北京旷视科技有限公司推出"人体识别+人像识别+红外/可见光双传感"解决方案；联想集团推出红外热成像智能体温检测系统；高新兴科技集团股份有限公司则研发了中国第一款用于测量体温的巡逻机器人——千巡警用巡逻机器人，该机器人在新冠肺炎疫情期间被广州、武汉、天津、北京、上海等城市广泛应用在车站机场、公园广场、医院社区等场所。千巡警用巡逻机器人搭载了5个高清摄像头，能够在5米范围内一次性、快速地测量10个人的体温并将测量误差控制在正负0.5摄氏度。此外，千巡警用巡逻机器人能够对经过人员是否佩戴口罩进行识别，一旦发现未佩戴口罩人员将启动疫情防控系统，通过内置语音播报系统提醒该类人员佩戴口罩。5G红外测温技术突破了传统体温检测的线路束缚，高速回传的数据和灵活便利的测温方式能够满足不同场景下的测温需求。可以说，在中国新冠肺炎疫情阻击战中，5G融媒体应用的范围不断扩大，精度不断提高，在节约人力资源的同时提高了防疫效率。

（三）个人健康码

疫情防控工作中，5G红外测温技术为疫情检测提供了极大的技术支持，健康码、行程码类融媒体应用也在疫情溯源工作中发挥了重要作用。2020年2月7日，深圳率先成为有"码"城市，推出"深i您健康码"。"深i您健康码"上线仅半月注册用户量累计超800万人。时隔4天，浙江省杭州市正式推出健康码出行模式，实行绿、黄、红三色健康码的动态管理模式，绿码人员凭码通行；黄码人员则需进行为期 7 天的隔离，隔离期内连续 7 日健康打卡，二维码将转为绿色；红码人员则必须进行为期 14 天的隔离，经过 14 天的健康打卡后方可转为绿码。杭州市健康码不仅与企业复工网络平台进行信息对齐，还在支付宝等 App 中加入申报健康码端口以便市民在线申领，上线首日访问量高达 1000 万人次，两周内累计发放 5047 万张，这一模式也逐渐落地至全国其他省市地区，全国各地陆续推出以公民个人真实数据为基准并通过网上自行申报经后台审核后生成的公民个人健康码。

健康码成为新冠肺炎疫情期间中国公民在个人所在地的通行电子凭证，覆盖交通枢纽、市内交通、居民社区、办公写字楼、医疗场所、大型商超等多种公共场所，如温州市、杭州市健康码上线看病买药功能，更精准地掌握市民个人健康数据。全国各省区市本地健康码名称略有不同但功能类似，如北京市北京健康宝、天津市津心办天津健康码、上海市随申码、重庆市渝康码、江苏省苏康码、安徽省安康码、江西省赣通码等，都结合各地不同情况为疫情防控提供了技术支持。2021 年 1 月 15 日，国家发改委副主任连维良在全国春运电视电话会议中强调疫情防控工作原则要求之一为"健康码全国互认、一码通行"，要求统一防疫健康码政策、标准，实行全国互认、一码通行做法，并要求各地依托全国一体化政务平台落实健康码的互认机制，明确跨地区流动人员健康码信息在各地区可信可用。① 截至 2021 年 3 月 23 日，中国基本实现了全国范围内健康码的"一码通行"。新冠肺炎不同于其他普通流行病，其致病病毒——新型冠状病毒具有极强的传染性，若与病患处在同一空间中则有被感染的风险，因此对病例和疑似病例的流动轨迹调查成为疫情防控的重要工作。

通信大数据行程卡是由工信部中国信息通信研究院联合三大基础电信运营商推出的个人跨区域流动轨迹调查系统，系统运用来自中国三大基础电信运营商中国电信、中国移动、中国联通的通信大数据，提供覆盖全国 16 亿

---

① 《一码通行！春运健康码全国互认》，新华网，2021 年 1 月 15 日，http：//www. xinhuanet. com/politics/2021 - 01/15/c_ 1126988497. htm。

手机用户的行程查询服务。用户只需提供个人手机号和验证码便可在全国一体化政务服务平台小程序中直接获取自己的行程信息，小程序中可查询用户14天之内经过（停留4小时以上）的国内城市或境外国家（地区）。目前在全国一体化政务服务平台中，个人通信大数据行程卡信息已被纳入防疫健康码系统中，两个信息平台的信息互通不仅避免了瞒报误报，提高了信息精准度，也进一步便利了用户操作和疫情防控工作。

二 5G+教育办公

疫情时期人们选择线上教育或远程办公的原因在于，一方面特殊时期居家能够保障个人生命健康安全；另一方面线上交流能缓解孤独，在一定程度上保证了正常的生产生活秩序。

（一）教育融媒

传统课堂教学在疫情影响下转向了线上教学，疫情期间中国线上教学的主要形式包括免费向公众开放MOOC（慕课）教学、付费直播、回放视频课程以及大中小学校因居家隔离政策而采取的多种形式线上课程等。2020年2月12日，中国人力资源和社会保障部办公厅发布《关于在新冠肺炎疫情防控期间免费开放中国职业在线培训平台的通知》，为各地开展在线职业技能教育提供了政策支持。不管付费与否，无论是包含"家庭启蒙""教学启蒙""智能看护与陪伴"的早幼在线教育、带有学科与素质教育目的的K12在线教育、学历及非学历性质的高等在校教育，还是包含"技能培养""资格证考试""中高等职业教育"的职业在线教育，都在疫情居家期间蓬勃发展。

"停课不停学"给在线教育行业的高速发展带来了契机，5G、人工智能、大数据等技术的应用更是为在线教育创造了广阔的发展空间。疫情期间5G充分保障了在线教育直播的稳定性和即时性，在营造沉浸式教学体验、提高师生互动效率和提升教学服务能力等方面赋能在线教育发展。新东方、好未来、江苏凤凰数字传媒有限公司联合江苏凤凰教育出版社、译林出版社

等教材出版社研发制作的中小学电子课本于 2020 年 2 月发布，可供全国约 4000 万名使用凤凰版教材的师生免费使用。①

MOOC 是这一特定时期满足学习需求的重要工具，总体规模增长尤为突出，教育部数据显示，2020 年中国 MOOC 课程数量和应用规模已居世界第一，② 尤其在疫情突袭而至后，中国 MOOC 的课程数量与学习人数又一次飞速增长。认知心理学博士马艳云的数据分析显示，在中国大学慕课平台上，新冠肺炎疫情前平均每门课程学习人数为 13914 人，新冠肺炎疫情防控期间平均每门课程学习人数为 24886 人，可以说新冠肺炎疫情防控期间的学习人数显著高于疫情前的学习人数。③ 在中国，新冠肺炎疫情期间选择 MOOC 作为学习方式的学习者大幅上涨，同时平台上的 MOOC 课程数量与规模也空前高涨。截至 2020 年 12 月，中国 MOOC 课程数量超过 3.4 万门，学习人数更是达到了 5.4 亿人次。此外在新冠肺炎疫情期间，中国推出首批高校在线教学国际平台，以爱课程、学堂在线为代表的中国 MOOC 平台在不同学科领域上线了近 700 门课程。④ 新冠肺炎疫情期间利用 MOOC 方式在学校范围内开展课程的案例也非常丰富，教育部高等教育司司长吴岩介绍，中国所有普通本科高校在新冠肺炎疫情期间全部实施了在线教学，108 万名教师开设 110 万门课程，合计 1719 万门次；参加在线学习的大学生达 2259 万人，合计 35 亿人次。⑤ MOOC 线上教育的蓬勃发展一定程度上得益于 5G 融媒体应用的快速发展，人工智能、大数据以及个性化推荐算法一方面使得平台能够迅速捕捉用户的学习需求，另一方面也使得用户在精准学习时收获海量课程

① 《江苏凤凰出版传媒股份有限公司 2020 年半年度报告》，凤凰传媒，2021。
② 《中国慕课数量和应用规模居世界第一》，教育部官网，2020 年 12 月 14 日，http：// www. moe. gov. cn/jyb_ xwfb/s5147/202012/t20201214_ 505232. html。
③ 马艳云：《新冠疫情下大学生慕课学习研究——基于疫情防控期间与疫情前慕课学习人数 的比较》，《中国特殊教育》2020 年第 5 期，第 91 ~ 97 页。
④ 《中国学习规模 5.4 亿人次》，光明网，2020 年 12 月 13 日，https：//m. gmw. cn/baijia/2020 - 12/13/1301934173. html。
⑤ 《在常态化疫情防控前提下，近三亿师生将集中返校，教育部要求——确保安全开学、正常 开学、全面开学》，教育部官网，2020 年 8 月 28 日，http：//www. moe. gov. cn/fbh/live/2020/ 52320/mtbd/202008/t20200828_ 481679. html。

内容素材。

付费在线课程集直播、大数据、人工智能、VR/AR 等技术于一体，在新冠肺炎疫情期间发展迅速。艾瑞咨询研究院调查数据显示，新冠肺炎疫情期间腾讯课堂付费课程在"双十一"大促期间购课人数同比增长 216%，新增机构 827 个，销售金额同比增长 40.4%，且在疫情期间周度 UV 峰值突破 2300 万。[①] 付费在线课程多采用"直播 + 无限次回放"的产品模式，5G 给在线教育带来最直观的变化就体现在直播上，5G 具有超高清、低时延的特性，能够极大改善课堂互动体验。5G 同时也支持了人工智能技术进入线上课堂，如创客匠人利用人工智能智能语音测评技术识别用户上传的个人音频，改变了以往口语线上课程需等待真人教师逐条听语音的模式，提高了用户的学习效率。从融媒体应用角度而言，技术与硬件间的结合不断拓宽教育融媒体应用的发展道路，5G 赋能在线教育主要体现在对数据容量和传递效率的提高上，而人工智能技术的进入则大幅度增强了虚拟课堂互动性，提高了教育效率。

为保证将新冠肺炎疫情隔绝于校园之外并确保学校师生的生命健康安全，教育部下发了延期开学相关通知，要求学生居家学习，并发起"停课不停学"的号召。新冠肺炎疫情期间得益于信息传播技术的高速发展，大中小学校通过腾讯会议、QQ、微信、雨课堂、学堂在线等多个平台进行线上教学，海量的教学与教辅资源内容以数据形式被传输。同时，国家也搭建了网络云课堂，融入部编教材和地方教材，覆盖义务教育全阶段，并根据教学周设定教学进度和课程表，为居家学生提供网络点播课。应该说，新冠肺炎疫情期间融汇多种技术手段与媒介呈现方式的在线教育是 5G 融媒体在"互联网 + 教育"领域的一次重要实践。

（二）远程办公

5G 融媒体在人们居家远程办公时也发挥着重要作用，新冠肺炎疫情时

---

① 《中国综合性终身教育平台用户大数据报告——腾讯课堂数据篇》，搜狐网，2021 年 1 月 25 日，https://www.sohu.com/a/446664345_445326。

期线上办公成为"刚需",线上办公类应用快速发展。人们在居家期间通过利用网络和办公软件实现了远程办公,最大限度地减少了人与人之间在同一公共空间中的接触,同时也保障了正常的生产、工作秩序。一些企业与线上办公平台达成合作,线上办公平台巨大的流量彰显着新冠肺炎疫情期间办公领域对5G融媒体应用的巨大市场需求。值得注意的是,尽管远程办公能够最大限度地利用信息化技术降低感染风险,并在新冠肺炎疫情期间提高人们的生产效率,但从理论上来讲远程办公在操作过程中仍然存在对配套设施的要求,远程办公对网络宽带和终端硬件的要求较高。由于远程办公需要直接接入公共网络,在线人数过多会出现掉线或延时、卡顿等问题,不仅降低工作效率,而且容易对工作者心情造成不良影响。如一些企业或单位过于密集地进行远程会议,可能造成会议系统的服务器崩溃等问题。对于线上办公平台开发方而言,提升技术能力和服务体验至关重要。对于中国互联网基础设施而言,5G的普及将有利于提供全时空化、全场景化、全移动化的远程办公条件。这也对5G融媒体应用提出了新的要求,将更多前沿科技融入远程办公应用的技术研发、应用创新、版本迭代、行业突破,同时也应防范远程办公软件过度获取用户个人信息的风险。

三 5G + 媒体

自新冠肺炎疫情暴发以来,处在特殊时期的人们对新闻信息的渴求度较高,新闻媒体也在新冠肺炎疫情期间扮演了极其重要的社会"扩音器"的角色。对于新闻媒体而言,选择哪一种融合媒体形态、新闻话语方式、传播手段使公众能够获知相关信息,在保证高效传播的同时不让公众因理解偏差而产生恐慌显得尤为重要。

(一)慢直播

新冠肺炎疫情突袭而至后,中国迅速在医疗卫生方面采取相关措施,此时的公众对于新闻信息的需求主要集中在新冠肺炎疫情态势和防疫进展等相关信息方面。由于新冠肺炎疫情期间难以辨别信息真实度的各类消息较多，公众更加渴望获知由主流媒体或权威机构提供的信息。在以往的直播形态中，无论是画面、解说、剪辑还是视频包装都带有媒体出于画面美观呈现的考量，但在 2020 年 1 月 27 日中央广播电视总台央视频客户端疫情 24 小时专题页面中，央视频客户端对武汉火神山医院、雷神山医院两个医院建设现场的直播方式颠覆了以往媒体惯用的直播形态。央视频客户端采取了"慢直播"形式，24 小时全时段无间隔地呈现施工画面，开播三天内浏览量超 2 亿次，一度在网络上掀起网友"云监工"热潮。同时，为给观众提供更为真实的画面体验，随后在"慢直播"中增加了全景 VR 模式，减少了因空间距离带来的间隔感，网友以沉浸自主的观看方式立体直观地了解火神山医院、雷神山医院的建设进展。

（二）短视频

短视频是内容生产、平台运营与发布等多方面元素的有机融合体，通过协同多种形态的媒体降低了时间成本、经济成本和人力成本，并依靠大数据算法提供的精准推送和个性化定制服务将优质内容传播给用户。线下的短视频生产大多为 PGC + UGC 模式，短视频平台大多具有较强的风格特色和标识度，平台中的普通用户可以模仿学习爆款视频进行内容创作与分享。依靠 5G 快速加载视频，用户能够获得流畅的观看体验。尤其在新冠肺炎疫情期间，短平快的短视频能够高效地满足用户渴望获取新信息的心理，无论是主流媒体还是自媒体都在视频平台中传播着有关疫情的最新消息。值得注意的是，在谣言四起的新冠肺炎疫情时期，用户通过科普类短视频能够有效获取新冠肺炎疫情防范相关科学知识，科普类短视频在一定程度上发挥了辟谣、科普、科学防控、有效宣传的重要作用。如快手、微博、抖音、腾讯微视等短视频门户将流量转化为行动，开设了"疫情知识官"等专题，规模化、体系化地输出科普类短视频，成为官方的"扩音器"和新冠肺炎疫情期间用户获取重要信息相对短平快的渠道，也有效提高了用户甄别虚假新闻能力和个人卫生防护能力。

（三）Vlog

Vlog（视频网络日志）是短视频众多形式中的一种，其全称为 video blog 或者 video log，是 blog 的变体，Vlog 以短影像的方式将文字、相片、视频、音频等形式融为一体，成为新颖的互联网内容传播方式。利用 Vlog 进行融媒体传播，是传统媒体在内容创作中进一步融合 PGC 和 UGC 的探索，"用户生产内容 专业媒体把关"为传统媒体的内容生产注入了新的活力。[①] 随着新冠肺炎疫情的不断蔓延，人们对新闻报道的需求也有所改变。不同于新冠肺炎疫情突袭而至时人们对特殊时期新闻报道的渴求，在紧张的情绪中人们逐渐接受 Vlog 这类深入现场、不同于消息类新闻叙事的讲述方式进行信息传递的产品。同时，不同于传统报道形式，Vlog 生产具有大众化和泛在化的特点，在此次新冠肺炎疫情传播中，各种来自防疫工作一线、病患本人等 UGC 生产力量加入疫情新闻报道生产线中。《战疫 Vlog：与口罩和消毒液度过的一天一夜》《战疫 Vlog：仙桃境内，村与村之间的路被堵了》《战疫 Vlog：抢建黄冈版"小汤山"的志愿者们，他们心里是有希望的》等 Vlog 作品在新冠肺炎疫情期间的全网点击量共计超 5 亿次，单条平均播放量 1000 万次。《人民日报》开设"疫"线 Vlog 专题，以小见大，将疫情期间的医护人员、普通市民的小故事作为视频内容，凭借其带给观众的强烈情感共鸣多次获得超 10 万次的观看量。

（四）主流融媒体

新冠肺炎疫情期间，2020 年全国两会凭借媒介技术实现了"云"上互动，广州日报社"云桌会"、山西日报社"两会云访谈"以及新华报业的"代表委员 Vlog"等都是通过视频连线、云访谈、云直播的形式实现了新闻创新，此类"云"相见是 5G 以及智能高清传输技术相互作用的结果。2020

---

① 《疫情期间的融媒体传播特点分析》，腾讯网，2020 年 3 月 10 日，https：//new.qq.com/omn/20200310/20200310A0NL2B00.html。

年2月，湖北广电"长江云"在新冠肺炎疫情中首次运用中国广电提供的5G信号直播了湖北省抗疫新闻发布会。[①] 2020年11月，湖南广电与百度地图宣布联合打造新一代5G AI智慧电台，利用行业领先的AI路况数据，为全国县域用户提供更加即时、精准、智能的路况信息广播服务，共同赋能全国县级融媒体中心智能化建设，筑建县域交通传播新生态。

2021年7月，在东京奥运会体育赛事直播带动下，中央广播电视总台5G新媒体平台央视频各项数据指标屡创新高。开赛一周内，央视频会员数量跨越百万大关。截至2021年7月25日，央视频App累计下载量成功突破3亿次；7月27日，央视频累计激活用户数量突破1亿人次，单日视频总观看量突破2亿人次。东京奥运会期间，央视频平台日活用户、同时在线人数、互动量、新增用户量等数据不断刷新，央视频客户端在苹果应用商店总榜和娱乐榜皆名列榜首。[②] 同样也是在东京奥运会期间，《四川日报》引领的川报全媒体联合四川移动、咪咕数媒推出新一代手机报产品"华西手机报5G消息版"，为用户奉上"睛彩奥运"的视觉盛宴。无须下载App、不占手机内存，用户就能够通过短信入口进入专题，在图文、音视频、H5等多种形式的融合呈现中直达热门赛事、夺冠瞬间、金牌榜单等奥运精彩专题。

加快布局5G融媒体也成为其他主流媒体集团工作的重中之重。2021年5月，江苏有线深化实施三大工程。加快推进5G核心网及基站建设，开展广电5G 700MHz试点和智能巡检多任务无人机、团雾智能识别与预报预警联动等5G应用。[③] 2021年6月起，湖南广电局先后启动5G智慧电台、5G

---

① 《广电5G在湖北抗疫一线紧急开通 长江云今晚首次实战应用》，光明网，2020年2月2日，https：//politics. gmw. cn/2020 – 02/02/content_ 33517147. htm。

② 《中央广播电视总台搭建多频道、多终端融媒体矩阵——大小屏看奥运，收视究竟多热》，中国新闻出版广电网，2021年8月2日，https：//www. chinaxwcb. com/info/573672。

③ 《江苏有线深化实施三大工程》，国家广播电视总局官网，2021年5月8日，http：//www. nrta. gov. cn/art/2021/5/8/art_ 114_ 56345. html。

高新视频多场景应用重点实验室等，加快新领域新业态品牌布局。① 加强 5G 智慧电台等成果，与华为共同研发 4K 时空凝结系统，在第二季《舞蹈风暴》中成功运用并获好评。湖南有线集团积极研发新产品，推出 5G 视界全新平台产品"蜗牛 TV"，给用户创造一种多维度、多场景、多终端的智慧家庭生活体验。与此同时，以"5G + 智慧广电"触发 ToB 和 ToC 场景的智慧化破局思维，汇集"政务 + 公共服务 + 垂直行业 + 融媒中心"资源，为政民商用户提供智慧党建、智慧社区、5G 智慧电台等服务，湖南省签约项目近 600 个。② 2021 年 7 月，福建广电系统开展系列全媒体主题宣传活动，采取广电 + 融媒、5G + VR 等方式，开展党史知识竞答、互动，推动建党百年主题宣传和党史学习教育走实走深。③

（五）5G 消息

5G 成为推动网络内容新发展的关键词。为传递奥运精神，展示中国健儿风貌，中国移动手机报在东京奥运会期间，围绕赛事热点，推出 5G 融媒手机报《新闻早晚报 – 奥运特刊》，结合视频、音频、图文资讯，以视频彩信和 5G 消息形态面向用户传播奥运会精彩内容。④ 出于新冠肺炎疫情防控的需要，针对此次奥运会中国移动旗下咪咕视频带来了"云观赛"玩法，用户在线上能够邀请好友，一同进入专属"5G 云包厢"。"5G 云包厢"将观赛、音视频即时通信、赛事转播三大功能相结合，突破时间和空间的限制，定制"云上私人包厢"，满足朋友间随时随地连线看奥运的需求，极大提升了线上观赛的娱乐性和社交性。2021 年 5 月 17 日，北京移动"心级服

---

① 《湖南广电局加强网络视听节目创作生产》，国家广播电视总局官网，2021 年 8 月 2 日，http：//www. nrta. gov. cn/art/2021/8/2/art_ 114_ 57302. html。

② 《湖南有线集团积极开展产品创新》，国家广播电视总局官网，2021 年 6 月 28 日，http：//www. nrta. gov. cn/art/2021/6/28/art_ 114_ 56945. html。

③ 《福建广电系统开展系列全媒体主题宣传活动推动建党百年主题宣传和党史学习教育走实走深》，国家广播电视总局官网，2021 年 7 月 21 日，http：//www. nrta. gov. cn/art/2021/7/21/art_ 114_ 57212. html。

④ 《聚焦东京奥运会，中国移动咪咕 5G 融媒手机报呈现沉浸式体坛盛宴》，北青网，2021 年 8 月 2 日，http：//sports. ynet. com/2021/08/02/3341018t1062. html。

务"5G消息上线，这是通信行业首发的服务类5G消息。[①] 该产品可实现收发多媒体卡片消息、文本消息、音视频消息等融媒体信息，并全面整合搜索功能、新闻媒体资源以及直播等优质内容。

四 5G+新型消费

（一）虚拟游戏

借助VR技术与5G等，VR电竞与5G云游戏产业将步入快速发展的阶段。据伽马数据发布的《疫情防控期游戏产业调查报告》，2020年1～3月，中国的移动游戏市场以550亿元的收入创下历史新高，同比增长超过49%。

2020年6月，网易公司与华为科技有限公司正式签署战略合作协议，双方围绕"数字娱乐"创新，在以"5G"和"云"为代表的新技术和生态方面展开深度合作，共同推动游戏、音乐和教育业务发展。

（二）媒体跨界电子商务

媒体跨界电子商务是近年来尤其是新冠肺炎疫情期间较为突出的一种5G融媒体商业模式。由于长期以来的内容输出和在垂直领域深耕，媒体具有较强的品牌效应且自带巨大流量，能够在跨界初期便自带较为稳定的可运营用户，是当前中国电商界的一股新生力量。未来电视是央视网的子公司，该公司借力互联网电视的融合优势将商品植入视频内，利用大数据算法、终端智能推荐等技术开发电商垂直领域，搭建拥有细分受众的媒体电商平台。在媒体融合程度不断加深和范围不断扩大的影响下，各大传媒集团充分将受众资源转化为用户资源。如《京华时报》《新京报》与阿里合作推出"码上淘"，通过扫描商品条码就可在电商平台中获取商品的价格、产地、型号等

---

① 《全国首个运营商服务类5G消息来了》，C114通信网，2021年5月17日，http：//www.C114.com.cn/news/80/a1162135.html。

诸多信息；财新传媒通过微信平台开通集团旗下的"财新花店"，用户可在网店内购买鲜切鲜花；《钱江晚报》则建立自己的电商网站和微信商城；广州报业开发副食品、邮轮、手游、彩票业务；《羊城晚报》开拓绿色视频领域和出国留学服务等。与中国的大型电子商务平台京东、淘宝、天猫、唯品会等相比，媒体跨界电子商务并不具有商品渠道、货物运输等生产方面的商业优势，然而媒体天然的公众影响力和品牌公信力使得其在行业融合之初便自带流量，同时媒体内容与商品价值结合，行业间融合程度不断加深。

（三）社区团购

新冠肺炎疫情突袭而至后，对于隔离在家无法外出的居民而言，5G 融媒体时代中的"社区买菜""社区购"等网络购物方式俨然成为重要的电商新形式。可以说打通电子商务与媒体全产业链条，跨越不同平台不同媒体的融媒商务生态系统已然形成。如湖北武汉在新冠肺炎疫情突袭而至后响应政府号召进行居家隔离，依靠志愿者统一配送生活用品与蔬菜水果难以满足公众的生活需求，此时线上订单、线下（社区门口）接货的社区团购方式迅速获得用户认可。滴滴出行上线了名为"橙心优选"的社区团购服务；苏宁则以"苏小团"开展社区团购业务；美团调整原有组织架构，成立优选事业部开拓社区团购市场；拼多多则在武汉和南昌开展"多多买菜"项目；阿里也宣布成立盒马优选事业部角逐社区团购的商业市场。这些服务同样也能够在微信平台中直接获取，"百姓惠购""邮政优选""京东到家""苏宁小店""美团买菜""菜划算"等公众号均提供了社区买菜与送货上门的服务，在便利消费者的同时赋能电子商务。广东、北京、四川等地通过"5G＋无人车"完成了无人车智慧消毒、物品配送等工作，创新了防疫工作方式。

应用场景篇

Application Scenarios Reports

B.6

中国5G融媒体应用的基本类型
和应用场景分析

王筱卉　陈雨菲*

摘　要： 5G融媒体应用呈现应用范围广泛、应用类型多样化的特点，在
　　　　　媒体、交通运输、工业制造、医疗急救、金融、教育等领域均有
　　　　　与5G相结合的范本。本报告从内容场景分类、应用属性分类、
　　　　　其他5G融媒体应用与场景分类三个角度出发，对5G融媒体在
　　　　　不同行业的应用构成进行了分析研判，以达到推动中国5G融媒
　　　　　体应用层级不断升级、5G与产业深层次结合的目的。

关键词： 5G应用分类　媒体融合　技术产业转型

---

* 王筱卉，中国传媒大学5G智能媒体传播与产业研究院院长、中国传媒大学 – 虎牙电竞研究
中心主任，主要关注戏剧影视领域相关研究，数字创意设计和电竞领域交叉融合方面的青年
学者；陈雨菲，中国传媒大学新闻传播学部传播研究院硕士研究生，主要研究方向为媒体融
合、影视传播、视听语言等。

一　内容场景分类

（一）内容呈现形式

1. 图文

在媒体融合的背景下，采用图文并重的报道方式，能有力补充文字不易表达的内容，使重大主题报道更具说服力，更能用立体形象的画面让报道出彩出新。对于社会热点问题，配上现场拍摄的精彩瞬间，更能达到良好的传播效果。优秀的图片新闻能给读者带来视觉冲击力，能展现文字报道无法表达的新闻主体信息，具有装饰性、纪实性作用，能带给读者逼真的情景，起到直观传递信息的作用。融媒体时代，"一图胜千言"的巨大传播优势，使精美图片成为新媒体的一个制胜法宝，用形象生动的图片细节，使读者更真实、直观、全面地了解事物全貌。在读图时代的宣传报道中，一张好的图片在配合、补白、调节和美化等方面也达到好的视觉效果，使版面在形式上变得更加活泼、丰富，从而在媒体融合的背景下，为受众提供更多具有美感和新闻价值的作品。

2020 年 11 月，贵州省人民政府新闻办召开发布会，会上省政府宣布同意紫云自治县等 9 个县正式退出贫困县序列。贵州图片库下属的天眼新闻客户端针对这个事件推出了名为《九个深贫县摘帽 | 这组图片见证"一步跨千年"》系列组图报道，这组图片从旧貌、新颜的角度进行对比，围绕农村公路"组组通"、易地扶贫搬迁、产业扶贫、教育医疗住房"三保障"等"四场硬仗"，重点展现贵州基础设施建设方面取得的巨大成就。作品在天眼新闻客户端推出后，仅客户端的当日阅读量就达 15 万，被认为是对贵州最后 9 个深贫县退出贫困县序列的生动阐释。2021 年 1 月，该新闻客户端又发布了《九张海报，带你一起展望"十四五"的贵州》，作品以精致图片为主，从收集整理的海量照片中精心挑选，附以提炼出的"路畅""居美""业兴""商旺""山秀""文华""心暖""民安""劲足"九个关键词，制

成了九张精美视觉海报。作品图文并茂，形式新颖，视觉冲击力强，提升了读者的阅读体验，并达到了良好的社会传播效果。

2. H5

H5 是 HTML5（Hyper Text Markup Language 的第 5 版本）的简称，意为超文本标记语言，是重塑网络语言的一种新的多媒体叙述方式。因 H5 低成本、多元化、高传播力等符合融媒体需求的优点，在营销、生活娱乐、新闻报道等领域表现出极强的传播力。同时，H5 支持音视频、多媒体以及动画等交互，极大地颠覆了传统新闻的生产方式。

H5 有着丰富多样的呈现方式，如"微信虚拟场景""虚拟展览""语音播录""抽奖与投票""自定义""多屏互动""问答测试"等。通过 H5 呈现的新闻作品可分为三种类型：表现类、视频类以及生成类。（1）表现类的 H5 新闻作品较为常见，其主要是将新闻作品内容动态化，具有耗时少、制作便捷的特点，但其弊端是缺乏较强的交互性，聚焦单向信息传播。（2）视频类的 H5 新闻作品主要将视频以部分或全貌展示的方式呈现，此类 H5 能够让用户更加直观和迅速地接收信息，并具有灵活性和可操作性强的特征。其中，利用 VR 等技术给予用户沉浸式观看体验的 H5 视频，是目前比较受欢迎的类型。（3）生成类的 H5 新闻作品则是易引发用户自主传播的一种类型，其主要是通过游戏互动的方式，用户主动上传自己的答题、预测、成绩等，接收反馈，并获得成就感与满足感。传统媒体时代的新闻作品表现形式较为单一，如广播、电视主要为音频、视频传播，报纸杂志则是纸质传播。而具有成本低、跨平台、交互性强、表现形式多样化、多屏切换等特点的 H5 是融媒体时代较为优质的传播方式。

比起传统媒体的传播方式，H5 新闻作品的推广方式更加便捷和高效，并具有较强的开源性特点，使得作品生产更加轻松，节约了大量的时间和人力成本。阅读的乐趣也伴随着 H5 新闻作品的推广得到了极大的提升。如 H5 新闻作品可将时事政治、社会经济、文化教育等方面的新闻素材通过 MG 动画、互动元素、小游戏、短视频等表现形式进行演绎，增强阅读性和趣味性，从而延长用户的停留时间，吸引更多流量和注意力，同时多样化的

H5 新闻作品也更容易加深用户印象，从而提升信息传播质量和传播效率。

由于 H5 具有强大的交互性和表现性，相较于传统的媒介产品，H5 新闻作品更容易引发用户的二次传播。而 H5 新闻作品中附加的媒体相关信息（如 LOGO、产品二维码等）也在用户分享和转发中进行了二次宣传，有助于新闻媒体的快速"吸粉"。其中最具代表性的就是生成类 H5 新闻作品，如由《人民日报》客户端推出的《快看呐！这是我的军装照》H5 系列作品的单次浏览量就达到 10 亿以上，一分钟内访问人数的峰值高达 117 万人次。就其技术层面而言，绝大多数 H5 新闻作品中的新闻内容无法通过传统的新闻生产方式进行传播和加工，从而确保了 H5 新闻作品的原创性。对于传统媒体而言，依托 H5 技术制作的新闻在上传到推送平台时，必须进行二次加工，不能对新闻拿来就用，由此也提高了新闻媒体的原创能力。[①]

3. 短视频

中国网络视听节目服务协会在 2021 年 6 月初发布了《2021 中国网络视听发展研究报告》，报告指出，截至 2020 年 12 月，中国网络视听用户规模已达到 9.4 亿。较 2020 年 6 月增长 4321 万，巨大的网民数使网络视听领域的新发展态势逐渐显现。[②] 2021 年第一季度对移动网民人均每日 App 使用时长的调查发现，短视频 App 的用户人均每日使用时长占比达 29.6%，高居 App 使用时长第一名（见图 1）。

当前网络信息传播中，短视频是较为主要的传播形式。从增长趋势分析，未来一段时间内，短视频依然会是信息传播的主要发展方向。[③] 传统新闻主要运用文字或图片进行传播。而融媒体时代的单个新闻作品可涵盖多种传播方式和多元传播内容。同时随着 5G 的深入发展，视频新闻成为移动终端中较为重要的传播形式，传统主流媒体也在短视频平台中注册账号进行视

---

① 何涛：《H5 在融媒体中的应用与展望》，《媒体融合新观察》2020 年第 4 期，第 45～47 页。

② 《2021 中国网络视听发展研究报告》，中国网络视听节目服务协会第九届中国网络视听大会，成都，2021 年 6 月。

③ 陈思言：《融媒体环境下短视频的发展研究》，《文艺争鸣》2020 年第 3 期，第 183～185 页。

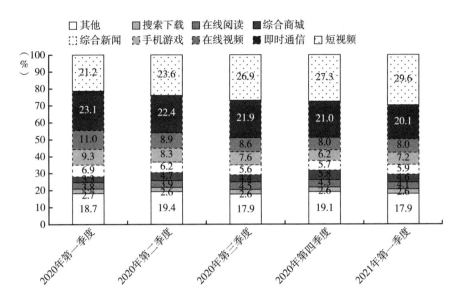

图1　2020年至2021年第一季度移动网民人均每日App使用时长Top8的类型

资料来源：《2021中国网络视听发展研究报告》。

频新闻的传播，一定程度上提高了新闻作品传播的效率和质量。短视频也将从可读到可视、从静态到动态、从一维到多维的媒体融合优势发挥到最大。①

4. 直播

5G的大带宽支持了直播行业的进一步发展。对于用户而言，无论是自身所在的观看直播的场景，抑或是直播中的场景画面，都在5G大带宽的支持下变得更为丰富，同时用户也能更为便利地联动自己的多部移动终端。5G支持下的直播凭借其灵活性、及时性、自主性等诸多优势突破了以往固定场地、设备的局限，从而在融媒体时代占据了重要的信息传递地位。当前，绝大部分移动便携式设备具备直播功能，可对体育赛事、颁奖典礼、文艺活动、时事新闻等多种场景和内容进行多角度、全方位直播。

---

① 吴悠：《5G可视化数据新闻带来融媒体传播革命》，《传媒》2019年第16期，第68～71页。

除此之外，直播凭借弹幕、评论、连麦等功能带动了传受双方的互动，强化了传播效力。

（二）产业应用分类

1. 媒体行业

在 5G 应用的助推下，中国较大的广电集团多选择借助新技术构建全新的大数据云平台。如江苏广播电视总台搭建了以内容产业为主体的数字化、网络化的媒体资源管理系统。该系统对外采集资料入库，并且具有内容发布、管理、检索等功能，对内则可实现资料的管理、储存和提取。随着网络电视的进一步推广，以往搭建的媒体资源管理系统很难满足融媒体背景下广电发展的新需求，江苏广播电视总台提出"云·组团·多终端"的新型传播体系计划，并搭建了荔枝云平台。

荔枝云平台是基于现代信息技术而建立的广播电视大数据媒体云平台。其内部核心是由"私有云""公有云""专属云"组成的"混合云"构架，在全行业内处于较为领先的地位。荔枝云平台通过能力建设、开放接口、流程再造、支持广电敏捷生产和新业务的弹性部署，不仅能够高效便捷地实现传统业务的要求，而且能够为融媒体时代的新业务提供全流程的内容采集、数据分析、技术处理、营销运营等集成化的技术业务，从而推动传统广播电视媒体与新兴媒体的加速融合。[1] 荔枝云平台改变了之前各个流程相互隔绝的状态，通过智能技术实现了对内容汇聚、内容管理、内容生产、内容分发、业务流程的管控，并产生了"多元化素材内容、多媒体分发、多渠道生产"的新型内容生产模式，实现了集成化操作，打造了新的融合媒体生产业务流程。在内容汇聚部分，利用荔枝云平台资源采集、直传快传等方法，能够实现汇聚和抓取海量新闻热点与素材，并且通过互联网信息技术进行实时传输和信息处理，同时还提供台内媒体资源、上传的素材等多渠道信

---

[1] 高俊虎、张一凡：《广播电台融合媒体云平台与音频制播网的融合实践技术》，《中国传媒科技》2020 年第 9 期。

息的动态汇聚，并能够让江苏广播电视总台内部与外部进行信息流通。在内容管理方面，荔枝云平台提供了"新闻热点分析""智能专题""事件脉络""关联性分析"等功能。荔枝云平台通过对信息进行整理和归纳，形成智能专题，梳理事件发生的动态过程。通过大数据分析处理技术，荔枝云平台能够判断受众的情感舆论倾向，快速高效地完成舆情分析工作，以便帮助报道者及时地调整报道策略与方向。在内容生产部分，通过融合了媒体的新闻建构、现场写作以及跨媒体的音频、影像、图像编辑技术，能够实现生产工具的多元化融合。通过荔枝云平台，不同部门的从业者能够合作完成采、编、写、发流程，实现各个环节内的资源共享。在内容分发部分，通过云审片、云互动、云直播等应用服务，能够实现高效快捷的内容分发，以此达到媒体内容一键送达客户端、小屏幕与大屏幕联合互动的目的。在业务流程管控部分，通过组织化的协调与管理，基于某一新闻作品获得系统化、同步化、协同化的任务分配，以此完成新闻作品的"中央厨房"式的生产，具体包括统一的选题策划、媒介资源的调度、报道任务的分发以及整体流程的监督与控制。由此来实现对各个环节的实时、实地、实效监控，进而建立一体化的生产模式。

2. 交通运输产业

5G大带宽、低时延、大连接等特性是交通运输产业高质量转型升级的重要推手。如大连接就能很好地适应交通点多、线长、面广、体系庞大的特点。[1] 在智能交通的应用中，5G能够充分利用其优势，对交通数据进行监测和管理，有助于解决传统交通发展过程中的难题和障碍，加速中国智能化交通发展进程，为人们社会生活带来更多便利。随着5G在智能交通中的发展，交通运输产业也在不断完善相关基础设施的建设，从而在5G支持下为人们在智能交通领域提供更加便捷的服务保障。首先，通过VR、AR、人工智能等技术与5G的结合，充分融入智能交通体系的方方面面，从而实现智能交通发展的跨越性突破。其次，早在5G的发展与普及之前，

---

[1] 《5G助力交通数字化转型》，《人民邮电报》2021年9月7日，第5版。

智能交通系统通过现有的云平台、深度学习、大数据等技术有了一定的发展基础，但随着时代的更迭和科技的发展，智能交通对技术有了更多需求，而当下高速发展的5G似乎可以弥补智能交通高速发展的技术空缺，从而进一步加速智能交通的发展。基于5G通信网络低时延、大容量的特点，5G可以满足短时间处理大量交通数据的需求，并进行系统化的科学分析。最后，5G的发展也在很大程度上提高了交通系统工作人员的生产效率，并有效降低政府的公共投入成本，促进智能化、数字化的交通管理体系建设，并推进中国智能交通的高速健康发展。[①]

3. 工业制造产业

5G的发展在满足新兴工业承载大数据传输需求的同时，也满足了工业生产环境对于无线通信网络信号和传输速率的需求。5G的技术突破和企业自身发展的需求推动着智能制造发展，而5G行业终端将成为企业数字化转型的重要推手，并助力企业打造全过程的数字化生产闭环系统。[②]

5G系统集有线和无线于一体的同时也搭建了综合通信网络平台。在当前信息多元化且信息环境十分开放的背景下，这样的通信网络平台对工业互联网应用的进步和发展有着很大的促进作用。事实上，5G系统的迅速发展与其可移动通信、广域连接以及业务应用多样性有较大关系。同时，5G系统也与人们的生活息息相关，经由通信方式联结人与物，使人能够突破时空限制来控制和管理工业系统。5G也实现着对人的影响，如5G能够协助提供更为方便、快捷、准确、安全的生产方式，提高了工业产业质量。

工业互联网既是通过网络有效联结工业领域的相关应用从而形成智能化工业制造体系，也是一种动态的、全新的工业生态模式，并具有广泛涉猎的生产内容和发展范围、强大的生产能力以及深远的影响力。传统的工业互联网主要涉及工业制造领域的私有网络系统，虽然5G能够覆盖并促进整个工业体系中网络互联互通、工业数据共享以及开拓"工业

---

① 陈泽黎、刘海涛：《5G技术在智能交通中的应用研究》，《数字通信世界》2021年第3期，第30～31页。

② 《5G技术如何赋能工业制造》，《人民邮电报》2021年7月15日，第6版。

私有云",但是由于其使用的网络系统的限制性和私有性,其对工业互联网的网络应用仅停留在工业领域,缺乏交互平台和物理连接渠道,难以给消费端提供自由选择的环境。目前,工业制造领域以直销的同质化生产模式为主,无法解决传统制造业产能过剩的问题,无法实现满足用户个性化需求的异质化生产,束缚了工业互联网的应用潜能。可以预见,未来对于5G系统的研究与商用,会对工业互联网应用产生积极而深远的影响,在推动工业互联网在较多领域并行发展的同时,也催生了大量的技术创新,推动新产品和解决方案由孵化走向应用和成熟,使工业生产从传统的以计算机为基础的设备自动化生产模式向以互联网为基础的网络化和智能化生产模式转化。[1]

4. 医疗急救产业

智能化医疗集医学、通信、大数据于一体,对于促进医疗卫生机制的改革,促进"健康中国"建设,以及对医疗卫生事业的发展具有积极作用。5G网络具有低时延、高速率、大连接、可靠性高等特点,能够实现高质量图像传输,并克服传统网络信号延迟和传输速率低等问题,从而应用于远程治疗操作、远程急救以及实时在线教学等场景。当前中国面临的社会老龄化加速、卫生服务需求不断增加、医疗资源分配不均衡、城乡医疗服务水平差距较大等问题,不断推动着医疗机构向智能化、信息化方向发展。5G能够有效地促进远程医疗快速普及,扩大优质医疗资源的覆盖面,突破诊断和治疗的地域限制,实现医患之间的资源更高效地分配和对接。[2]

5. 金融产业

5G的发展不断促进智能物联网业态与金融体系的有效联结。一方面,基于5G与物联网、大数据、人工智能等技术的结合,金融机构可以在短时

---

[1] 张长青:《基于5G环境下的工业互联网应用探讨》,《电信网技术》2017年第1期,第29~34页。

[2] 徐雅芳:《5G通信技术特点及在远程医疗中的应用》,《电子制作》2020年第2期,第87~89页。

间内迅速收集海量、多元的数据并识别企业、个人以及实物资产的属性，进而得到用户画像，对于相关的金融资源进行有效利用，并形成维度广、信用高的金融评价机制。另一方面，通过搭建智能化和数字化的金融体系，银行以及信托机构可以更好地进行资产评估和管理，有效赋予资产量化价值，为动产融资提供更准确、可靠的后台数据和保障。基于物联网所建立的新生活场景，未来场景化的金融服务也将更多地被引入现实。通过多元化的融媒体相关应用普及，人与设备在其交互过程中产生的金融服务及活动也助推了金融产品形态和服务的根本性变化。人与物将被纳入金融价值链并被赋予金融属性，"无感金融"时代将真正到来。[1]

6. 教育产业

5G 激发在线应用新需求。突袭而至的新冠肺炎疫情不仅严重影响了人们的日常生活，而且扰乱了正常的教学秩序，给中国教育发展带来较大影响。为响应国家"停课不停学"的号召，以手机、平板电脑、笔记本电脑为主要媒介设备的在线教育进一步普及。通信技术成为保证全国各地学生正常学习的重要技术基础。其中，全息投影技术协助优化了课堂视觉效果，在满足教师教学需求的同时也进一步提升了学生的学习体验。通过云端的计算和储存功能，降低了终端设备的成本。在线上教学过程中，课堂的实验和互动都可以依靠 4K 高清摄像机来协助完成，并且终端设备所附带的摄像头还能智能识别人像并自动切换画面等。[2] 5G 场景化应用在推动教育信息化改革方面发挥着重要作用，以往的在线教育课程虽然能够满足学生在非教学场景内的学习需求，但是受当时较慢的网络速度的限制，在线教育课程容易出现视频卡顿等问题，为学习带来不便。5G 的应用，为教育信息化和教育资源的合理运用提供了更多的路径和可能性。

---

① 《5G 将为金融行业注入新的生机》，《中国城乡金融报》2019 年 3 月 8 日。
① 《5G 将为金融行业注入新的生机》，《中国城乡金融报》2019 年 3 月 8 日。
② 肖振涛：《5G 网络技术在教育信息化变革中的应用》，《中国信息化》2020 年第 9 期，第 71~72 页。

二 应用属性分类

（一）开发型

1.大数据网络节点布局

大数据网络系统包括布局优化策略层、布局优化任务层、布局优化控制层、布局优化网络层和布局优化统计层。其中，布局优化策略层主要使用基于虚拟力蛙跳策略的大数据网络节点布局自动优化方法，从而获取5G网络大数据节点簇的布局策略；布局优化任务层按照5G网络大数据节点簇的布局策略建立5G网络节点布局优化任务；布局优化控制层则用来控制所有布局优化任务的执行步骤，实现5G通信；布局优化网络层则在此基础上，按照前期制定的步骤进行布局优化，并将优化效果反馈至布局优化统计层；布局优化统计层主要用来统计整理通信链路构建状况和构建成功率后反馈至布局优化策略层，如果通信链路的成功率较低便再次建立布局优化策略，自主实现节点布局循环优化。链路构建成功率统计项目主要分为文件传输链路、数字通话链路、图像传输链路以及其他应用链路。在布局优化策略层提出的自动优化策略下，5G通信的大数据网络节点链路构建后覆盖率达99%。[①]

2.舰船通信系统

基于5G的舰船通信系统应用了软件定义网络（SDN技术），其作为控制云端数据接收、转发的核心技术，通过集中控制、网络开放的多级架构，实现舰船通信系统高效化的资源调度，借此优化整个通信系统的虚拟化水平。在网络功能虚拟化（NFV技术）的支持下，舰船通信系统的计算更加灵活，实现开放的网络架构模式，灵活应用数据存储、网络计算设备，实现

---

① 庞慧、李雅楠：《面向5G网络的大数据网络节点布局自动优化系统》，《现代电子技术》2021年第18期，第97~100页。

动态化通信部署，强化网元的灵活编排功能，增强通信系统的灵活性。信息技术的改革推动了舰船通信系统信息化管理模式的应用，基于通用 ICT 系统的数字信息化管理平台，为 SDN 技术的数据传输提供实时的网络化通信。系统的应用自动重连、冗余切换等技术，满足舰船通信系统对于 PLC 嵌入式系统的自定义通信需求。在 SDN 技术与 NFV 技术基础上，应用网络切片技术（NS 技术），将同一通信物理网络划分为多个相互独立的虚拟网络，减少专用物理网络应用数量，降低舰船通信系统的建造硬件成本。

舰船通信系统中的声音及振动波形等特型数据传输模式，是现阶段数据传输领域的最高技术，对于解决传统光纤有线网络铺设费用、场地布线等方面的问题，有着极佳的适用表现。能够在 5G 的帮助下，通过项目节点进行流程管控，将数据传输与平台项目推进相结合，用无线视觉与声音及振动波形等特型数据传输系统代替人力管理模式，避免人为因素对数据传输信息对接造成的不利影响，并在此基础上构建多态传感器同口径集成感知系统。在无线侧提供用户所需要的云端计算网架结构，使整个通信系统的数据存储计算能力更靠近用户的前端服务（MEC 技术），降低通信过程中的网络延迟，带来高质量网络通信体验。借助通信过程控制系统（APC）的网格化分布，完成 MES/ERP 精密数据分析，以及数字化系统改造等任务，优化星地宽带通信、遥控和目标检测等多样化功能。[①]

（二）运营型

1. 媒体运营

（1）5G 和直播

从过去的"两微一端"，到"两微一端一头一抖一快一西瓜"，传统的主流媒体不断完善在融媒体领域的融媒业务铺设工作，利用 5G 实现了多平台、全方位发布信息的目标，用一个内容中心（创意内核）辐射多平台，

---

① 汪泽安、陈肯、包盈盈：《基于 5G 移动通信技术的舰船通信系统分析》，《中国新通信》2021 年第 13 期，第 36~37 页。

不同的表现形式和传播形式打造了全新的全媒体业务模式。江苏省广播电视总台就搭建了"我苏""荔枝新闻"两大新媒体品牌，并铺设了一系列的视频矩阵号，其中，"我苏"体系下包含我苏网、"我苏特稿"微博、"我苏视频"视频号和抖音号及移动客户端等，通过图文、视频及H5等多种类型融媒体展现形式推出丰富多样的内容。

通过一系列的尝试和探索，江苏省广播电视总台又推出了"荔直播"，依托强大的媒体资源、专业的内容创作以及对用户互动心理的挖掘，"荔直播"大获成功。"荔直播"注重受众的参与感和互动感，能够使得受众在观看直播的过程中有身临其境的感受。除此之外，比起其他平台参差不齐的主播水平，"荔直播"借助专业的节目主持人输出高质量的主播内容，打造了不少网红主播，创建了专属品牌，发挥了品牌效应。在直播内容的选择上，大体分为三个版块：社会焦点、时政热点、突发事件。"荔直播"视频内容质量为重中之重，始终坚持内容为王，并且利用地域性优势打造贴近民生、聚焦社会热点话题的常态化直播，一改以往严肃、有距离感的主流媒体形象，使得亲民、接地气的媒体品牌形象深入人心。借助5G，传统的媒体行业又焕发了新的生机与活力。

2.5G和AI

AI技术融入媒体常态化业务流程，全面提升生产效率。现阶段，随着AI技术的融合发展，媒体内容生产的效率和传播的效果得到大幅度的提升，在新闻内容的采集、生产、分发等基础业务上，出现了新的流程与秩序，通过深度学习、机器学习等AI技术，媒体能够实现较为精准的图像识别、语音识别、语义识别等，以及新型的创作、发布和传播方式。对于5G直播现场的实时音视频，应用AI关键技术，实现实时录制智能标签、语音识别结合前场制作、关键词库结合内容管理等核心应用，为视频编辑快速提供智能辅助制作服务，大幅度提高了新闻生产效率。

AI技术助推媒体内容管理、智能化媒体资源库建设。伴随着广电媒体技术的融合发展，对于媒体内容的管理提出了更高的要求，以往相对老旧的媒体资源管理模式已经无法适应现代社会海量数据的存储、搜索、筛选、过

滤需求。因此，AI 技术的参与和应用，对于广电媒体智能服务能力的提升有很大的帮助，比如能够提供智能标签、编目、拆条、检索、推荐、人脸识别等服务。利用 AI 技术，智能媒资平台实现了新闻资料的结构化、标签化流程，为融媒体内容生产提供快速定位素材资料。①

（三）服务型

1. 新零售行业

新零售是指以消费者体验为中心，以新技术为驱动，整合产业链渠道，结合线上零售和线下零售的新型零售业。新零售服务本质上是指在新技术背景下为消费者提供帮助的与新零售相关联的所有活动。例如，许多城市的大型超市推出刷脸付款服务，结账时消费者可不使用现金、银行卡和手机进行支付，非常方便；许多大型连锁药店也推出了新零售服务。如果消费者有急需药物，可直接在网上药房应用程序上订购，在家就能享受 24 小时免费送药上门服务。

新零售所建立的新的服务体系，为传统服务业注入了生机与活力，推动了行业转型升级，并且对传统服务业中的积极因素和技术赋能的新内容进行改造。对比传统模式，新零售行业将消费者的消费体验放在首位，并结合多元化的消费业态。除此之外，新零售行业可以帮助消费者于不同地域、时间享受到相同类型、相同质量的服务与商品。反之，对于生产者也有激励作用，有助于促进生产者提供更高水准的服务与商品。

2. 图书馆智慧服务行业

云计算技术涵盖了全网络的动态虚拟资源，并且具备将大量的数据资源快速整合分析的能力。云计算技术具有高安全性、强计算性、高可靠性、强封闭性等特性，这些特性使得云计算技术在图书馆管理行业有着巨大的应用发展空间，甚至可以为该行业带来全新的工作模式。

---

① 李文伟：《5G + AI 技术在融媒体生产中的应用实践》，《现代电视技术》2020 年第 6 期，第 66～71 页。

云计算技术可以把图书馆本地的资源和信息上传到云端，这样既可以减轻本地服务器的储存压力，加速其运算效率，又可以利用云计算强封闭性的特性为相关数据安全提供更为可靠的保障，从而降低数据维护的成本。除此之外，依托云计算技术，可以最大限度地整合图书资源，实现资源数据共享，有利于加快数字图书馆的建设进程。在5G时代，云计算技术和图书馆行业的更深层次融合，会进一步推动行业的发展改革。

三　其他5G融媒体应用与场景分类

（一）eMBB：增强型移动宽带

1. 云游戏

"云游戏"是以云计算为基础的互助娱乐项目。与传统游戏需要在用户个人实体设备上运行的形式不同，借助云游戏算法运行模式，所有游戏均可在云端服务器中运行，游戏的具体画面内容也将在云端渲染完成后，通过压缩方式利用网络传递给用户。用户无须花费高价购入高端处理器、显卡等配件，只需拥有视频解压工具。云计算是基于网络的服务方式，通过此类方式，共享的软硬件资源和信息能够按需提供给其他设备。云计算的宏观运行方式和电网供电方式类似，其核心思想是由主体统筹调度大量网络连接的计算资源，构成一个计算资源池，按照使用需求向用户提供服务。目前，"云游戏"还没有实现家用机和掌机的联网模式。但对于主机厂商而言，随着"云游戏"构想成为现实，厂商身份将转变成为网络运营商，无须不断投入大量新主机研发成本，仅需部分资金进行公司服务器升级。对于用户而言，能够保证获得较好游戏渲染效果的同时，节省用于购入硬件设备的资金。

2. 裸眼3D

结合5G，高画质、高清晰度的3D影片能够实现相较以往速度更快的存储。用户体验也实现了从二维到三维的转变，强沉浸式的影片给文本提供了更优质的呈现形式。5G缓解了3D影片大数据量的传输问题，也令用户能

够不受环境、时间限制，获得高质量观看体验，实现 3D 影片掌上化、日常化，3D 体验的多样化、极致化。同时，在 5G 互联网强大信息生成、技术处理的协助下，3D 体验能够触及大众，应用场景也正在加速多元化延展。

（二）mMTC：海量机器类通信

1. 智慧城市

智慧城市通过信息技术手段分析、检测、整合城市运行的各种核心信息，对于环保、民生、消费、交通运输等多个环节进行智能化的预测和判断。智慧城市以智能计算为底座，结合大数据、云原生应用与区块链技术，建设大规模弹性云计算基础设施，实现精准洞察城市全时空运行态势、"用数赋智"加强城市精细化治理、生态孵化支撑产业高质量发展、惠及民生服务提升人民幸福感等目标，最终构建一个开发、合作、共赢、创新的智能生态城市。

2. 智能家居

智能家居（Smart Home）是以住宅为平台，结合物联网技术实现电器、橱柜、日用品等家居设备的连接，从而构建智能化的家庭居住环境。智能家居通过将网络通信技术、综合布线技术、防护技术、自动控制技术等整合架构形成一个总控台，利用总控台可以对相关设施的功能进行统一管理，从而打造一个安全高效、舒适协调的家居环境。这样一来就能大大提高住宅的安全、便利、舒适、艺术、环保、节能、健康程度。随着技术的进一步成熟与普及，VR/AR 技术在房屋建设中逐渐被应用。

在 5G 网络协同下，智能家居所有者能够快速、流畅地访问房屋的视频图像，并在其移动终端上更快地接收有关房屋状况的更多数据。此外，智能家居能够节省能源，5G 的加入为家庭节能减排提供数据监控记录与统计支持。通过在单个网络上接入更多设备，5G 使人们能够添加无须手动编程即可自动工作的智能家居设备。较低的时延和更可靠的连接使得如门铃和摄像头等智能家居设备能够提供更为迅捷的技术反馈。在 5G 协同下的智能家居支持多人同时接入网络且能够同时保持家中智能设备的连接，其更快的数据传输速度能够对数据进行快速的行为调整，为用户利用智能设备（如用水传感器）提供了便利。5G 网络支持下的智能冰箱也能够根据家庭不同成员需求自动将牛奶分配到完全集成的起居空间。随着 5G 网络的深入发展，智能家居系统也挖掘了房屋设备系统集成规划管理应用的新功能，为未来整个小区、整个街道房屋设备的统筹管理提供了设计思路。5G 的运用不仅能够提高应用的速度和可靠性，提高管理系统的集成度，还将扩大市场对于智能家居设备的需求。这也将刺激智能家居行业的新发展并带来更具竞争力的价格，未来也将会有更多用户能够自如地使用智能家居系统。

3. 环境监测

5G 通信基站相比于以往的通信基站有了较大的提升。5G 通信基站在基站整体架构、基站发射天线、基站天线发射的电磁波频率、基站发射功率方面有较大改变；从 5G 移动通信基站电磁辐射环境管理的角度来看，5G 移动通信基站天线发射的电磁波有多个不同频率，《中华人民共和国国家标准电磁环境控制限值》（GB8702 – 2014）中对于不同频率的电磁波有不同的标准限值。《移动通信基站电磁辐射环境监测方法》（HJ972 – 2018）已无法满足 5G 移动通信基站的电磁辐射环境监测要求。为贯彻《中华人民共和国环境保护法》，防止电磁辐射环境污染，规范 5G 移动通信基站电磁辐射环境监测，2020 年 12 月生态环境部印发了《5G 移动通信基站电磁辐射环境监测方法（试行）》，其中规定了 5G 移动通信基站电磁辐射环境监测的内容、方法等技术要求。①

（三）uRLLC：低时延高可靠通信

1. 车联网

车联网是一个由车辆位置、速度以及行进路线等所组成的信息网络。

---

① 《5G 移动通信基站电磁辐射环境监测方法（试行）》，生态环境部官网，2020 年 12 月 18 日，https：//www. mee. gov. cn/ywgz/fgbz/bz/bzwb/hxxhj/xgjcffbz/202012/t20201218_ 813934. shtml。

该信息网络分为三个层级，第一个层级通过一系列的信息采集技术如传感器、GPS、车载摄像头等实现车辆自身状态的监测；第二个层级则是通过互联网通信技术将每一个车辆都转化成不断位移的点，这些位移点同时联结多个独立的信息发射和收取设备；第三个层级通过计算机技术来处理前两个层级所收集到的信息，再结合具体的道路交通情况，从而科学、合理、高效地计算出最为安全便捷的行驶路线，同时为交通信号灯的变化周期提供参考依据。车联网能够监管电动汽车的运行参数，提高汽车安全性，优化电动汽车能量使用效率。例如，美国某电动汽车品牌公司开发的车联网系统提供以下服务：充电、改变充电模式、上锁/解锁车门、远程启动、导航、专业顾问服务、实时显示续驶里程、充电报警、检查当前剩余电量或燃料、燃油效率显示、胎压信息显示、账号管理等。日本某汽车品牌公司开发的 ICT 系统与 CARWINGS 车联网，可提供语音导航、安防、上网和娱乐服务，另外，面向电动汽车还提供行驶记录、电池状态监测、遥控电池充电、车内气候控制等服务。

2. 工业控制

5G 的发展满足了传统制造行业在当下对于智能化制造转型的新需求，并有助于实现工业环境下的远程交互以及设备互联。5G 在工业领域中可以广泛应用于如工业自动化操作、数字化物流、供应链、云操作机器人、物联网等领域，并发挥着巨大的作用，带动高速发展的工业体系转型升级。随着信息革命在各领域不断扎根，工业物联网结束了人、机、产品之间的分离和独立，通过物联网加深了各制造元素之间的联系，从而促进工业系统的高度协调发展，使信息技术和自动化有效结合，提升制造业的生产效率。其对制造业的提升不仅包括机械化和自动化，还包括工厂自主决策和灵活化、多样化生产的能力，以及能够更快响应市场变化的能力。未来，AI 算法和工业化控制生产的联系将更加紧密，随着深度学习、算法模型等在工业化领域的应用和探索，进一步保障工业管理系统的安全性和高效性，从而促进智能化工业系统的发展，在激烈的产业竞争中为企业提供更大优势。

5G 的发展也促进了工业系统的全方位信息生态的搭建，从而使信息突破时空限制实现高度共享。在数字化时代消费者的需求趋于个性化和小众化，企业和消费者之间的关系也受到影响，通过 5G 网络的联结，消费者从被动接受产品转变为主动参与商品生产和服务过程，具有更多的自主选择权。5G 也广泛应用于大型企业跨域设备维护、远程控制与定位等场景，在工业机器人或是人机协作的条件下，一定程度上提升了社会生产力以及生产效率，帮助企业降低了维护成本，减少了生产损耗，使未来的智能化工厂实现跨域联动、万物互联成为可能。

3. 远程医疗

5G 网络促进和推动着医院临床手术过程实现远程化、移动化，5G 远程移动手术服务车应用集成了术前检查、术中操作及监测、术后处置等手术过程，5G 网络下的远程移动手术生态系统逐步构建完成。5G 远程移动手术服务车医疗系统能够在医疗资源匮乏地区（县乡村基层、地理位置偏远地区、城市社区医院）和紧急场景（医院外、医疗急救、自然灾害灾后救治、部队应急急救）下实现远程高清交互式通信、影像检查、生命体征实时监测、微创手术、病历共享、诊断、远程操作等。基于快速发展的 5G 通信网络，远程医疗主要应用场景如下。

（1）远程会诊

新冠肺炎疫情时期中国多数远程医疗活动为会诊。远程会诊能够将病患相关医疗信息通过网络技术进行传输，另一端口接收后由专家远程对病患病情进行联合诊断。在 4G 时代，远程会诊大多是通过 1080P 高清视频进行的，但时常会出现网络状态不稳定等情况，导致远程诊疗体验感较差。5G 网络状态下的远程会诊传输质量实现了质的飞跃，可支持 4K 高清音视频甚至支持 VR/AR 等新技术的参与。基于 5G，远程超声波、传感器和机器人技术也随之提高，降低了医疗延误的风险，提高了远程诊断的准确性。

（2）远程急救和远程手术

对于病患距离医院较远的紧急医疗场景而言，5G 提供了远程急救和远程手术的可能。当前中国一些医疗救护车已装配 5G 相关配套设施并具备移

动急诊室功能。救护车配备各种设备支持5G网络，使医生能够依靠网络对病人进行及时有效的救治。处在偏远地区的病患或医生也能够通过5G网络跨地区向专家提供当地手术室的各种现场信息和图像，并在医疗专家的远程指导下由当地医生进行急救。基于5G网络的低时延和高速率，远程手术中医生能够确保手术室图像的清晰度并及时进行医疗救治。由此，外科医生的"手臂"能够延伸到无限远的物理空间，减少不同地区间医疗水平差异给病人造成的不便。

（3）移动查房

5G还支持移动查房功能，医护人员能够通过智能机器人和智能推车对病患进行日常护理和诊疗工作。在面对传染性强的疾病时，这样的查房手段能够减少医护人员和病患的接触，从而降低传染风险。例如，在抗击新冠肺炎疫情期间，武汉的火神山医院就使用过5G机器人推车给病人配送食物。现阶段此类机器人和手推车的应用，大多仅利用5G网络进行较为基础的后勤辅助工作，但也有部分高技术水平的5G机器人可实现远程病房查房和远程护理。

（4）远程健康监护

现阶段，便携可穿戴式监护仪已在中国部分社区卫生服务中心得到应用，并能在为佩戴者提供合理的健康指导的同时实施有效的应急处理。可穿戴设备效能的发挥需依托移动通信技术，因此网络的传输速率与稳定程度将影响设备健康监护功能的发挥，如监控心律调节器需依靠网络实时传输对佩戴者进行及时响应。基于5G，可穿戴设备通过监控患者的饮食状态和用药情况，能够为患者的身体健康提供信息参考，还可以借助5G高速率的反应特性建立预警机制，达到及时诊疗的效果。

4. 远程教育

5G有效加快了传播速度和提升了传输质量，使得欠发达地区的学生能够与教育发达地区的学生共享教育信息资源，也能通过远程视频及时进行课堂互动与学习反馈。基于5G，城市与农村教育水平不平衡的状况得到改善，偏远地区的学生能够获得的教育信息质量有所提高，通过网络获得知识所消耗的成本有所降低,更多优质的教育资源正在逐步实现跨区域流动,发达地区的优质教育资源也能最大限度地发挥作用。因此,5G 对于践行教育公平化理念、缩小城乡教育的"数字鸿沟"起到了积极的推动作用。

B.7
中国5G融媒体应用相关
技术群落联动可能性分析

段 鹏　陈雨菲*

摘　要： 相比于之前的移动通信技术，5G有着更强大的驱动力和更广阔的应用范围，能够助推中国社会经济高质量发展。5G产业具有产业链长、经济牵引力强、投资和产出规模大的特点，是推动纵向行业数字化变革的重要推力。本报告依托5G高速率、大带宽、低时延、大连接等特点，分析了5G有效赋能大数据、边缘云计算、物联网、新基建、虚拟现实、人工智能、算力底座、网信安全以及资源服务等领域，并对5G融媒体应用在促进相关行业向数字化、智能化态势发展方面进行了可行性分析。

关键词： 5G融媒体应用　技术群落联动　数字化

移动通信量的快速增加和对无线通信的巨大需求是5G持续发展的关键推动力。5G产业链长、经济牵引力强、投资和产出规模大，是推动经济高质量发展的重要基础。同时，5G也是推动纵向行业数字化变革的重要推力，作为数字基础设施发展的最主要支柱之一，5G的大带宽、低时延、大连接等优点能够有效地赋能大数据、人工智能等新兴领域。

---

* 段鹏，中国传媒大学党委常委、副校长，中国传媒大学媒体融合与传播国家重点实验室常务副主任，主要研究方向为传播学理论、政治传播、媒体融合、智能传播与未来影像等；陈雨菲，中国传媒大学新闻传播学部传播研究院硕士研究生，主要研究方向为媒体融合、影视传播、视听语言等。

一 大数据：5G强化平台处理性能

5G时代，大数据对于人们的重要程度进一步加深。大数据、云计算、物联网等技术从概念化到实践化的跨越，推动了资源生产的配套和社会基础设施建设的完善。

大数据对于促进企业生产变革有着积极意义，无论是传统企业还是新型互联网企业都在谋求与大数据等新技术的进一步融合，力求实现"互联网＋"的发展模式。如传统企业加大大数据技术的应用力度，新型互联网企业建立专门的数据处理中心，不断提升企业的数字化程度。这样的发展模式对于数据处理的及时性和高效性提出了更高的要求，因此也能够倒逼大数据技术的进步。

在4G基础上，5G实现了质的飞跃，更好地满足了大数据产业所需的数据处理、传输、储存需求。相比以往的通信技术，5G在安全性、高效性、稳定性上实现了长足进步。为了提升大数据网络平台的信息处理能力，达到充分利用其自身优势的目的，大数据技术开发人员在设计和研究数据网络体系结构的时候需要进一步提升其数据的扩展性，以便高性能数据体系能够充分发挥自身价值。除此之外，5G通信网络架构与大数据技术之间还能够相互促进、相互融合，使最终的社会发展效益得到提升。这些社会发展效益主要体现在以下几个方面。

一是数据体量的扩张和数据存储环境的改善。相比4G，5G在单位面积内的互联网设备容量可达到前者的100倍，大容量的数据感知层允许海量数据信息的接入。同时，5G高速率、低时延的特性使数据的采集和传输更加便捷高效，加快了数据量的增长速度。除此之外，面对干扰信息、基站信息等繁杂多样的信息，技术人员可以借助5G通信网络进行分类储存和分析处理。并且在5G支持下，大数据存储技术的运行环境也能得到了很大的改善和优化，相关的用户数据、基础数据、边缘数据等也可以得到更深层次的分析和处理。此外，通过5G将云数据连接到各类大数据的应用，能够使相关

应用对于云数据的感知能力大大提高。

二是数据维度的进一步拓宽。以往的数据连接类型大多数是人和人之间的连接，在5G的驱动下物联网迅速发展，使得物与物之间、人与物之间的数据连接类型更加多元化，数据采集的类型更加丰富，如机器人、无人机、可穿戴设备、联网汽车等。同时从连接的内容来看，数据内容涉及各行各业，如医疗行业的无线医疗、远程诊疗，制造行业的智能工厂，航空航天业的无人航空载具等，这些数据的整合将重塑一个全新的数据维度。其中，VR、AR、非结构化数据以及视频数据相关领域所占的比例也会大幅度增长。

三是数据分析和处理能力大幅提升。在数据分析的过程中，通过搭建合理、科学、严谨的通信网络系统，为GPS技术获取相关的天线数据和网络信息提供必要保障，从而达到精确得知用户所在位置的目的。例如，对于用户移动数据的分析，通常情况下用户的移动频率可以表示用户移动的强度，即用户的位置在一个时间单位内发生变化的次数。通过对用户ID对应的日期和时间进行排序，可以了解用户的运动轨迹。借助动态图来计算BBU（室内基带处理单元）和RRU（射频拉远单元）之间的多动态映射，进而分析RRU的聚类问题，并选择最佳算法——鲁汶算法（Leuven）进行计算。

四是大数据处理平台性能的提升。随着大数据技术的广泛应用，平台采集得到的数据体量、形式以及种类都出现了较大的增长。如此多样化、复杂化、大体量的数据是以往的单一大数据平台难以处理的，因此依托5G技术出现了推动流式的大数据处理技术和混搭式的大数据处理平台，进一步提高了数据平台的信息处理能力。此外，边缘云计算技术也得到了充分的运用和发展。为了优化和改善数据中心的工作流程，在5G时代，将会有更多、更大体量的物联网数据通过边缘云计算技术进行储存、分析和处理。

大数据技术还承担着为人工智能技术赋能的任务，人工智能技术的发展离不开大数据的支撑。人工智能性能的提升往往离不开对海量数据的分析和对比。比如很多自动驾驶公司通过购买、收集各种驾驶天气、道路交通、车辆周边行人数量及行为等信息，强化自动驾驶模式的安全性。事实上，5G对于自动驾驶技术的意义还在于其有助于服务器更加高速便捷地做出判断。5G可以高速率地将传感器、移动设备上的数据发送到终端服务器上，以便服务器进行相关的处理。

依托5G低时延、高速率、大带宽等特性，大数据的应用领域更加广泛，其商业价值也会在更深层次上得到挖掘。事实上，现阶段的大数据技术应用已经覆盖大多数垂直工业领域，如超高清8K视频和无线家庭娱乐云游戏、负责专业巡逻和安全保障的网络无人机、社会网络的超高清全景直播、车辆网络的远程驱动、智慧城市的人工智能视频监控、计算机视觉渲染、虚拟现实建模、智能能源的馈线自动化、自动驾驶、无线机器人云控制等。

从微观层面来说，大数据也能够结合5G应用于应急检测。比如在突发性环境事件中，有毒有害气体随时威胁着人类的生命财产安全。以往在突发事件中环境监测人员需要携带检测仪器深入事故地点进行检测，虽然身着防护服，但终究是身处高危环境。通过使用结合5G的远程监控手段能够有效地保证监测人员的安全，同时借助云平台的存储功能可及时准确地记录实时监测数据并方便调取和查阅。另外，还能够从大数据分析云平台调用数据库中的相关处理方法数据，给环境主管部门及相关事故处置人员提供切实有效的事故处理方法。同时，相关人员能够利用5G模块的便携式气体检测仪，通过5G无线网络接入便携式气体检测仪的数据库，再向手机相应App发送监测的气体污染物实时数据并接受来自监测人员的远程操作指令，使用电子邮件将现场监测数据发送至FTP（文件传输协议）服务器或云服务，也可直接将所有数据发送至指定的设备，所发送的数据应包括具体检测污染物的成分浓度、检测仪位置以及危害源的位置等。云平台数据存储器持续存储测量值，方便实时调取。多个位置的气体监测只需要一个技术人员和几台集合5G模块的便携式气体检测仪即可实现，大数据技术为突发环境事件现场数据传输提供多通道、超远程的监测保障，无须多个工作人员投入大量时间便能够高效率、高质量地获得突发环境事件事故地的大气环境实时监测数据，并对气体检测仪进行远程操作。

通过 5G 网络传输到 FTP 服务器或云服务后，环境应急监测大数据平台可立即调用结构化数据（生态环境监测数据、环境执法监测数据、企业在线监测数据、行业标准及以往应急监测数据等）、非结构化数据（事故地的经济社会发展、气象地理数据等）、各类标准物质数据以及以往相关处理方法数据，借助云平台的强大功能及时、大量、准确地对实时记录的监测数据进行分析和处理，并提供分析结果与处理方法。在 PC（个人电脑）、手机等终端上通过应用层直观可视化地展示给远距离的环境监测人员及相关部门人员，甚至通过网络平台向群众进行实时报道。同时，大数据平台对事故后续的预警机制与联动管理也能起到协助作用。[①]

二　边缘云计算：协同5G强化信息全链条

边缘计算是将计算、数据存储、网络加速和智能分析移动到网络边缘的技术，其概念的前身为"云计算"。传统的云计算平台是以集中的方式部署在核心网上的，终端如要接入云计算平台，必须通过接入网和承载网过渡到核心网，与传输距离成正比的传输延迟成为限制传输时间进一步缩短的主要阻碍。当云计算平台的存储容量下降到网络边缘时，边缘计算能够解决集中式云部署中无法压缩的传输延迟问题。终端设备也能够在边缘计算平台上获得清洗、计算以及存储数据的能力，并且能够在本地处理大带宽数据时，不需要向核心云计算平台上传大量的带宽数据。通过边缘云技术大大降低通信业务的带宽需求，并节省后向带宽，减轻核心网络上本地业务的带宽压力，提高 eMBB 的性能；在 mMTC 行业的服务场景中，边缘计算平台能够提升终端设备的智能数据处理和图像呈现能力，从而在业务时延不变化的情况下降低终端设备成本并提高计算性能。因此，尽管边缘计算技术并非诞生于 5G，但由于其与 uRLLC、eMBB 和 mMTC 服务的互补特性，它成为 5G 时代最受

---

① 陈向进：《大数据技术结合 5G 通信在环境应急监测中的应用》，《厦门科技》2021 年第 4 期，第 18~21 页。

瞩目的技术之一。

边缘云技术在5G中的典型应用之一就是虚拟现实技术。事实上，沉浸式交互业务中的VR/AR技术，超高清业务中的4K、8K技术，在5G通信网络和新媒体行业融合的初期就已经呈现了迅猛发展的势头，这要归功于边缘计算技术对本地数据处理能力的增强和网络数据传输效率的提升。伴随超高清视频数据和VR/AR数据等沉浸式交互数据量的激增，5G融媒体行业面临着提升高清图像渲染能力、实时视频处理能力、人工智能与深度学习能力、网络传输能力等方面的挑战。边缘云技术能够提高本地设备的数据计算、处理和图像渲染能力，减少传输延迟，已成为支持5G融媒体产业发展的关键。在硬件和软件设计中优化边缘云计算平台是确保5G融媒体产业高速发展的技术基础。

另一个主要应用领域为超高清视频服务。视频服务质量的主要指标分别为图像分辨率、图像帧率、颜色度、扫描方式、编码方式和交互时延。图像分辨率是每英寸像素数。图像帧率是每单位时间的帧数，帧率越高，画质越好。颜色度则是指存储介质在存储或缓存单位像素时所需的二进制数据位数。扫描方式一共有两种，一种是渐进扫描，另一种则是隔行扫描。通常情况下，会在保证图像质量的基础上，使用编码方式压缩视频文件的大小，这有助于提高视频传播的速率。图像分辨率、图像帧率、颜色度、编码方式与新媒体业务的带宽密切相关，业务时延则是决定交互时延的关键因素。目前，1080P、4K、8K视频的典型带宽要求是50~100Mbit/s。[1]

三 物联网：5G时代的催化剂

物联网又被称为传感器网络技术，其推进了信息技术产业的发展，是计算机、互联网和移动网络之外的通信技术。在5G时代，物联网技术的应用

---

[1] 刘秋妍、张忠皓、李佳俊、吕华章：《面向5G新媒体行业的边缘云平台设计》，《信息通信技术》2019年第1期，第32~39页。

范围不断扩展，在城市的公共安全、公共卫生、工业安全、工业生产和智能交通等领域广泛应用，并为这些领域提供优质的服务，推动相关产业转型升级。现如今，物联网技术受到了相关政府部门的高度重视。当前中国为发展和应用5G时代的物联网技术颁布了标准化的指导文件，并支持共同协议和标准的研究，大力推动不同行业和领域物联网技术的开发与应用，努力实现互联互通和资源共享。此外，通过开展示范性试验项目大力推动信息集成技术的创新，以5G为基础，促进物联网技术的发展，为科学制定5G应用发展规划提供技术支持。物联网技术在推进传统产业改造升级的同时，提升信息处理和服务的能力，提高城市信息管理的整体水平。

目前，中国正在努力发展与通信行业相关的高新科技，制定科学合理的标准方案，为改善行业的整体布局和生态建设不断做出努力。具体而言，物联网技术打破了传统互联网技术的局限。5G信息传输速度远远快于4G，能极大地助力物联网技术的发展，扩大物联网技术的应用范围。这是由于5G所包含的通信网络不仅涉及设备频段的信息传输，还涉及多天线信息传输等先进技术，同时对各终端的通信方式、传统的蜂窝信息数据以及网络数字模型目前出现的漏洞和缺陷进行优化和改善。相较于4G时代，在5G创新驱动下的新应用和新场景能为用户体验带来质的提升。此外，5G的发展为相关融媒体领域的研究与开发、人工智能的发展与有效应用、智能导航与驱动技术的发展奠定了良好基础。在此基础上，物联网技术的创新和应用力度不断加大，其潜在功能也将逐步得到发挥和应用，不断丰富社会生活的方方面面。

在5G基站大规模部署和应用的情况下，单网络设备可以直接在附近的天线阵列内进行配置，使其信号覆盖面积扩大，确保5G基站感测层数据的高效传输。5G及物联网技术的有效结合在很大程度上凸显了二者优势，并促进了物联网在5G时代的广泛应用。目前物联网在连接网络过程中大多采用有线网络终端，尽管可以满足网络应用的需求，但是仍受到数据传输规模等因素的影响，极易出现网络拥挤等问题，降低了数据传输的安全性与稳定性。而引入5G可以构建大容量的天线阵列，从而极大地提升信息传输的效率，有助于解决上述问题。通过 5G 与物联网技术的有效结合，用户只需要通过支持 5G 的手机等智能终端即可轻松实现连接，获得更优质的无线网络服务。除了上述优势之外，从经济层面上来看，将 5G 和物联网技术进行有效结合，有利于减少对网络设备终端的依赖，并降低设备维护和管理的成本，因此在一定程度上也有利于提升经济效益。[①]

如今在高速铁路的建设和维护中物联网技术应用广泛，特别是在铁路系统信息管理和维护等方面。先进的物联网技术能够提升铁路系统整体的运营管理水平，并实时获取不同设备和车间的信息，然后将这些信息传输给操作后台，通过对这些信息进行分析处理，能够及时发现铁路运营过程中存在的异常或故障问题，最大限度地降低可能造成的损失。采用物联网技术可以减少传统管理模式的弊端，通过主动监管机制快速发现问题，实现实时监控和远程维护，提高设备管理的效率。采用"5G + 物联网技术"的高速铁路智能运维系统主要可以划分为感知传感层、边缘接入层、基于云平台的物联网平台层、大数据及人工智能层等，基于分层架构设计，具有一定的优势，各个层级负责不同的业务、发挥不同的功能，降低了其耦合性，便于进行扩展和维护。其中，感知传感层主要用于获取外部环境以及设备的信息，一般进一步划分为基于人、环境、设备的检测信息感知。边缘接入层需要将不同的传感器节点进行有效的连接，在此过程中需要充分利用 5G 高速率、低时延等方面的优势，满足不同场景下的信息传输要求。基于云平台的物联网平台层为用户提供不同的功能和服务，具体涉及安全管理、设备管理、警报管理、消息管理以及应用程序接口管理等。大数据及人工智能层主要用于数据的存储和管理，支持海量数据的分布式管理，同时具备离线和在线处理能力，大幅度提升了数据处理和应用的效率，并为应用提供多层次的数据服务。总之，"5G + 物联网技术"的高速铁路智能运维系统将在高铁运维管理中发挥重要的作用，在综合利用大数据、5G 以及物联网等新技术的基础

---

① 尹功喜：《探讨 5G 时代物联网技术的应用》，《通讯世界》2019 年第 1 期，第 13 ~ 14 页。

上实现了高铁运维的智能化与自动化，降低了对于人工干预的依赖性，显示出广阔的应用前景。①

四 新基建：5G 助推社会信息化转型升级

2020 年，国家发改委正式对"新基建"这一概念进行了详细的阐释。新基建是以超前的发展理念为指引，驱动科技创新，以信息化为基础，适应社会高素质人才的需要，提供数字化转型、智能化升级等的新兴基建系统。新基建主要表现在三个方面。第一，以物联网基础设施为代表的 5G 相关新一代信息技术基础设施已经成为趋势，这些新的基础设施是由单网络、人工智能、卫星互联网和工业互联网组成的。第二，实现一体化发展，发展智能基础交通运输设施、智能能源基础设施等，这类新型的一体化基础设施都实现了互联网、大数据、人工智能等技术的深入应用。第三，创新基础设施，主要指用于产品开发、技术研究的基础设施，比如工业技术创新基础设施、科学技术基础设施等。

在本质上，新基建从容量和流通两个维度为数字社会提供新的支持。一是容量方面，智能计算中心、数据中心的建立使得超级计算有了更大的存储空间；大数据、云计算、人工智能等为工业技术的发展提供了高性能的智能开发支持；同时，工业技术创新基础设施、科教基础设施以及科学技术基础设施，也为经济社会发展注入了更多的新动力。二是流通方面，新基建解决了数字社会的物流、数据流通问题。比如为了方便数据的高质量高效率传输，利用 5G、物联网、卫星互联网、工业互联网等通信网络搭建了信息数据的高速公路；在能源的循环利用和建设方面，出现了超高压能源和智能化能源；智能化交通运输系统也为未来更大体量的物流运输提供了技术保障。

---

① 艾渤、马国玉、钟章队：《智能高铁中的 5G 技术及应用》，《中兴通讯技术》2019 年第 6 期，第 42 ~47 页。

从短期来看，建设新基建将为经济发展带来新的生机与活力。中国和很多国家之间的贸易摩擦影响了涉及进出口业务的外向型经济，受新冠肺炎疫情的影响，中国的对外出口量大幅度下降，传统的消费体量缩小，传统基础设施建设行业（如房地产业等）的发展也受到限制。基于这样的大环境，人工智能、工业互联网、物联网、5G等新基建发展前景更加广阔，新技术所具备的巨大发展潜力也将以新的模式来助力经济增长。未来，国家将在这些新领域加大资金投入，这些投资不仅能够在短期内有效推动经济增长，新基建也能够促进工业升级和转型。多年来，各行业虽然响应"供给侧改革"号召，但具体实施进展相对缓慢。以新的5G基础设施为代表，工业转型将进一步升级资源供应能力，提高优质数据传输能力，提高经济发展的效率和质量。在加速产业转型的同时，也在加速向全球高端产业的转变，从而能够率先实现数字化转型。

5G这一新的通信技术，能够从根本上为"数字社会"的发展注入新的生命力。多年来，各国一直在积极推动"数字社会"的发展，但由于受通信技术水平的限制，发展速度较慢。物理和数字社区之间存在网络延迟、连接数量有限、数据可靠性低、数据不足等问题，使得实时数据传输和控制命令的有效性很多时候无法保证。随着移动通信技术的发展，5G的高速率、高可靠性和高连通性将突破"数字社会"发展的瓶颈，为经济社会的数字化提供了重要保障。5G的发展是奇数代移动通信技术的一项重大创新，未来将更好地满足人们的通信需要。1G到5G的转变不仅是技术上的变化，更是移动通信市场应用程序的不断创新和发展。通信技术标准从1G到5G的每一次变化都伴随着时代的繁荣和人们生活方式的变化。

五 虚拟现实：配合5G加强用户与内容交互体验

为了解决现阶段VR行业出现的问题和漏洞，5G将在更大范围内得到商业化应用，同时这也是互联网技术升级的新机遇。国际电信联盟为5G定义的三大应用场景是：eMBB、mMTC和uRLLC。其中eMBB主要应用在超

高清视频、VR/AR等领域。5G为虚拟现实技术下的融媒体产品发展提供了更好的技术支持。

第一，5G将带来更快的网速。目前5G最高传输速率为10Gbit/s。高通公司所给出的下载平均速度数据显示，使用5G网络下载一个标准规格的音乐影片约需17秒，而4G则需6分钟。因此5G将更有效地解决用户使用虚拟现实图像时的清晰度、流畅性等方面的问题。第二，5G提供了更大的容量。由于5G的容量约是4G的1000倍，因此大带宽的频谱资源将更加丰富，而5G大型基站加上密集的微型基站，每平方千米就可以支持超过100万个设备。如果基础平台问题得以解决，则市场力量将在已有技术发展的基础上促进虚拟现实媒体形式的迅速发展。第三，5G具有更低时延的特点。低时延是指对信息的反应相当快速，以毫秒为单位。这种反应速率的提高也会给对低时延有着极致需求的VR行业提供良好的发展机遇。随着数据传递速度的提升，网络两端的使用者都将获得极速的信息传递所带来的快感，这将VR的沉浸式体验发挥到极致，也将有效缓解用户在实际使用过程中产生的眩晕感。此外，5G还将促进VR终端设备的轻量化，从而有效改善使用者感受。过去的VR想要达到最好的使用体验，前提是必须有超强计算能力的服务器，并搭配高清晰度的头盔，但服务器价格昂贵，头盔则必须用电缆相连。在5G网络下研制的新型通用终端"5G智能电脑""5G手机""5G智能电视"，都搭载了新型高性能摄像头和超强的智能算法，最高将支持数千兆字节的速度效率。上述新型通用终端与5G结合十分有效地摆脱了以往的束缚，因为其使用云端计算技术的超前特质和可扩大性，使用者不再需要把价格昂贵的服务器放在家中。千兆宽带互联网及5G网络则是使用全新的通信技术，直接以无线的形式与VR头盔连接达到数据的互联通信，不但剪掉了累赘烦琐的电缆，更使得VR应用得以随意扩展，VR头盔的轻量化进程也将就此实现。①

① 喻国明、王佳鑫、马子越：《场景：5G时代VR改写传播领域的关键应用》，《现代视听》2019年第8期，第31~35页。

从5G与VR技术在商务领域的运用来看，由于现代社会商务流程运作架构的飞速进展，商业工作本身也会不断地发展更新，各行各业不同领域的人员只有不断地适应并熟练掌握新的技能，才能跟上不断前进变化的社会节奏。极近真实的VR环境模拟极大地深化了训练过程的沉浸式感受，更深层次的沉浸体验使训练的技能与思想能够在工作中的关键时刻最大限度地发挥作用，有助于让培训者更深刻地理解训练内涵。同时VR训练也可以大大缩短培训时限。标准化VR训练不但可以促进训练人员对新技能的掌握，还有助于训练人员将其技术和工作角色与公司职业属性进行良好的匹配。随着人类工作角色的演进，领导力与协调能力越来越重要。VR培训也可以帮助人们学习这些技巧，进而提高领导、管理与合作的能力。[①]

此外，虚拟现实技术在教育领域的拓展，为沉浸式课堂的发展注入了动力。随着5G网络的普及，虚拟现实技术将在教育领域得到广泛应用，实现沉浸式教学。以授课内容为基础，构筑体验区域，配置虚拟现实教育设备，让学生更加生动地沉浸在教学内容中。利用5G网络，打破传统的教学空间和时间限制，老师能够在任何地点任何时间完成教学。目前通过5G构建的应用包括直播互动课堂、5G虚拟现实课堂、5G智慧学习终端等，体现了教学与网络的有机融合。5G网络能有效地提高学生的自主学习能力。通过5G网络，学生在手机上可以看到完整的课程内容。利用5G网络的优势，虚拟学习环境能够还原整体的教学环境，课程内容以合乎课程逻辑的方式呈现在移动端或计算机端的虚拟学习环境中。甚至能够将课程内容在手机上按逻辑顺序显示，学生在移动端或计算机端能够通过扫描QR代码（二维条码的一种）来学习更多更复杂的知识。由于课程内容始终保存在移动端上，学生能够根据自己的实际情况随时自主学习。为了达到学习效果，学生需要通过沉浸式课堂在移动端或计算机端完成练习任务

---

① 杨东：《5G带动VR的发展及应用研究》，《通信与信息技术》2020年第6期，第44~46页。

并进行测试。该系统能够根据任务完成的情况获得教学效果数据，并上传到后台数据库以备后期教学使用。这样的教育模式最大限度地发挥了5G网络加载速度快和运行速度快的优势。

在虚拟课堂的教学活动之中，学生需要穿戴相关设备，进入基于课程内容的虚拟学习环境。借助5G，学生能够沉浸在课堂中，完成课堂实践，并且在虚拟学习环境中完成必要的实际任务。当学生在虚拟学习环境中进行交互式沉浸课堂内容实验时，虚拟课堂平台将收集关于虚拟学习环境的数据传输到相关端口。学生按照要求完成课业内容后，退出虚拟课堂即可。后台将交互式数据从虚拟学习环境传输到数据分析软件。继而通过分析获得学生们学习的结果和数据，并将其复制到虚拟现实教室教学背景数据库中，供后续使用。整个教室的教育主要利用虚拟现实技术，构建沉浸式教室的教育环境。[①]

六 人工智能：支持5G实现生活方式智能化

人工智能技术方面，5G和智能设备的结合是当前的代表性技术。5G作为利用频谱技术的一种最新的形式，对比以往的通信技术在频谱利用率上有了显著的提升，由此延伸出了无线电技术，此项技术的使用能够让终端设备更好地感知周围的环境，并且通过智能设备来改变相关的参数，以此来更好地适应周围环境，换言之，通过调整系统参数来确保对应频谱的正确性。通过5G和人工智能技术的有效结合，智能设备数量有限的问题也能够得到解决。因此人工智能技术能够通过在扰动温度下传输能量和减少频谱数目来更好地控制容量。通过5G和人工智能技术的协调发展，智能设备服务器云能够转换为移动设备云，为所有领域的智能建设和发展提供强有力的设备资源支持。

---

① 谢峰：《5G 网络下基于虚拟现实技术沉浸式课堂教学的应用与研究》，《计算机工程与科学》2019 年第 1 期，第 14 ~ 17 页。

　　工厂在加工和生产环节的地位不可或缺,提高劳动生产率和降低劳动力成本一直是工厂发展的不懈追求。目前,在以5G和人工智能技术为基础的情况下,工厂的智能化水平进一步提高,不断靠近上述发展目标。

　　利用5G,通过将工厂的设备智能化或与智能化的设备相连接,实现了工厂各类自动化设备之间网络的顺畅交互,大大提升了工厂实际的运转效率。智能化工厂与5G通信企业共同构建智能化工厂方案,并致力于构建工业互联网平台,为推广5G的深入应用提供了强大的发展动力。在人工智能技术的支持下,智能化工厂的建设再次实现飞跃式发展,进一步实现了工厂智能办公室的移动办公室、智能数据收集和视频通信等功能,大大提高了企业的运营效率。

　　在发展的过程中,物流业也逐渐开启智能化发展进程。在5G和人工智能技术一体化发展的趋势下,物流业在仓储管理、物流配送、包装检验等方面实现了智能化管理。在物流配送行业当中,也出现了一些能够实现智能化配送的机器人,并且在相关领域已经得到了较好的运用,这些机器人能够对指定配送区进行定位,最终准确地完成配送任务。目前,京东网建成了第一个5G智能物流示范园区,集中体现了物流业对5G、自动驾驶技术和智能操作技术的深入应用,进一步实现了智能物流示范园区防控联动管理,有效地保障了园区的安全。

　　当前,人工智能已经应用于社会的各个领域,例如备受关注的智能停车平台。在5G的支持下,智能停车平台将进一步发展成为一个更加智能化的停车云平台,能够实现特定停车信息的跨时空传输和共享。"5G+人工智能"在停车领域的主要应用为人工智能高位视频技术,在此技术模式下,能够充分利用5G网络的高速率、大带宽等优点,实现更高效的数据交互和云计算,提高停车场管理设备的使用效率。另外,在5G网络低时延优势的支持下,智能停车设备的精确识别水平显著提高。为了安全地构建智能停车云平台,人工智能技术得到广泛应用,利用人工智能技术模拟智能停车云平台的环境进行一系列的虚拟测试,从而保障智能停车云平台能够安全有效地运行。在"5G+人工智能"模式下,未来还将把无线通信技术、移动通信

技术和全球实时定位技术都纳入其中，丰富智能停车云平台的功能，进一步收集、管理、检索、预约城市停车位，并且提供导航服务。这样一来，"停车位少""停车位被占用"等问题将得到很大改善。

5G 和人工智能技术也开始在消费领域得以运用。以"5G + 配镜"的智能购物程序为例，客户可利用 5G 的高速率、低时延等优势，实现智能仿真场景中的镜片远程装配。这是一个需要 5G 和人工智能技术高度集成化的智能服务项目，未来还需要进一步的研究和实践，以确保该项目能够获得更高的经济效益。

随着生活水平不断提高，人们对精神消费的关注越来越多，对旅游的需求越来越旺盛，对旅游服务及产品的需求逐步提升。旅游产业也积极探索新的发展模式，不断推陈出新。人工智能技术和 5G 的结合为传统旅游业产业升级提供了技术支持，发展出一种全新的旅游项目——沉浸式虚拟旅游。5G 应用于虚拟现实技术，并借助人工智能技术还原旅游场景。该项目的出现能够帮助人们解决旅游出行难以及没时间旅游等问题，为使用者提供身临其境的出游体验。[①]

七　算力底座：跨平台跨终端智能化 5G 全局算力服务集群

在网络体系结构方面，5G 网络具备低时延和高速率等优势；在信息传输技术方面，5G 运用天线传输，在扩大网络信号覆盖面积的同时也达到了能源节约的目的；在网络技术方面，5G 能够在网络密集条件下通过外部建立网络，或采用密集网络技术，在宏基站外部设置密集天线来拓展室外的空间。除此之外，能够双向使用一个通信渠道也是 5G 的突出优势，即可以同时实现信号的接收和发送。现阶段，伴随着移动通信技术的飞速发展，利用

---

① 文华炯：《5G 通信技术与人工智能的融合与发展趋势》，《科技创新与应用》2020 年第 7 期，第 158～159 页。

5G可实现设备与设备之间的直接通信，在降低能耗的基础上提高了通信的质量和效率。

云计算技术的应用也会带来更好的用户体验。在5G商用进程加速的背景下，云计算的潜力将会进一步释放，特别是在移动通信领域中发挥其应有的价值。移动云计算的特征体现在两个方面：一是在现有计算机资源的支持下，移动云计算能够为用户提供所需的资源，并凸显在信息存储和管理上的优势，在一定条件下为用户提供必要的资源，突破时空等因素的限制；二是移动云计算改善了服务的质量，结合用户的不同需求提供对应的服务，解决同质化服务的问题。互联网是云计算发展的基础，云计算借助互联网技术实现了海量数据资源的共享，同时能够有效降低成本。除此之外，在云计算不断普及的同时，无论是个人用户还是企业用户的数量均保持着较高增速，这对于数据计算的可靠性提出了更高的要求。尽管人们已经通过智能手机等设备获得所需的服务，但是此类设备在数据处理上也难以达到较高要求，而云计算恰好能够弥补这些设备的不足，在短期内即可实现海量数据计算与处理，从而为用户提供更加优质和个性化的服务。

第一，5G的发展能够提升用户的体验，用户对云计算关注度和认可度较高。在5G网络条件下，用户可以快速获得所需要的网络资源，例如在短时间内将电影等资源下载到本地，降低了用户获取资源的时间成本。第二，除了改善用户体验外，5G的发展也提升了用户对于移动云计算的兴趣，并带动用户主动学习相关领域的知识，也为此类服务的发展与应用奠定良好的基础。当下5G仍然处于起步阶段，而在未来一段时间里，随着应用的普及，必然会促进移动云计算技术的发展，在海量数据资源处理以及管理等方面发挥极大的价值。第三，在5G网络中，一般需要提高终端以及天线的密度，以满足多频信息通道的要求。而边缘技术等新技术的应用能有效地提升数据传输效率。第四，5G网络提升了数据存储能力，在数据规模不断增大的背景下，数据存储容量不断扩大，数据存储能力不断提升，更能够保障数据管理的安全性与完整性。

八 网信安全：端云一体化的5G原生安全能力体系

5G发展潜力巨大，应用前景广阔，但也对网络安全的保障能力提出了新的挑战。5G网络的开放性以及多元化特征可能会带来一定的风险，因此在其发展和应用的过程中必须考虑安全相关的问题，在此基础上设计科学的防范机制。通信运营商在网络安全管理上需要加大投入，借助先进的安全检测和防御技术，及时发现存在的漏洞，避免损害用户利益。数据显示，中国电信已经累计开通32万个5G基站，覆盖300多个城市。[①] 中国电信在加快5G部署的同时，也重视网络安全建设相关工作，加大在安全管理上的投入力度，取得了一系列成效，提升了用户服务的质量。事实上，中国电信在拓展5G网络建设的过程中始终重视安全体系的建设，特别是积极构建网络原生安全防控体系和云端信息的安全防护体系。此外，通过与其他企业及机构合作制定相关标准、加大对新技术的研究和应用等举措，为用户提供直接性安全保障。依托于云计算等技术，中国电信还拓展了不同类型的云应用，集检测、防护等功能于一体，以便在第一时间发现潜在威胁，保障用户信息的安全。除了上述举措之外，对于网络侧，中国电信也构建了云防护体系。

九 资源服务：以CDN分发为核心的5G媒资服务

5G时代，网络技术的飞速发展使互联网成为信息社会的基本载体之一。互联网用户数量的急剧增加对互联网接入速度和服务质量提出了更高要求。在高效率地分发高流量业务内容的同时，缩短用户在获取信息时的等待时间，是网络运营商和内容提供商面临的最大挑战之一。如果只是增大带宽并不能从根本上解决问题，同时因传输信号延迟、路由阻塞、网络服务器能力

---

① 《中国电信已累计开通32万个5G基站 覆盖300多个城市》，新华网，2020年11月20日，http://m.xinhuanet.com/hb/2020-11/20/c_1126763108.htm。

弱等问题带来的负面影响也不容忽视，这些问题与用户服务器之间的距离密切相关。

基本的解决方案之一是将持有终端客户端（用户）请求内容的服务器推到互联网的"边缘"，以便从本地服务器访问内容，并支付较低的网络成本。这是内容分发网络（CDN）提出的初衷。CDN是一种新兴的加速网络化的技术，它在网络上创建地理区域，依靠部署在各地的边缘服务器，以便用户能够快速访问内容，使有需求的用户能够在"最近的"位置快速访问所需的内容。

CDN考虑每个节点的连接状态、负载状态和用户间的距离。CDN在用户端和源服务器之间建立多个CDN边缘服务器，当源服务器收到用户发送的内容请求时，会先判断和之前收到的请求是否相同，如果相同，那么用户的这一请求会被定位到距离用户"最近的"边缘服务器，"最近的"边缘服务器将内容分发给用户。

作为一种基于Web的网络架构，CDN能够快速地传递Web内容，降低网络时延，并改善用户体验。除此之外，不同交换层次的CDN技术能够更智能地分析用户需求和网络性能，更合理地分配网络带宽，调度网络资源，平衡网络负载。CDN技术能够更好地支持在互联网上对动态内容和流媒体（如视频和音频）进行访问。但是也需要认识到，由于与常规的静态内容有所不同，CDN在内容的分发上需要经过一些特殊处理。

十　新媒体：5G推动全平台集成化发展

传统媒体的生产模式相对单一，对于新技术的应用也相对有限，长期的技术滞后也会导致内容、形式的落后，并逐渐脱离大众文化视野。而5G融媒体使得媒介形式变得多样化，麦克卢汉认为"媒介即讯息"。因此从某种角度来说，在信息时代只有掌握新型的传播技术，大众传媒机构才能掌握主动权。传统媒体机构往往有着丰富的资源和新闻传播经验，因此媒体融合可助推掌握高质量内容的传统媒体与掌握创新技术的新型媒介进行整合，对传

统媒体的传播内容进行二次加工、处理和采编，实现可视化、沉浸式传播，使得传播形式多样化，以期达到传播效果最大化。

媒体融合有利于打造无界的社会互动空间。媒体融合的根本动力之一是技术的更新换代，通信技术的进步使得传统媒体机构必须做出改变以适应信息高速传递的环境。媒介技术的发展使得以往受众之间隔绝的信息域开始互相流通，信息阶层的固化被逐渐打破，并推动信息传播的多向发展。去中心化、具有民主参与感、扁平化的信息传播成为主要的传播方式。媒体融合打破了绝对的信息壁垒，缩小"数字鸿沟"，提升了受众对于传播过程参与的积极性，并迎合大众参与社会议题讨论、重置话语权的期望，使得双向互动成为可能。

媒体融合有利于推进媒介运营模式转型。借助大数据、云计算平台，不同部门、领域的从业人员能够实现高度资源共享。在媒体融合趋势下，传统媒体机构也正在积极调整组织架构，改变以往老旧、发展滞缓的运营模式，使媒体平台焕发生机。如央视针对体制僵化问题，改变以往产业经营模式，从产品体系的构建上着手研发全新的采编分发流程体系，以此为基础打造了央视乐动、央视影音等融媒体产品，并且搭建了全产业链的版权开发体系和多种类型的绩效考核管理体系，以此实现新媒体和传统媒体的优势互补，推动了全平台的集成化发展。

随着技术在现实应用中的不断深入和发展，在未来的5G发展中，应该注意以下问题。一是要掌握5G建设的标准以及产业相关应用的主动权。目前中国对于5G的标准化研究还处于研发阶段，尚未确定标准化体系，因此应该继续加强和国际电信联盟等相关机构的对接，帮其建立国际5G技术标准测试平台，最终形成一个世界范围内的一体化标准。除此之外，5G的研发者必须认识到，未来5G的竞争必将是产业化应用水平的竞争而非标准化的竞争，因此应该及时更新5G通信基础设施建设、"基带芯片"等关键设备，推动前端制造商、中间运营商、终端设备端协同发展。

二是促进各产业集成化发展。未来，随着5G应用程度的不断深化、应用范围的不断扩展，产业和技术的融合会进一步加快，并孕育出新的业务模式。在这种背景下，要做到及时捕捉新业态和增长机会，并跟踪研究好5G应用的相关垂直行业，如物联网、车联网、智能工厂、VR/AR等。

三是在信息安全体系建设方面，应该加大资金投入。云计算、云储存和大数据平台等满足了用户处理海量信息技术的需求，为用户带来了多样化的服务，但同时数据隐私问题和安全保障问题也需要得到相应的解决。5G高速率、丰富的传输内容、多种类型的服务等特点，降低了黑客发现移动端漏洞的难度，因此会增大通信系统被攻击的风险。在此背景下，加强网络安全体系的建设就显得尤为重要了。

B.8
5G融媒体应用产业化发展可能性分析

和　纳　王诗霖*

摘　要： 5G网络建设的高速发展，推动着传统移动通信系统和相关产业链的变革。本报告主要分析了5G融媒体应用产业化的发展前景并做出了产业发展趋势预判，从政策扶持、技术水平、用户情况、媒介环境、社会舆论、产业规模以及市场盈利七个方面展开论述，通过纵横分析及对比，对加强数字化政府建设、5G在融媒体领域的创新与延伸、培塑多元化和智能化的媒介环境、有效引导社会舆论的健康发展、创新驱动5G融媒体上下游产业链布局等方面提供预判和建议。

关键词： 5G融媒体应用　智能化　全媒体生态

一　政策扶持预判

随着5G产业在中国进入快速发展阶段，5G相关基础设施建设速度不断加快，5G的研究与应用也取得了丰富的成果，5G建设成为未来社会发展的主要趋势。基于5G发展的现状和形势，国家以及各级地方政府都出台了一系列政策助力5G融媒体产业的健康、可持续发展。以2021年上半年国家层面政策为例，2021年2月，工信部发布《关于提升5G服务质量的通

---

* 和纳，中国传媒大学媒体融合与传播国家重点实验室科研助理，主要研究方向为5G融媒体传播与发展趋势、文创产业数字化、智能传播；王诗霖，中国传媒大学媒体融合与传播国家重点实验室科研助理，主要研究方向为艺术与科技、数字娱乐、文创产业数字化、5G融媒体传播。

知》，指出为切实维护用户权益，推动 5G 持续健康发展，各企业部门需要遵循 6 大相关举措提升 5G 服务质量；2021 年 5 月，工信部信息通信管理局印发《"5G＋工业互联网"十个典型应用场景和五个重点行业实践》，为更多行业和企业应用"5G＋工业互联网"提供具有借鉴意义的模式和经验；2021 年 6 月，国家发改委、国家能源局、中央网信办、工信部联合印发了《能源领域 5G 应用实施方案》，该方案结合发展总体要求、主要任务和保障措施，为能源领域内的 5G 应用提供了重要指引。[①] 因此政策协调是推动 5G 融媒体产业在未来发展的关键。政府将继续以发展 5G 应用为指引，坚持统筹规划方针，并重视对融媒体产业人才的培养，支持融媒体创新产业"孵化落地"，加速融媒体数字化进程，并整合高校与企业资源，助推 5G 与融媒体深度结合，加快传统媒体的转型升级，搭建高度融合、立体、全方位发展的传播矩阵。

对于未来 5G 融媒体产业发展的政策预判主要有以下五个方面。

一是政府强化顶层设计的统筹规划，使上层建筑与经济基础相适应。政府要在 5G 融媒体产业发展中起到健康引导的作用，摒弃传统设计模式中的糟粕，统筹顶层思维，完善跨行业协同发展、跨部门联动合作、跨区域联合共享的 5G 产业协调机制，并提高政府部门的办事效率，化繁为简，兼容并包。同时政府着力于整合电信运营企业、融媒体 5G 行业供应链、融媒体 5G 应用开发商、5G 发展制造企业、融媒体运营机构、高校研究所等，协同创建 5G 融媒体协作平台，联合攻破 5G 在融媒体应用中出现的难题，破除 5G 融媒体应用产业发展过程中遇到的阻碍，突破产业发展瓶颈。

二是重视融媒体产业人才的培养。随着 5G 的发展，传媒产业环境业态和传播新格局的搭建成为融媒体产业化发展的重要方向。技术推动着融媒体产业的变革，对底层技术的熟练掌握和深层理解能够促进 5G 融媒体产业的发展。未来政策导向将是重点建设 5G 融媒体产业人才库，一方面，要培养

[①] 《政策持续加码，2021 年上半年中国 5G 政策一览》，工控网，2021 年 6 月 30 日，https://www.gkzhan.com/news/detail/133645.html。

创新型内容输出人才，内容的创新是融媒体产业发展的基础和动力，5G 带来全新数字传播技术的同时也促进了内容产业的创新。创新型内容输出人才能够与时俱进，策划高水平的融媒体传播内容，创造丰富的媒体应用场景，充分发挥媒介运用的想象力，并把想象力建构在受众能够充分理解 5G 带来的媒介革新可能性的基础之上。① 另一方面，要培养综合型人才，要培养能够跨领域、跨学科综合发展的融媒体人才，要在大学中设置跨学科的人才培养方案和课程，同时引进综合型背景师资人才，大胆创新高校教研课题，填补 5G 时代融媒体人才的缺口，鼓励大学生学习云计算、数据分析、AI 等相关领域的技术，更好地适应不断发展的融媒体行业。同时要注重校企联合，培养新型实践型人才，创建融媒体人才库，鼓励在校学生积极参加"互联网＋"创新创业比赛，增加融媒体产业研究课题的相关经费和研究站点。

三是细化 5G 融媒体相关政策，遵循 5G 发展的客观规律，从点到面、从下到上搭建系统化的 5G 融媒体基础设施。政府积极推动重点地级市、县城、乡镇的通信基础设施建设，由经济发达区带动经济落后区，积极推进传统媒体的转型升级，加大 5G 建设的政策执行力度。同时加强对 5G 融媒体的金融扶持力度，为 5G 融媒体产业增设专项基金和研究经费，重点扶持 5G 领域的新兴融媒体产业，细分相关政策并落到实处，对于优秀 5G 融媒体企业给予财政补贴和资金奖励，并加大对 5G 融媒体产业的科研创新支持力度，建立高校重点实验室，攻克高精尖技术以及加快相关应用产品的研发，有规律、有侧重地推进 5G 在融媒体产业的应用与发展。

四是政府根据现有 5G 发展状况和行业标准制定统一的协议和相关规则制度。5G 融媒体产业在迅速发展的同时也会出现一系列问题，因此在遵循 5G 发展规律的同时要尽快完善相应法律法规，建立标准化的协同制度，充分发挥 5G 融媒体矩阵的综合优势，促进 5G 融媒体应用产业化发展的行业

① 易龙、潘星宇：《5G 时代融媒体人才新需求及培养策略》，《中国编辑》2021 年第 1 期，第 83 页。

标准落地。

五是进一步推进"数字政府"的建设，培塑互联网思维，并做好融媒体智库的建设，树立积极的融媒体品牌形象，加强跨地域交流与合作，同时增强主流媒体的话语权，抓住时代发展红利，搭建新型的传播生态环境，运用云平台、AI 等技术完善全民互联的传播体系，发挥主流媒体在舆论中的主导作用。

二 技术水平预判

相较于前四代通信网络，5G 具有高速率、大容量、泛在网、低功耗、低时延特点，能实现人与人、人与物、物与物的广泛连接，使人类社会进入真正的"万物互联"时代，即物联网时代。[①] 媒介融合随着 5G 的发展面临着颠覆性的技术挑战，随着边缘云计算、VR/AR、AI 等技术被广泛应用于日常生活，5G 也将会全面加速在融媒体领域的渗透，并推进传统媒体与新媒体的重构与融合。5G 与媒体融合的关键是基于 5G 网络的网络能力和边缘云平台的特点，实现媒体业务的移动化、远程化和云化。[②] 现阶段 5G 是通信技术中最前沿的高新技术，5G 的发展依赖于互联网平台，但是目前 5G 的落地与实践仍要经历漫长的过程，因此基于融媒体应用发展现状，未来 5G 在融媒体领域的发展主要是对边缘云计算、VR/AR、AI 这三个领域的创新与延伸。

一是基于边缘云计算技术的发展预判。未来视频将以多维化、立体化方式呈现。边缘云计算技术的发展弥补了传统 VR/AR 设备产生的不足，如用户体验感差、出现眩晕以及声画不同步产生的延迟等问题，这些不足都会影响内容生产与创作，同时多元化虚拟空间的数据采集也会为融媒体传播带来全新的改变，为用户呈现全媒体视角。此外，对于高强度、快节奏的环境，

---

① 张明新、常明芝：《5G 应用背景下媒体融合发展的前景》，《新闻爱好者》2019 年第 8 期。
② 《5G 融媒体应用研究报告（2020）》，中国传媒大学 5G 融媒体实验室，2020，https://www.gmw.cn/download/5G融媒体应用研究报告2020final.pdf。

边缘云计算技术能够提供许多创新性的技术与应用，能够快速提高融媒体作品生产效率，未来人们参与虚拟场景抑或跨时空的"线上线下"双重体验将成为生活常态。另外，成功的边缘云计算基础架构需要结合本地服务器计算功能、AI计算功能以及移动/汽车/IoT计算系统。[①] 因此，边缘云计算相比云计算有更大的优势与发展空间，它在叠加了数字化应用场景具有超强的计算处理能力的同时，将开发应用的成本降到了最低，为快速分析应用场景、实时进行数据反馈、增强用户体验等提供了更多可能。虚拟与现实的界限被全面打破，高强度计算也为数字化空间与线下体验提供了强链接，通过5G网络应用平台，用户将会获得更立体的现实体验感，甚至可以脱离终端设备的限制进入虚拟场景和融媒应用之中。

边缘云计算技术的发展也为深度机器学习以及智能算法推荐创造了更多衍生空间，这意味着未来将突破以端为主的智能移动设备，发展面向云空间、去端化的媒介应用产品（见图1）。特别是对于建立以数字驱动为核心的融媒体生态，数据传输将更加快捷，数据分析以及反馈将更加精准。这也为5G融媒体应用提供了更强大的数字媒体传播技术，能够跨越不同平台和媒介技术的界限，为实现智能化、数字化全媒体生态提供更多可能，并有利于降低生产成本。

二是基于VR/AR技术的发展预判。目前虚拟现实技术按照侧重点的不同主要分为沉浸式虚拟现实技术、桌面式虚拟现实技术、增强式虚拟现实技术以及分布式虚拟现实技术四大类。[②] 虚拟现实技术的出现增强了用户与虚拟环境之间的互动，它能够创造出与现实社会相似的拟态环境，并模拟出与现实世界相对应的感觉，使用户身临其境。目前中国对于VR/AR的应用已经渗透到了文娱、军事、医疗、教育等领域。能够预见未来创投热潮倾向于VR/AR领域，除了视频类应用产业及游戏产业，也会涌现一批优质的融媒体科技型龙头公司，虚拟现实技术应用的商用价值将不可估量。同时

---

① 《边缘计算中的AI如何驱动5G和IoT》，流媒体网，2021年3月22日，https：//lmtw.com/mzw/content/detail/id/199232。
② 陈浩磊等：《虚拟现实技术的最新发展与展望》，《中国科技论文在线》2011年第1期。

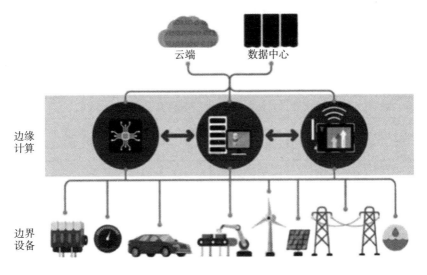

图1　边缘云联动终端设备

资料来源:《边缘计算中的 AI 如何驱动 5G 和 IoT》。

基于市场发展热潮和现有技术发展趋势，VR/AR 现实应用场景技术将逐渐走向成熟，VR/AR 的垂直领域相关应用以及未来"虚拟现实"社交应用等产业都将有更大的发展空间，这对于融媒体发展业态将产生颠覆性的影响。2017 年 7 月，国务院发布的《国务院关于印发新一代人工智能发展规划的通知》提出要在大数据、跨媒体、群体计算、混合增强现实、虚拟现实智能、自主智能系统、高级机器学习、类脑智能计算、量子智能计算等理论体系和核心技术上实现重大进展。[①] 因此，能够加深现实世界与虚拟世界的联系，创造一个与现实世界相交融的拟态可视化环境将在未来成为可能，同时虚拟与现实之间的真实性、社交性、适应性的社会关系会变得越来越复杂。回顾 2013～2017 年全球十大战略性科技发展历程，可以发现"云端""虚拟""智能"已成为技术的关键词（见表1），也将成为未来技术应用发展的主要特征。现阶段中国对于虚拟现实和云平台技术的研究仍处于初

---

① 《国务院关于印发新一代人工智能发展规划的通知》，中国政府网，2017 年 7 月 20 日，http://www.gov.cn/zhengce/content/2017 - 07/20/content_ 5211996. htm。

级发展阶段，在未来 5～10 年将会进入高速发展阶段，新兴技术的发展必将
撬动整个融媒体产业，并使其发生前所未有的变革。

表 1　2013～2017 年全球十大战略性科技发展变化

技术趋势	2013 年	2014 年	2015 年	2016 年	2017 年
趋势一	移动设备大战	移动设备的多样化和管理	无处不在的计算	终端网络	AI 和高级机器学习
趋势二	移动应用和 HTML5	移动应用和应用程序	物联网	环境用户体验	智能应用
趋势三	个人云	万物联网	3D 打印	3D 打印材料	智能对象
趋势四	物联网	混合云和 IT 作为服务经纪人	无所不在却又隐于无形的先进分析技术	万物联网信息	虚拟现实和增强现实
趋势五	混合 IT 和云计算	云/客户端架构	充分掌握情境的系统	高等机器学习	数字孪生
趋势六	大数据	个人云时代	智能机器	自主代理与物体	区块链和分布式分类账
趋势七	可转化为行动的分析	软件定义一切	云/用户端计算	自适应的安全架构	对话系统
趋势八	内存计算	Web - Scale IT	软件定义的应用程序和基础架构	高级系统架构	风格应用和服务体系架构
趋势九	集成生态系统	智能机器	网络规模 IT	网络应用程序与服务架构	数字技术平台
趋势十	企业应用商店	3D 打印	基于风险的安全与自我防卫	物联网架构及平台	自适应安全架构

资料来源：《图书馆未来的技术应用与发展——基于近五年 Gartner 十大战略技术趋势及相关报告的对比分析》。

　　三是基于 AI 技术的发展预判。AI 在其与融媒体深度融合过程中扮演着
重要的角色。如 AI 的应用使算法和个性化推荐成为融媒体相关应用中的关
键技术，并能够最大化提升用户体验以及实现精准化传播，同时也改变了传
统行业的营销和投放方式，使营销和数字化传播能够全方位渗透目标用户群
体，降低传播成本。目前，中国的 AI 技术处于高速发展阶段，未来基于 AI

领域还会有更深层的技术应用和科学研究，并与现实融媒体环境进行有效衔接。AI与5G的深度结合能够更好地发挥5G融媒体的智能优势，海量数据的处理将更加精细化，并凸显融媒体应用互联化、物联化、智能交互等优势。同时AI改变着人们的社会生活习惯，特别是目前AI在网络购物、智能城市出行等场景的应用越来越广泛。AI的语音识别技术也被广泛应用，在提高传播速率的同时，也降低了时空成本。在未来，语音识别技术在不同融媒体领域的应用将会得到进一步发展，同时能够不断改进技术缺陷，实现高效联动。AI在影视文娱行业的应用也比较广泛，不论是新兴短视频领域还是传统影视领域，都引入了AI。在未来，AI技术在影视行业中将会突破现有的学习模型，表现出更高的技术水准。未来将突破当前AI在视觉效果上的技术限制，促进人机的有效结合，产出极具创造性的作品，智能化社交、智能化驾驶、智能化家居、智能化工厂、智能化出行等都会在现有技术基础上实现质的飞跃，实现高度"人机共生"或是"人机协作"，实现真正意义上的"融合"。

三 用户情况预判

（一）用户需求

随着5G在融媒体领域被广泛应用，当下活跃于互联网圈层的用户群体，已经不同于4G时代传统模式下的受众群体，新时代的用户群具有更强的主动性和选择性，他们不再是单方面的接收者，融媒体时代的用户要求在信息输出过程中有更强烈的参与感。用户作为有主体意识、民主意识、关注公共事物的一个群体，不再是传统意义的被动受众，而是成为左右媒介生存、发展的"原点"。[1] 因此要了解用户的需求和"痛点"，才能够满足用

---

[1] 张勇军：《新媒体时代媒介用户需求的人性之维》，《现代传播（中国传媒大学学报）》2018年第7期，第120页。

户的多样化需求，增强用户黏性，实现融媒体的价值维度。对于未来的 5G 融媒体产业化应用，用户的需求也会表现在多个层面。

一是沉浸式的用户需求。虽然沉浸式的融媒体已经有很多的现实应用，但它的发展还处于初步探索阶段。在国外，Youtube、Instagram、Facebook、Oculus、SONY 等头部企业都积极布局 VR 技术相关业务板块；在中国，融媒体产业中也有运用 VR 技术的一些例子，如 Pico Neo3 开发的 VR 系列游戏、故宫博物院 VR 展览馆等。通过梳理虚拟现实技术在当前融媒体产业中的应用，能够发现仍有很多不足，如 VR 技术应用在与用户互动过程中有一定的延迟，VR 场景不自然、失真以及传播过程中出现卡顿等问题，同时，VR 融媒体作品依赖于信号接收程度和客户端的底层技术基础架构，很大程度上会影响用户使用感。因此，未来 VR 融媒体应用技术需要得到不断优化，以增强场景画面的真实性，并能够与用户建立有效的情感互动，带来更强的交互性及沉浸式体验。

二是个性化需求。在互联网时代，用户主要聚集在有同类属性的虚拟社群中，以此实现线上空间的社会互动。当下各融媒体应用平台的开放性，使得用户获取信息的成本越来越低，导致用户每天承受着碎片化、过载化的信息。而当前被广泛应用的算法以及大数据推荐，基于用户画像和偏好，一方面，能够推荐用户接收想看到的信息；另一方面，也会形成"信息茧房"，可能导致用户被动地忽略公共议题以及认知范围外的信息，限制了人们感知社会的视野。因此，随着用户个性化需求的提升，算法推荐和大数据分析需要不断地被改进，人们通过融媒体端接收的信息也需要具有一定的主观能动性，不再是单纯通过数据的收集和分析，来"程式化"地推荐相关内容，而是能够满足用户更深层次的需求，且不被信息"同质化"所限制，从而打破以圈层为主的"信息孤岛"。

三是用户的隐私安全需求。5G 的发展在颠覆信息通信行业的同时，也给身处网络时代的用户的隐私安全带来了更多的隐患。通过浏览器 cookies、个人网络注册信息、GPS 网络定位、视觉定位等实时记录着用户的个人信息，网络平台能够轻易收集相关数据，能够轻易获得用户的个人信息，使用户信息随时处于被"暴露"状态，被收集的用户个人信息很容易被背后的利益团体滥用，暗藏隐患。因此，为满足用户的隐私安全需求，需要不断优化融媒体平台的设计，建立和完善基于网络平台的隐私保护标准和机制，使用户能够主动选择屏蔽相关网站对个人信息的收集，保护个人隐私。

（二）用户影响

近年来融媒体行业方兴未艾，5G的发展进一步拓宽了融媒体产业的发展空间，并加速了传统媒体和新媒体的变革，改变了传统行业的发展业态。从传播规律来审视现状，这正契合了以用户为中心的时代发展需求，"用户"一词在互联网为代表的新媒体中应运而生，旨在表达传受双方是平等、交互的关系。① 因此融媒体的发展会影响用户习惯、媒介选择。

一是对用户体验层的影响。在未来，现实与虚拟重合的空间场景将会成为常态，通过技术手段，用户将会习惯于"无缝衔接"的现实和虚拟空间。除了现实环境中真实的感官体验，用户还能够在虚拟世界中体验到超越时空的衍生感，以弥补现实社会的单一性和物理性限制。同时智能化的场景也将深入个体体验，用户在信息输入过程中也会具有主观的"自我"意识。智能化设备也会通过对现实中的数据进行收集、建模、分析、预测，进一步帮助用户做出更有利的决策。比如对现实场景中的自然环境做出预测，收集用户的行为轨迹和生活习惯，自动为用户匹配智能化社交活动等，这也会使用户在未来逐渐依赖智能化设备，使媒介真正融入"用户行为"。

二是对用户媒介接触的影响。随着互联网和5G的进一步发展，智能化应用的普及也影响着用户的媒介接触。用户接触虚拟空间的时长也许会超过线下世界，甚至主导着用户的日常生活习惯，使用户习惯并长期处于拟态环境中，同时碎片化的阅读习惯会成为常态，越来越多的信息以短小精炼、碎片化的方式呈现给用户，非数字化的场景将会逐渐消失，用户的精神世界和时间安排会被媒介呈现的内容所影响甚至主导，用户在现实世界中的活动会

---

① 闫伟：《智媒体对新闻场景中的用户影响研究》，渤海大学硕士学位论文，2019。

逐渐减少。

三是对用户自身价值的影响。用户对自身以及周围世界的理解不再局限于书本知识和现实社会，而是能够通过智能化应用端的数据和监测来间接或直接了解自我，网络的开放性也打破了用户的年龄限制，用户的价值判断也更加容易被技术场景所控制和改变。用户通过智能设备能够深化自我认知，基于更加立体、全面的数据，能够不断分析和了解客观世界，并增强在虚拟场景中的互动和参与感，影响价值判断和价值观的形成。

四 媒介环境预判

媒介环境与技术的发展相辅相成，随着技术的变革和融媒体生态环境的改变，媒介环境不断被注入新的活力。从某种角度来说，人类的发展史也是一部媒介技术的发展史，在这一发展进程中，媒介的变迁给人们思考、感觉、评价等方式带来了巨大的改变。然而，新媒介的诞生并不意味着旧媒介的消亡，而是新旧媒介共栖共存，一同建立和谐平衡的媒介环境。[1] 融媒体的发展将会在符号层面、感知层面以及社会层面对媒介环境产生深刻的影响。

一是在符号层面对媒介环境的影响。不同的媒介表达的是不同的符号环境，信息的传播依赖于媒介，信息能够有效传播的基础是多元化的符号。符号的输出代表不同文化的输出并在不断解构媒介环境，使得世界文化能够兼容并包、相互交融。在未来，多元化的符号会对媒介环境产生更加深刻的影响，基于融媒体的发展，跨界组合的产品应用会越来越多，它们被赋予更加多元的文化符号，为受众提供优质内容。在5G融媒体时代，技术的更迭加速了智能媒介的融合，5G融合了AI、VR/AR等技术，媒介的发展将会进入全新赛道。人类的数字化生存，从"离身性"转向"具身性"，"数字化

---

[1] 左璐：《媒介环境学视野下移动互联网传播及其影响研究》，四川外国语大学硕士学位论文，2014，第19页。

的人"不仅仅是漂浮在各种虚拟空间的账号,而且以"虚拟实体"的形式把虚拟主体与现实主体绑定在一起。① 在多元化的符号环境中,不论是网络媒介传播还是人际传播,新兴媒介技术的出现为多元的符号解读提供了便利,通过信息收集、数据处理、语言编码及翻译,实现多元化的符号的可读性和共享性。传播介质的多元化也为文化的传播提供了更多可能,在5G融媒体环境下,能够助推个性化品牌的传播和营销,并提高文化的多样性,同时通过技术编码以及AI等手段,联结起"地球村",结合区块链等技术保护稀有文化,形成可持续、受保护的数字文化资产。

二是在感知层面对媒介环境的影响。媒介的发展为受众营造出不同的拟态环境,媒介技术的发展为人们感知和了解世界提供了便捷,不同媒介调动了受众更加多元的感官体验,融媒体的发展也在影响和重构人们的世界观。5G融媒体能够加强受众的感知度,在增强用户体验的同时也对其社会认知产生全方位的改变。未来媒介环境会走向融合与共生状态,技术的发展不会使传统产业消亡,而是会促进全媒体产业的融合,新兴融媒体产业和传统产业存在互惠互生的关系,受众在选择信息传播媒介的同时会有更多的主动权,从而使多元化的传播路径得以发展。但是,在各大社交平台或是信息空间中,信息娱乐化、冗杂化,假新闻的泛滥以及电子屏幕的局限等,使一部分受众群体产生倦怠感。同时虚拟空间社交属性的低成本化、简易化也使用户与现实生活剥离,一方面,网络空间里具有共同属性或是共同爱好的社群发展迅速;另一方面,无用化和充满虚假信息的社交使用户的情感不断损耗,造成用户在使用社交媒介时产生"自相矛盾"的心理。

三是在社会层面对媒介环境的影响。媒介与环境相互影响、相互依赖。5G包含着所谓的"一高一大两低":"一高"是高速率,"一大"是大容量,"两低"则是低时延和低功耗。"一高一大两低"决定了人们今天的信息传播(包括学术传播在内的)所有传播形式呈现一种全新的格局,从传播者、

---

① 彭兰:《智能时代人的数字化生存——可分离的"虚拟实体"、"数字化元件"与不会消失的"具身性"》,《新闻记者》2019年第12期,第4~12页。

传播内容、传播渠道到传播效应的实现都与5G"一高一大两低"密切相关。① 融媒体的出现与发展，将会深化传统产业的改革，助推融媒体产业的创新发展，同时能够促进世界范围内政治、经济、文化的交流，推动信息传播和全媒体生态的搭建，加速全球化进程。

未来社会的转型与变革需要融媒体的全面参与，并通过媒介传播加强个体以及社会层面的联结。移动互联网逐渐成为媒介传播的主要阵地，5G融媒体发展也影响着政治层面的媒介环境的变革，新媒体和传统媒体的融合拓宽了公众表达观点的传播渠道，通过互联网平台能够充分了解民意，感知社会公共舆论的发展方向，同时也能使政务信息更加公开化、透明化。政府通过融媒体平台能够有效引导社会舆论的健康发展，发挥主流媒体的带头作用，由此推进政治民主化进程。在经济层面，5G融媒体将带动新的经济增长点，并推动形成多样化的商业模式，促进创新创业的发展，催生融媒体相关行业和移动应用的发展，为市场经济发展注入新的活力。同时也在根本上改变消费者的消费习惯和思维方式，进一步推动社会经济环境多元化发展。在文化层面，融媒体的出现会在不同程度上影响人们的文化传播方式、文化习惯等。移动互联网平台为新文化的传播提供了广阔的平台，一定程度上促进了传统文化的转型。文化传播的载体不断更新，人们认识世界的方式也发生了变化，文化的个性化、小众化、社交化属性逐渐凸显，也推进了传统文化产业的转型升级。

五　社会舆论预判

当前融媒体产业处于转型期，融媒体产业正经历着从内容生产到传播方式的变革，媒介生态的改变也对社会舆论发展产生了深刻的影响。从人们逐渐习惯运用媒介平台表达观点、主动参与社会舆论事件的讨论中能够看出，

① 喻国明：《5G技术将深刻影响传媒业》，人民网，2019年8月25日，http：//culture. people. com. cn/n1/2019/0825/c1013-31315163. html。

近年来融媒体对于社会舆论有着不可估量的影响，并推动着人们政治、经济、文化生活的改变。融媒体应用在满足受众获取信息需要的同时，也逐渐成为集合观点、民众意愿的平台，大众消解情绪的窗口和阀门，以及公民参与公共议题的主要方式。社会舆论的发酵也映射着受众在现实社会中的情感、需求、欲望等心理历程。未来公众与社会舆论的联结会随着融媒体的发展不断加深，公众的参与和讨论也会推进融媒体技术的进步，促进多媒体的融合。

第一，未来主流媒体的引导作用会更加凸显。随着 5G 在融媒体领域的应用和推广，融媒体将会更加深入融合到人们日常生活中。随着 5G 的发展，网络舆论的传播呈现影响力广、高速传播的特点。当社会事件发生后，公众舆论通过网络渠道得以迅速传播和发酵，并随着网民关注度的提升变成社会舆论焦点。同时，网络传播的同步性和双向性，使得公众对相关事件的关注度也在提升，而主流媒体发布正规、官方消息的速度往往不及受众传播和接收信息的速度，因此会导致政府公信力缺失、民主表达失效等情况。网络舆论的生成发酵机制基本遵循以下规律：传统媒体报道或网友爆料（微博异军突起）——网友讨论（新闻跟帖、论坛发帖等）——形成网络舆论压力（"意见领袖"作用突出）——媒体跟进呼应、挖掘事实（新老媒体互动）——有关部门应对——再掀波澜（假如应对不当）——再次应对——网友注意力转移——网络舆论消解（流行语、视频等娱乐化的尾巴长期流传）。① 因此社会舆论不能任其往不可预测的方向发酵，需要道德与法律的约束，而主流媒体对于社会舆论的影响将成为社会舆论健康发展的关键，需要在舆论场中呈现符合社会价值观和发展规律的观点，并积极与公众进行互动沟通，只有了解民意、观察民生，才能改善网络舆论的传播环境，建立和谐健康的舆论场，传播社会正能量。

第二，舆论传播渠道更加多元化和社交平台影响力日益提升。5G 融媒体打破单一的媒介传播形态，为社会舆论提供多样化的传播平台，多元化的传

---

① 《网络舆情：自媒体的"蝴蝶效应"》，国务院新闻办公室官网，2011 年 8 月 29 日，http://www.scio.gov.cn/m/cbw/qk/4/2011/08/Document/993334/993334.htm。

播渠道为公众带来更多选择，方便公众传达个体观点，为公众参与社会议题创造了有利环境，促进了政府和公众的互相监督。同时，5G 的应用和推广，也为传统媒介和新媒介的融合创造了良好的环境和条件。在融媒体高速发展的未来，多元化的舆论平台可以为人们沉浸式、交互式的交流提供无限可能，并促进全新思想交流平台的搭建，有助于提高公众的话语权和参与度。

第三，网络舆情加速转移到现实社会。融媒体时代，热点事件以及社会新闻很容易在网络空间引发群体讨论，并通过媒介平台进行传播。随着通信技术的发展，线上与线下的边界逐渐模糊，受众群体不再满足于线上的讨论，在现实社会中也会持续关注事件的走势，甚至发动群体力量推动社会事件的发展。社会舆论在网络空间中传播具有碎片化的特点，导致网络上出现没有约束力的"情绪舆论"，从而影响现实社会中的公共管理秩序和法律审判。随着融媒体的发展，网络空间用户群体的自发性提高，网民对真相的渴求和参与意愿增强，现实社会事件与虚拟空间的信息传播和舆论发酵同步发展，社会舆论对于现实社会的影响力增强。网络群体的力量甚至能够推动现实事件的进展，以网络社群以及网民为主导的群体力量能够集结强大的舆论影响力。同时，在虚拟空间背后的群体中也形成了社会舆论相关的产业链和产业模式，比如微博议题、网络公关等。

第四，社会舆论的风险管控需要加强。5G 的发展推动了融媒体产业模式更加多元化和全面化，但是媒介环境的发展也会导致舆论传播有较大的风险，特别是多渠道的传播方式，加大了社会舆论的风险。新技术的产生也会使舆论监控存在漏洞，标准化发展模式还需较大的空间。同时碎片化和开源化的信息也容易导致受众在社会事件中被不法分子误导，提高了舆论的风险性。因此，相关监管部门要加大监管力度，采取更有效的监管模式，将 5G 与 AI、大数据等技术有效结合，促进监管系统的优化升级，及时发现社会舆论的风险和漏洞，创造健康的舆论环境。

第五，更加注意网络舆情人才队伍建设。全新 5G 融媒体时代的到来，为社会舆论提供了更广阔的传播空间和传播渠道。融媒体渠道的低成本、低门槛使得社会舆论环境更加自由化和开放化，舆论乱象时有发生，因此政府层面也会加强对社会舆论的管控，积极引导社会舆论的发展。培养一支具有专业素养的网络舆情引导队伍，注重网络舆情人才队伍建设，有助于建立营造和谐的社会舆论环境，促进社会舆论的良好发展。网络舆情人才队伍建设任重道远，人才队伍要积极参与网络舆情建设，主动学习相关技能和专业知识，不断提升自我素养并主动参与到新时代社会舆论健康发展的浪潮之中，在主流媒体的引导下，与 5G 时代接轨，更新时代发展观点，顺应时代发展浪潮。

六　产业规模预判

从 2018 年开始，中国数字经济产业进入加速发展期，通信技术的发展加快了数字经济产业的布局，促进了大数据、AI、高端技术应用等领域的产业兴起。2020 年，中国数字经济规模达到 39.2 万亿元，占 GDP 的比重为 38.6%。各地数字经济发展成效显著，从规模看，2020 年，广东、江苏、山东等 13 个省市数字经济规模超过 1 万亿元。[①] 数字经济高速发展，5G 融媒体产业的发展规模逐渐扩大，新技术不断融入融媒体产业的生产环节，新兴市场的发展仍有巨大空间。AI、区块链、边缘云、大数据等技术的迭代更新，创新驱动着融媒体相关产业如短视频、移动媒体应用、智能社交平台、智慧城市、物联网、车联网的发展。根据中国信息通信研究院 2017 年发布的《5G 经济社会影响白皮书》的数据预测，从产出规模看，2030 年 5G 带动的直接经济产出和间接经济产出将分别达到 6.3 万亿元和 10.6 万亿元。[②] 根据中国信息通信研究院 2021 年 12 月发布的《中国 5G 发展和经济社会影响白皮书（2021 年）》，2021 年 5G 商用取得重要进展，对经济社会的影响进一步扩大，预计 2021 年 5G 将直接带动经济总产出 1.3 万亿元，直接带动经济增加值约 3000 亿元，间接带动总产

---

① 《中国数字经济发展与就业白皮书（2021 年）》，中国信息通信研究院，2021。
② 《5G 经济社会影响白皮书》，中国信息通信研究院，2017。

出约3.38万亿元,间接带动经济增加值约1.23万亿元,分别比2020年增长33%、39%、31%和31%。① 新兴融媒体产业及其垂直领域的细分行业将"井喷式"爆发。

从中国5G产业的直接经济产出和间接经济产出结构来看,近几年拉动经济产出的增长动力在加大。根据中国信息通信研究院2017年发布的《5G经济社会影响白皮书》,预计2030年5G直接创造的经济增加值约3万亿元。2025年,预计5G将拉动经济增加值约1.1万亿元,对当年GDP增长的贡献率为3.2%,② 能够判断5G融媒体产业的增长势头已经超过传统产业,并成为稳定增长型产业。在未来5G融媒体应用的产业规模将日益扩大,同时新兴产业向5G融媒体领域发展的势头明显。相关的商业开发应用不断增加,5G融媒体产业的市场占有率不断上升,并吸引到更多的流量和受众群体,同时聚焦于5G融媒体产业相关的投融资活动也呈现增长态势。从2016年至今,融媒体板块的发债、投融资事件等已经超过200多起,5G融媒体产业的融资情况每年都在好转。

一是从5G融媒体产业的用户规模来看,据中国商业产业研究院大数据库数据,截至2021年6月末,三家基础电信企业的移动电话用户数量达16.14亿户,比上年末净增1985万户,其中5G智能手机终端连接数达3.65亿户,比上年末净增1.66亿户。③ 随着技术发展推动媒介融合的深化,使用智能手机用户数量的增加一定程度上也能够说明5G融媒体应用相关的用户也在增长,这将进一步助推5G融媒体产业的变革和创新。未来相关行业的类型将会越来越丰富,包括但不限于车联网、智能IoT、虚拟现实多媒体平台、全宇宙概念游戏、全景式虚拟社交平台、车联网、智慧城市、AI+医疗、智慧文旅等,随着用户规模的不断扩大,融媒体产业的规模和影响力也在不断提

———————————

① 《〈中国5G发展和经济社会影响白皮书(2021年)〉发布》,搜狐网,2021年12月6日,https://www.sohu.com/a/506022790_123753。
② 《5G经济社会影响白皮书》,中国信息通信研究院,2017。
③ 《〈中国互联网络发展状况统计报告〉发布我国5G规模实现全球领先》,《新京报》2021年8月27日,https://www.bjnews.com.cn/detail/163004755314468.html。

高，同时行业竞争呈现白热化趋势。另外 5G 融媒体产业的发展也将带动其上下游产业链的投资热潮，一方面，5G 推动注意力经济的发展，以短视频直播、虚拟现实等为代表的相关衍生品及其应用，都在为用户带来全新的感官体验，并促进新消费的发展；另一方面，以 5G 为核心的相关基础设施建设迎来了新的工业互联网时代，带动智能化生产、车联网等领域的发展，为 5G 融媒体产业带来新兴市场和发展空间。由此看来，5G 融媒体产业领域的用户数量会持续增加，规模扩张速度会不断加快。

二是从 5G 融媒体产业的资本投入规模来看，5G 推动融媒体产业深度融合，用户群体在不断扩大，产业规模也在加速扩张。融媒体产业的发展趋势引起了投融资市场的高度关注，受众规模的扩大吸引了资本流量的注入。投融资的布局走向也反映了当下社会的热门行业和产业未来的发展趋势，因此相关上下游产业链在不断完善的同时，也推进了中小企业的创新。通过多方兼并收购、股权转让、资产配置、风险投资、上市融资等方式，推进了 5G 融媒体产业的资本发展，其中也包括一些传统媒体、民营融资机构、国企央企的入局，为 5G 融媒体产业的发展提供了大量的人才、资金、物力等资源和保障。从投资基金规模来看，当下 5G 产业相关的基金规模已经超过千亿元，市场化投资正在往 5G 融媒体产业相关的方向靠拢。同时创投圈参与 5G 产业相关赛道的趋势明显上升，预估在未来5～10 年 5G 会成为产业基金投资的热门主题，这将为 5G 融媒体产业的发展提供雄厚的资本，表 2 为部分 5G 产业基金设立情况。

表 2 部分 5G 产业基金设立情况

单位：亿元

基金名称	基金目标规模	参与方
国家集成电路产业投资基金 Ⅱ 期	2000	中央财政、保险投资基金、中国移动、国开金融、华芯投资
5G 联合创新产业基金	300	中国移动
湖南 5G 物联网产业基金	150	湖南湘江集团、中盈投资
中国电信与智慧互联产业基金	100	中国电信、中网投、前海方舟

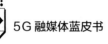

续表

基金名称	基金目标规模	参与方
北京市5G产业基金	50	亦庄国投、科创基金、中国建投
中国信科5G产业投资基金	50	中国信科集团、长江产业基金
浙江省5G产业基金	20	萧山区人民政府、5G研究院、容亿投资、浙江火炬中心

资料来源:《把握5G,场景制胜——中国5G产业发展与投资报告》。

总体来看,对5G板块的投资规模呈上升趋势,行业发展门类也呈现细分态势。IHS Markit在《后疫情时代的5G经济——5G在新冠肺炎疫情后世界经济中的作用》一文中对2020~2035年全球5G相关投资的平均预测比2019年同期预测高出10.8%。IHS Markit估计,到2035年,仅5G价值链就将推动3.8万亿美元的经济产出并提供2280万个工作岗位。事实上,在2020年的研究中,世界其他地区在5G价值链中的份额预计将比2019年的研究预测低1430亿美元(从7570亿美元到6140亿美元),与此同时,预测到了2035年,中国在5G价值链中的份额将比2019年预测的1.1万亿美元高出约4000亿美元,达到1.5万亿美元。[①]

当下资本市场投入5G融媒体领域的势头正盛,且5G相关融媒体行业正在全球范围内创造较高的价值和更宽广的利润空间,其商业模式也逐渐成熟并受到市场的考验。随着5G的发展,融媒体领域相关垂直细分行业也会吸引创投资本的入驻,随着行业监管的完善和制度的改革,5G融媒体领域将越来越受到资本市场的青睐。

三是从上下游产业链的发展规模来看,5G融媒体的发展带动了整个融媒体产业链的发展。融媒体产业链上游以5G设备为主,如基站射频、路由器、交换机、整机等通信设备制造业。在5G商用初期,运营商大规模开展

---

① "The 5G Economy in a Post – COVID – 19 Era, The role of 5G in a Post-pardemic World Economy," November 2020, https://www.qualcomm.com/media/documents/files/the – 5g – economy – in – a – post – covid – 19 – era – executive – report. pdf.

网络建设，5G 网络设备投资带来的设备制造商收入将成为 5G 直接经济产出的主要来源，预计 2020 年，网络设备和终端设备收入合计约 4500 亿元，占直接经济总产出的 94%。[①] 因此，在未来产业链上游的通信相关产业将会具有更强的创新力，并能推动相关衍生行业的发展。融媒体产业链的中游主要为网络建设、网络运维等，5G 在融媒体领域的广泛应用，对于平台的相关传播效率和技术有更严格的要求，从而促进了融媒体应用平台的革新。未来，融媒体应用端也将为更多的用户提供精细化服务，技术的融合将更加深入，并借助 AI、深度机器学习、云平台、大数据等产业赋能，不断更新和完善传播方式，拓宽传播的信息渠道，构造一个可视化、参与度高的全媒体时代。5G 融媒体产业链下游主要为相关产业垂直领域的开发以及智能化场景的应用，如影视行业、动画行业、创意行业、云 VR、智能制造、车联网、物联网、智慧城市、电子信息等行业的发展，5G 在应用场景的商业化正在成为现实，相关商业模式逐步构建和成熟。5G 在下游产业链的商业合作包括以服务端、运营端、需求端为主的三种模式，同时行业龙头企业也在加速融入 5G 融媒体行业。未来，技术的发展会刺激新一轮的消费需求，从而推动新兴消费模式的出现，特别是基于大数据和虚拟现实技术的应用，摆脱设备束缚形成新一轮产业链和消费模式都将成为现实。

七 市场盈利预判

融媒体产业的发展离不开 5G 相关通信技术的运用，5G 的发展迅速推进了融媒体产业的全新布局。全媒体生态的搭建促进融媒体行业的发展与融合，融媒体将传统产业和新兴产业的优点有效结合，5G 融媒体产业的发展趋向小众化、个性化以及细分化，融媒体发展的特点也使市场盈利模式更加多样化。虽然未来 5G 融媒体产业拥有广阔的前景，但是 5G 融媒体新兴产

[①] 《〔最新〕2020 年中国新基建 5G 产业链全景图深度分析汇总（附 5G 产业链完整企业名单）》，前瞻网，2020 年 5 月 14 日，https://www.qianzhan.com/analyst/detail/220/200514 - 8cfd5a0c.html。

业发展模式以及市场运营模式尚未成熟，仍处于探索阶段，未形成标准化的市场盈利模式和收费渠道，政府相关法律法规还未完善，仍需要随着相关产业的发展而不断进行调整。

基于融媒体 5G 产业的特性，相关创投公司在投资时也考虑内容 IP、版权等方面的风险因素，这些因素在融媒体产业投融资过程中起到关键作用，因此也影响着市场盈利模式的变化。从投融资市场的角度来说，5G 融媒体产业的发展主要包括两个方面，一是聚焦 5G 发展的新兴传播媒介和渠道，包括虚拟社交平台、短视频平台、媒介客户端等，二是聚焦通信技术的发展衍生出的新兴行业形态，比如虚拟现实技术的应用、物联网、工业互联网、智慧城市等。当下 5G 的发展势头带来了社会整个产业的革新，并不断涌现基于新技术的创新型产业，因此创业投资方在产业创新浪潮的背景下，将会在新型产业中寻找新的经济增长点，5G 的发展为融媒体产业进行并购重组带来新的机会，随之而来的是产业模式和运营的创新与改变，这也正为 TMT 行业的融合，为资本市场带来新的注资机会。

5G 网络建设是全球未来 5 年内信息领域最重要的基础建设项目，中国 5G 网络建设投资额累计将达到 1.2 万亿元，带动全产业链和相关新应用增量投资价值强劲增长。[①] 新技术的发展使传统产业逐渐被新兴融媒体产业所超越，融媒体产业的发展也为传统产业的转型升级提供了空间，并为资本市场的发展提供了更多的市场盈利机遇。边缘云、大数据、AI、物联网的应用，能够带动融媒体应用相关产业的内容、传播渠道的优化升级，赋予其更高的资本价值和成长空间。

正如科技带来了多元化的商业模式，融媒体应用相关产业的盈利模式也是多样化的，如通过广告营销获得的盈利、知识付费、与通信运营商合作的附加增值盈利、自媒体盈利、线上与线下结合的盈利模式等。融媒体产业的

---

① 《债市专题研究报告：5G 产业链可转债全梳理与重点个券盘点》，新浪财经，2021 年 9 月 11 日，http：//stock. finance. sina. com. cn/stock/go. php/vReport_ Show/kind/lastest/rptid/653 130240401/index. phtml。

未来盈利方式主要为以下四种。

第一，通过内容盈利。当下资本市场比较关注的短视频以及影视文创领域主要依靠制作高质量的内容和作品来盈利。近年来随着知识付费平台的兴起，碎片化逐渐成为融媒体时代的一大特点，在教育、文娱、科普、游戏等领域的内容通过融媒体渠道进行分发传播，人们在虚拟产业的消费也逐渐成为日常支出的组成部分，因此互联网用户形成了为网络平台的资源和信息付费的习惯，这就为内容供应商提供了巨大的利益空间，并衍生了多元化的线上内容付费模式。未来高质量的传播内容将是决定媒体产业盈利和可持续发展的关键。

第二，通过广告盈利。广告是传媒产业利润的重要来源，也是能够成功将流量变现的主要盈利方式。在未来 5G 融媒体发展过程中，广告的营销方式更是成为融媒体产业被资本市场青睐的核心要素。随着 5G 的发展，融媒体相关应用交互式、沉浸式的特征会越来越明显。未来的广告盈利模式将根据技术的发展得到不断的调整，不局限于传播形式，自媒体广告营销也会成为 5G 融媒体相关产业的主要盈利模式之一。

第三，通过渠道盈利。融媒体产业在未来的发展基于无线通信技术的进步，同时无线通信运营商的发展和运营模式也影响融媒体相关应用在受众群体中的普及程度和传播广度。未来会探索出一种与无线通信运营商合作的盈利模式，把融媒体相关应用的运营模式和营销方式与运营商绑定，增加相关产品附加值，实现上下游产业链的一体化发展。未来也会有更多创意型作品和 IP 被开发，以品牌为主体的融媒体产业将占据市场的主要流量，去成本化和模式化将是发展的主要趋势，能够更直观地形成扁平化的盈利模式，减少中间环节，实现点对点渠道资源的对接。

第四，通过与传统媒体合作盈利。对新技术发展衍生的相关应用和产业来说，与传统媒体的合作也是获得流量的重要方式。传统媒体用户基数大，拥有大量的下沉用户，这是新兴媒体所不具备的优势。未来如果想在短时间内获得大流量以及开拓传播的渠道还需要与传统媒体进行

有效合作。5G 时代，国家的相关政策也利好融媒体产业的发展，传统媒体具有更强的凝聚力，能够在短时间调集大量人力、物力以及财力，因此与传统媒体的合作能够对资源进行集约利用，方便开发相关衍生行业和内容 IP。

B.9
中国5G融媒体应用发展影响因素分析

周 轩 和 纳*

摘 要： 5G的发展为媒介构建了多元化的表现形式和高度融合的传播矩阵，并渗透到5G融媒体产业化发展的各个方面。本报告从内容、渠道、平台、经营、管理五个核心层面展开，进一步剖析影响中国5G融媒体应用发展的因素，结合5G融媒体相关应用加速搭建智能化、数字化全媒体生态的发展趋势，提出加快5G融媒体应用相关产业的协同联动、推动数字化转型升级、加强全媒体人才建设、搭建扁平化的组织管理体系、完善智能化政务系统等方面的对策和建议。

关键词： 5G 融媒体应用 产业化

一 内容层面

（一）5G融媒体应用内容的原创性

第一，5G的普及和网络的全覆盖，推动了融媒体技术的变革以及传播方式的进步。技术是媒体融合与发展的手段，产出高质量的媒介内容才是最

---

* 周轩，中国传媒大学艺术学部戏剧影视学院广播电视艺术学博士研究生，主要研究方向为戏剧电影与电视艺术、网络综艺、网络文化安全等；和纳，中国传媒大学媒体融合与传播国家重点实验室科研助理，主要研究方向为5G融媒体传播与发展趋势、文创产业数字化、智能传播等。

终目的。媒介作品的市场化程度基于受众对于作品的认可程度，因此优质媒介作品才是能够吸引受众的关键。在 5G 媒介融合的大环境下，持续性地提供原创性内容以及富有创新性的呈现方式，才是新时代融媒体发展的突破口。虽然 5G 的发展为媒介构建了多元化的表现形式和高度融合的传播矩阵，但是原创性、创新性、有深度的媒介传播内容，才是推动行业深度融合的内在动力，基于此类媒介传播内容才能够从容应对融媒体行业变革。

高速信息化的时代，内容是推进融媒体发展的根本，是注意力时代的核心竞争力，也是构成 5G 融媒体发展的内核要素。融媒体时代具有高度的包容性，同时媒介技术的发展也导致融媒体产业竞争白热化以及同质化现象严重，通过搭载技术以及传播渠道，可以改变媒介作品的呈现方式，但是从本质来看，内容才是融媒体产业的"常青藤"。中国传统媒体在融媒体时代更需要提升作品的质量，在搭载 5G 快车的同时，更要靠优质核心内容吸引下沉受众，提高新闻作品的采编策划能力，并深刻挖掘社会话题和作品，让作品题材走进人民群众，贴近生活现实，积极发扬主流媒体的竞争优势。在传播实践中，内容生产永远处于整个传媒产业链和价值链的中上游位置，占据了内容优势地位的媒体，往往能够凭借优质内容在媒体竞争中立于不败之地。①

第二，技术的高速发展带动了 5G 融媒体应用相关产业的创新，并带来了全新的产品体验。5G 与 AI 等技术的深度融合，带动了智能化应用场景的发展，并涵盖物联网、智能化制造业、智能化生产、智能供应链等产业领域的方方面面，促进企业向智能化、数字化方向转型。在 5G 网络技术环境下，视频直播主播与用户能够高度互动。低时延、高速率的 5G 视频传播技术得到广泛的应用。5G 也在推动"智能化 + 制造业"的发展，如 5G 推动工厂无人化进程，通过终端控制相关 AI 系统操作，从而极大地降低了人员管理成本；5G 推进了智能工厂的自动化，人机协作的智能化场景将会得到普及与应用。

相较于传统的通信技术，5G 自身的显著优势使智能化场景成为现实，特别是伴随深度机器学习和机器视觉的发展，工业发展 2.0 逐渐向智能工业

① 邹海涛：《对融媒体时代"内容为王"的思考》，《今传媒》2017 年第 11 期。

化发展，并被广泛应用于自动化领域和行业中，如无人驾驶、智能安检、智能购物、智能医疗等方面，迎来了工业互联网时代高速发展的黄金期。

第三，5G 的发展为数字产业转型带来了新机遇。5G 融媒体应用将会不断涌向新领域，并创造出新的用户需求和市场环境。

通信技术的发展在颠覆媒介传播形态的同时，也在改变着产业发展的内容和方向，传统文化产业的数字化转型成为 5G 融媒体生态系统中的一大特征和发展趋势。5G 在与 VR/AR、人工智能等技术的深度融合下，为文化产业提供了更深刻的联结与创新动力。随着用户在移动终端的体验不断加深，未来脱离终端设备、全面实现云端体验的趋势逐渐凸显。

第四，从文化消费领域的角度来看，5G 的发展激发了新的活力，促进了消费市场供需侧的改革，并带动了文化消费领域的转型升级。文化消费领域的个性化和定制化趋势也在改变着用户的消费模式和观念，提高了文化生产的效率，促进了跨文化、跨族群、跨空间的艺术文化交流。"去中心化、高度共享、个性化"的融媒体内容将成为未来发展重点，并对 5G 融媒体应用产生深刻影响。

（二）5G 融媒体应用场景的多元化

5G 融媒体的发展重塑了传媒新格局，同时也在改变着融媒体产品的产出方式。近几年的媒介呈现形式变得更加多元化，如网络直播 + VR、沉浸式新闻等已经被广泛应用于融媒体领域，5G 在给社会生活带来方便、快捷的同时，也在改变着融媒体的传播生态，颠覆着传统的传媒产业链，衍生了新的生产方式和表现形式。

5G 的影响力从央媒逐渐渗透到省、市、县级媒体平台，各级媒体平台顺应 5G 融媒体的发展趋势，不断优化移动客户端的功能，弥补技术漏洞，在此过程中探索与新媒体融合的有效衔接机制和路径，促进受众积极参与全媒介融合。如上海广电打造 Xnews 全媒体融合生产平台，浙江广电着力做强"中国蓝新闻""中国蓝 TV"，湖南广电构建芒果 TV 生态矩阵，江苏广电立足"荔枝云"平台和"调度指挥中心"，北京广电统一新媒体出口资

源，山东广电成立融媒体资讯中心，河南大象融媒着力打造融媒体"新闻岛"等①，都是传统媒体顺应 5G 融媒体发展趋势做出的改变和创新，进一步助推了融媒体格局的完善和成熟。

随着 5G 的发展，5G 融媒体应用场景向着多元化、立体化、交互化、智能化的方向转变，用户的需求随着 5G 融媒体相关应用的更新不断变化，由此也刺激了垂直和细分领域的应用发展。5G 融媒体应用场景丰富，涉及教育、基建、传媒、文旅、工业、医药等多个领域。随着 5G 商用的推广，会涌现更多应用场景。如在教育领域，5G 赋能智慧教育的发展，以"AI"为核心，促进智慧型学习平台、综合智能教学场景的搭建，5G 在教学资源、教学行政、人才培养等环节的应用不断加速，逐渐形成以学生和教师为主体的智能化、交互化、数字化的新型教育体系。

（三）内容创作形式的智能化和数字化

5G 与人工智能、云计算、深度机器学习以及大数据等技术的融合，在融媒体领域得到更深层次的应用。2019 年 1 月 25 日，中共中央政治局就全媒体时代和媒体融合发展展开第十二次集体学习，习近平总书记强调，"全媒体不断发展，出现了全程媒体、全息媒体、全员媒体、全效媒体，信息无处不在、无所不及、无人不用，导致舆论生态、媒体格局、传播方式发生深刻变化，新闻舆论工作面临新的挑战"。② 媒介的融合程度受通信技术水平的影响，中国的媒体融合也在经历着不同的阶段，并带动其他行业进行跨界联动，全球跨文化传播的藩篱也因为 5G 等新技术被打破，跨时空传播、跨地域传播成为一大趋势和方向。受众对于世界的认知也在不断更新，并推动融媒体生态在未来构建更广阔的想象空间和传播格局。

5G 的发展加速整个融媒体应用产业的落地，政策利好和行业发展赛道的拓宽，使得内容呈现形式日益智能化和数字化。从 5G 的技术创新角度来

---

① 《〈2019 广电媒体融合调研报告〉（精华版）发布》，《传媒内参》2018 年 8 月 12 日，https：//lmtw.com/mzw/content/detail/id/173891。
② 张明新、常明芝：《5G 应用背景下媒体融合发展的前景》，《新闻爱好者》2019 年第 8 期。

看，一是边缘计算的普及和应用，带来高速的宽带体验和极致的用户体验，并能够同时横跨 IT/OT/CT 等多个领域，实现联动发展，促进不同行业间资源的整合，推进在智慧零售、智慧交通、智慧课堂、智慧社区、智慧物流等场景的应用。二是通过 5G 与 VR/AR 技术的结合，克服了 4G 时代网络渲染技术差、成本高的难题，有效减少数据传输的消耗，给用户带来更立体的场景体验，加速了在游戏、文娱、IOT 等领域的应用。

网络建构的多元化是 5G 网络的重要组成部分，5G 网络切片技术是实现这一多元化建构的不可或缺的办法。5G 网络切片技术的价值逐渐显现，在智能电网领域，5G 网络切片技术促进电网系统向智能化、数字化、无人化方向发展，并能够更好地满足电网系统对于时延、网络速度的要求。在智能警务系统领域，5G 网络切片技术可以为警务系统多媒体生态提供更加安全、便捷的移动网络服务，有效推进警务系统的数字化转型，巩固警务巡防系统，防止特殊情况下警务系统崩溃。在智能制造领域，5G 的 SA 网络可以通过视频质检、AR 远程指导、远程控制、设备信息采集等方式助力智能化生产。工业生产流程涉及企业的核心机密，工厂数据加密需求大。精度要求高的工序环节对时延和网络可靠性要求高，需要对大流量数据进行即时分析、处理。5G 网络切片技术的应用可以更有效保障企业的安全。[①] 在融媒体直播领域，5G 网络切片技术满足了媒体与用户实时互动的需求，并能够快速应用于大型场景和赛事，解决直播画质差、高时延的问题，也能提升游戏体验感，被广泛应用于大型游戏场景，减少游戏卡顿等现象，为用户带来流畅的体验。

（四）发挥主流媒体"把关人"的作用

随着全媒体时代的到来，自媒体舆论的影响力不断加深，传统媒体在舆论场的主导地位受到挑战。由于自媒体存在的不规范性和自身专业欠缺等问题，更需要主流媒体在融媒体生态体系中发挥主心骨的作用，积极引导社会舆论的健康发展。同时主流媒体建立起的规范化新闻采编机制和审核程序，

---

① 《浅谈 5G 网络切片的商业应用》，https：//cloud. tencent. com/developer/article/1663956。

是自媒体所无法比拟的。在5G融媒体时代，主流媒体更应该顺应技术发展的大趋势，提高管理队伍的素质，提升对于舆论环境的"把关"能力，保障新闻作品的高质量和专业性。

融合媒体的形态是多元化的，也为舆论的传播和发展带来了更多互动和讨论的空间。新媒体相较于传统媒体有更强的适应能力，通过高速发展的通信技术，能够吸引更多的受众和群体参与议题讨论，促进公众对于社会议题和观点的讨论。同时，传统媒体与新媒体相比，有丰富的资源整合能力和舆情危机应对能力。媒介资源整合是5G融媒体技术未来发展的必然结果，技术的发展能够逐渐打破媒介壁垒和消除地域差异。以主流媒体为引导，积极搭建综合型的媒介集团，为高质量新闻作品的产出和分发保驾护航。

以内容为核心的传媒产业更需要遵循新闻传播的发展规律并顺应时代发展的趋势，传播技术的发展提供了开放式的信息空间和更加自由的舆论环境，信息传播和生产的门槛在降低，同时信息生产者和接收者具有双向传播性，媒介秩序混乱和道德失衡的现象时有发生。媒介的影响力已经渗透到社会生活的方方面面，随着传播技术的发展和5G融媒体应用的推广，对于新闻伦理失范现象应该加以约束，并建立和完善适应融媒体生态系统的新闻道德规范机制。要加强对融媒体环境下的媒介秩序的有序构建，提升对于网络舆论传播的监督，建立完整规范的网络新媒体传播体系。要强化对于媒介伦理道德相关知识的普及，惩处不良利益集团和违法行为，承担起主流媒体的社会责任，并加强对网络媒体环境的监督，净化网络环境，监督不良传播行为，谴责媒介道德失衡行为，严格遵守网络信息传播的相关法律法规。

二　渠道层面

（一）渠道开放提高信息沟通效率，提升资源整合能力

自媒体渠道的爆发式增长打破了传统媒体的垄断，颠覆了传统信息资源

的垄断性和封闭性的局面，开拓了信息传播的途径。信息传播的介质在不断增加，渠道的增设为信息的高速传播奠定了坚实的基础，渠道融合程度和发展方式都在影响着融媒体业态的发展，5G的出现拓宽了媒体传播的渠道，传统产业链在技术的助推下不断优化升级，并顺应智能化、信息化的发展大潮，跨界联动成为融媒体时代的一大特征。

随着传播渠道的扩张，融媒体的信息来源更加广泛，信息资源的整合能力得到前所未有的提升，传播生态中以"两微一端"为主要传播阵地的局面也在被新的媒体业态打破。传统媒体通过媒介渠道的增设和开放也扩大了其影响力范围，新媒体通过媒介渠道的融合有效降低其运营成本，整体利润空间有所提升。在信息爆炸的时代，也存在多元化渠道与信息不能有效对接的问题。多渠道的融合对于受众来说，一方面，意味着有更加多元的选择；另一方面，也意味着受众在获取信息的时候易存在信息渠道接收混乱、不能及时获取有效信息等问题，从而导致渠道上中下游信息沟通的难度增大。对此需要更强大的信息资源整合能力，通过不同层级的渠道之间的有效联结，促进信息沟通渠道关系的转变，提升对于信息传播的共情感和认同感。

（二）渠道开放促进信息共享，打破空间的局限性

传统媒体与新媒体的融合是5G融媒体发展的必然趋势，且在新兴市场环境中存在竞争与合作共存的现象，但当下市场环境尚未成熟，尚未形成一套完整的媒介融合体系。与传统媒体时代相比，媒介渠道的开放与融合能够迅速集合信息资源，形成全新的融媒体渠道，打造更具开放性的内容、舆论传播环境，逐渐缩小地域的差距以及时间的差异，为网络用户规模和市场的发展带来机遇。

因此，基于更加多元的媒体渠道，媒介融合的趋势不断加速，传统纸媒、电视台、广播、互联网、"两微一端"等多媒介的融合和联动协作将是未来5G融媒体时代的常态。内容的采编、收集、传播、分发环节将会逐渐摆脱传统媒介的冗杂和僵化困境，朝着精简化、扁平化的方向发展。基于高

度共享和开放的信息传播空间，多元化的渠道也加速了信息的分裂式传播，并有利于增强媒介融合的黏性，实现新旧媒介资源的优势互补。5G融媒体应用时代，受众对于信息的接受程度更高，也具有更多的自主选择权，5G的飞速发展为信息共享化和透明化提供了有力的支撑，有利于融媒体资源的二次整合，发展从点到面的网状式融媒体产业链。

从宏观角度来看，媒介融合渠道的拓宽促进了媒介形态在产业结构、技术共享、媒介资源共享等方面的互利互通。一方面，通过与大数据、人工智能、云平台的有效结合，可以快速提高融媒体应用的生产效率，促进数据的整理和收集，并带动移动通信行业的发展，推动融媒体应用场景向着交互化、移动化、社交化方向发展，促进传统融媒体产业与新兴融媒体产业相结合；另一方面，媒介融合渠道的开放也带动了信息传播方式的变革，打破了传播的垄断性和单向性局面，加速了信息的传递和接收的进程，并呈现双向互动特点。

从微观角度来看，媒介渠道的发展对于5G融媒体应用的影响表现在传播媒体信息、跨界合作媒介资源、整合传媒资本市场、兼容平台应用等方面。媒介渠道的开放促进媒体和用户的互动，使媒介以更加智能化的方式融入各个产业，并应用于不同的数字化场景，推动了媒介应用的扁平化和简洁化发展，为受众提供了丰富的信息资源和多元的体验。

（三）渠道多元化助推5G融媒体产业跨界联合

随着技术的发展，媒介融合渠道的多元化助推融媒体衍生产业的迅速发展，渠道的融合不仅仅局限于技术形态，也存在于产业层面、内容层面、形式层面、场景层面，5G融媒体已经不再拘泥于传媒生态系统，而是逐渐渗透到数字化、智能化产业，例如智能物联网、智慧交通、智慧文旅等场景，并形成以用户为核心的万物互联、全方位互通的融媒体生态体系。工业互联网时代的到来，5G融媒体应用渗透到产业供应链的上下游是多元化渠道发展的必然结果，也是未来发展的核心方向，通过以点到面的方式，5G融媒体的渠道不断拓宽，对于整个生产行业起到辐射作用，促进着产业结构的转型升级以及跨行业的联合发展。

（四）渠道多元化发展成为支撑融媒体产业智能化、物联化发展的关键

5G的发展带动了整个通信技术行业的变革，5G基础设施不断完善，支撑社会融媒体产业向着智能化、互联化的方向发展。从纵向角度来看，5G撬动融媒体产业链上中下游的发展：上游的基站建设和通信工程基础设施的完善，促进了底层网络部署的搭建，为融媒体应用相关产业的发展提供强大的技术支持和保障；中游推动融媒体应用的网络主设备和运维架构的搭建，促进融媒体应用的渠道扩张；下游带动5G融媒体相关产业的发展以及应用于不同的智慧场景和终端设备的相关衍生开发。

从横向来看，5G融媒体应用通过渠道的搭建与大数据、人工智能、边缘云等技术的结合，促进全行业的数字化转型升级。渠道的多元化推动着5G融媒体产业的变革，随着新兴融媒体产业的涌现，用户不断释放新的消费需求，并带动融媒体应用的消费升级。融媒时代，5G应用遍布行业发展的方方面面，融媒体渠道的多元化应用也促进了智能化场景的发展，为新的消费产业发展带来前所未有的机遇和挑战。

一方面，5G融媒体渠道的不断发展改变着消费者的消费观念，促进融媒时代新零售业态的发展，使新零售在未来能够有效结合5G，实现线上线下的互联互通，并推动产品和消费者的直接对接，使未来融媒体应用能够基于智能化和数字化的角度思考消费新业态和发展方向。数字建模和智能化应用在消费场景中将得到更广泛的应用和普及，形成以消费者为核心的融媒体应用消费产业链，真正实现以用户为核心、以数据为驱动的5G融媒体业态。

另一方面，融媒体应用渠道的裂变式发展，在促进信息产业消费的同时也在拉动内需。5G的发展有效带动用户需求的增长，为信息消费市场带来新的蓝海，用户消费小众化、个性化、差异化的特点凸显。5G融媒体渠道的发展拉近了消费者和融媒体应用产品的距离，赋予新文化产业发展全新的应用场景。

三 平台层面

首先，融媒体平台的强交互属性和社交属性加速融媒体产业生态圈的形成，有效推动融媒体产业的跨界发展。5G 的发展在原有 4G 通信产业的基础上，进一步加深基于网络平台的互动，包括从内容到形式、人机交互与协作等，能够有效搭建与用户的联结，满足用户在融媒体平台的参与感。5G 云 XR（扩展现实）空间计算的应用使 ITO 产业具有更强大的交互性，并呈现强联结状态。XR 是指通过计算机技术和可穿戴设备产生的一个真实与虚拟组合的、可人机交互的环境，包括 VR、AR、MR 等多种形式。在 5G 和云计算技术的双重加持下，XR 产业正在快速发展。①

5G 与相关技术的深度融合在工业互联网、物联网、智慧城市等领域受到广泛的关注，同时充分放大基于虚拟端和现实端的强社交属性，促进融媒体产业的资源共享和信息对接。一方面，云计算和边缘云平台的发展促进了数字空间的高速发展，通过空间计算和数据收集，能够在短时间内分析不同智慧应用场景的模式和形态，并加速对数据和人工智能的洞察，优化共同协作流程，促进跨领域融媒体产业合作，加速融媒体产业赛道进程，吸引头部资本的流入。另一方面，基于平台虚拟现实技术的应用是改变融媒体应用产品形态的关键。通信行业的发展带动媒介形态不断发生变化，信息的接收方式也随着媒介形态的变化呈现多元化、差异化的特点，并带有明显的时代特征，5G 的发展将 VR/AR 技术在融媒体领域的融合带到了新的高度，现实和虚拟端的边界在消解。云端空间应用和数据库有效联结了现实应用场景，现实与虚拟化的融媒体形态在不断重叠，世界的维度变得更加立体，由此形成开源、扁平、交互性

---

① 《5G 云 XR 空间计算，重塑信息交互形态》，中兴通讯网，2021 年 5 月 26 日，https：//www.zte.com.cn/china/about/magazine/zte‐technologies/2021/5‐cn/4/5.html。

的四维空间。此外，5G与相关技术的深度融合降低了信息沟通成本，促进了信息生产效率的提高，打破了地域、时空的局限性，打破了传统产业封闭性的藩篱。同时也加速了社会数字化和信息化进程，推动了新兴产业生态和行业应用的繁荣与发展。

其次，5G产业服务平台的资源对接和行业整合能够更好地满足5G融媒体产业发展的需求，促进融媒体产业的纵深合作与发展。5G具有低延时、广覆盖和大连接等显著特征，智慧化和数字化将是未来社会发展的常态，5G融媒体应用具有广阔的前景，通信技术的革新重新塑造了新兴业态环境，同时传统产业面对5G的冲击也出现了很多亟待解决的问题。在5G高速发展的今天，5G通信运营商之间也存在显著的差异。新冠肺炎疫情的突袭而至更加激化了融媒体产业存在的矛盾和问题，对于线上办公和数字化建设的需求在新冠肺炎疫情防控常态化背景下不断增加。

同时"信息孤岛"的存在成为阻碍融媒体产业发展的主要因素。通过推动传统融媒体平台适应新兴技术环境，加速了5G融媒体产业的融合进程，5G融媒体服务平台的重要性日益凸显。平台搭建的标准化和个性化需求是5G融媒体产业发展的关键，不同融媒体行业之间存在较大的沟通成本和行业壁垒，需要平台搭建良性合作关系，缩小融媒体行业发展的差距。

5G为实体经济与智慧云、人工智能的深度融合搭建了坚实基础，5G本身的显著特征，使之成为促进智能化城市和融媒应用发展的强大助推力，满足了实体经济在智能领域探索和转型的强大需求，为融媒体产业发展注入了新的活力，并提供了强有力的技术支持。

由此可见，"数字化+智能化"的模式对未来融媒体应用的商业模式和产业延伸产生了深刻的影响。未来随着技术的发展将会开拓更多智慧化场景，如在医疗领域，人工智能在提高疾病诊断等方面具有天然的优势；在家居领域，人工智能实现了传统家电智能化；同时在家庭安全、健康医疗、智慧娱乐、环境监测、能源管理等领域可以实现智能应用的互联互通；在农业

领域，人工智能能够很好地预测农产品的需求，提升农产品整体的生产效率，确保农产品品质的安全以及能够建立智能化的农业生产服务体系。① 推进平台的综合化服务以及行业的整合能够更好满足5G融媒体产业的发展，并促进跨时空、跨区域的产业融合。

最后，5G融媒体平台对新兴产业的孵化和落地能力是助推5G融媒体产业智能化、数字化转型升级的关键。车联网、智能制造、全球物流跟踪系统、智能农业、市政抄表、云游戏等，是融媒体在垂直行业的首要切入领域，也将在5G时代蓬勃发展。② 通过5G产业衍生的一系列智能应用场景和数字化空间，也助推了5G融媒体产业平台的发展和转型升级。

5G产业的下游产业链有较为全面的细分市场，且存在有待开发的众多垂直领域，行业竞争格局呈现分散化发展状态。一方面，平台对于5G融媒体产业的孵化要根据行业细分以及区域确定发展方向，优先支持发展周期成熟的优势产业，带动新兴产业的发展，并实现5G融媒体应用的市场价值和社会价值，推动新技术与传统产业结合，实现联动创新。另一方面，在推动新兴产业孵化和落地的同时，内容层面和模式层面的商业设计也为整个产业的发展创新提供了新的动力。要在遵循商业社会发展基本规律的基础上，不断总结社会发展经验，并在实践中验证适应于不同产业的运营模式，从中提炼完整的产业发展解决方案，避免盲目的扩张和投入。在这样的综合环境下，平台的可持续发展和综合能力是整个融媒产业占据未来产业风口的助推器。

四 经营层面

第一，资本市场的重组和市场增长潜力的释放对于5G融媒体应用发展具有导向性作用。5G的发展带动了融媒体产业的兴起，推动了中国新兴产

---

① 王方方：《人工智能与实体经济的深度融合》，《群言》2020年第4期，第25页。

② 《5G全产业链研究报告》，起点财经报告厅网，2021年1月14日，https：//www.baogaoting.com/info/25473。

业经济的发展，传统产业的发展在 5G 融媒体环境中面临着挑战和机遇并存的局面，同时受众对于信息市场的消费需求在不断升级，并推动着新一轮供需侧的改革。

当下 5G 渗透社会生活的方方面面，颠覆传统产业的发展模式和运营状态，5G 融媒体背景下的创新性应用和需求也助推着资本市场新风向的形成。一方面，从直接经营投资主体来看，5G 融媒体产业链的上中下游都随着资本市场的涌入为新兴融媒体产业带来巨大的利益空间和良好的发展前景。上游端聚焦 5G 相关基础设施以及零部件（包括如电缆光纤、传输设备、无线基站等）的投入生产，以国内生产商为主，其中射频器件 5G 基站与终端设备双轮驱动量价齐升，预计射频前端市场复合年均增长率（CAGR）为16%；天线市场国内厂商份额较高，行业集中度有望提升；PCB 基站与终端需求持续放量，产值稳中有升；光纤光缆受产能过剩影响，逐渐压缩利润空间；电信光模块未来两年为需求高峰期，CAGR 约为 7%。[①] 由此可见，未来在 5G 融媒体产业的上游端能为通信生产商带来较高的投入回报比，展现较为丰厚的利润空间，也吸引着资本的注入。中游端聚焦网络建设和运营的投资，运营商在中游端能够通过牌照门槛设置和流量垄断获得较为丰厚的收入。市场资本的重组和兼并主要集中在下游端，下游端集中了融媒体应用的多个产业链，如移动终端、VR/AR 应用、智慧城市、IOT 产业等，都是资本和风投市场青睐的新兴行业和领域，由此带动 5G 融媒体应用产业的快速增长。

另一方面，从间接经营投资方向来看，5G 融媒体产业衍生了一系列创新型和成长型行业，并带动相关垂直领域的发展，融入通信、电子、文旅、工业、互联网、文娱等行业的方方面面。传统产业与新兴融媒体产业的融合趋势在加速，同时带动着 5G 融媒体产业基金项目的增设和孵化器的建立，不断激发新市场的潜力，并加速全面智能化进程。

[①] 《债市专题研究报告：5G 产业链可转债全梳理与重点个券盘点》，新浪财经，2021 年 9 月 11 日，http://stock.finance.sina.com.cn/stock/go.php/vReport_Show/kind/lastest/rptid/653130240401/index.phtml。

第二，融媒体生态的发展路径和流程的创新是助推5G融媒体应用获取下沉市场流量的底层基础。一方面，5G融媒体应用的发展挑战着传统产业在经营管理层面的发展模式。传统产业信息资源封闭性和垄断性的特点，在5G的冲击下不断发生变化，并逐步向更加精炼的管理方向发展。特别是基于媒介资源大融合的时代，产业组织的发展路径和模式不断更新和转变。不断创新融媒体生态的发展路径也是助推5G融媒体应用推广的基础，且有助于实现融媒体应用之间的联合互动，形成平衡的生态系统和专业化的发展机制。

另一方面，在5G全媒体背景下，国内传统产业的发展也在自我革新。只有主动引进创新型的发展机制，并推进高效的协同合作流程，共享信息数据库，才能进一步提高社会生产率，促进媒介融合创新能力的提升。传统产业往往具备较为完善的基础系统和标准化的管理流程，但是层级化的管理方式并不适用于高速发展的信息时代，所以需要进行革新，积极应对快速发展的融媒体产业生态圈。同时传统产业具有资源配置优势，这是融媒体产业所缺乏的。通过更新融媒体产业的管理方式，也能够进一步打破行业壁垒，促进下沉市场资源开拓，扩大用户群体规模，发挥规模效应。

第三，传统媒介与新媒介的融合影响5G融媒体应用的普及程度和推广的深度。5G的发展对于视听行业的影响是颠覆性的，5G正是通过与人工智能、云计算等技术的深度融合，一方面引领以通信行业为首的高新技术行业进行革命性创新，并突破旧有4G通信技术的发展瓶颈，随之涌现更多综合性的融媒体平台应用；另一方面5G的发展也带动了整个传媒产业的转型升级，并影响整个行业的盈利模式和产业结构。

新旧媒介的融合在一定程度上影响5G融媒体应用的推广，传统媒介下的相关产业面对技术变革和转型存在一定的滞后性，并需要大量资源来支撑传统融媒体产业的产业结构调整以适应社会的快速变化。而5G背景下的融媒体产业具有高效性、互动性、强适应性的特点，但是相较于传统融媒体产业，缺乏标准化的运营管理机制和成熟的配套设施，因此只有当传统媒介和新媒介有效融合，加深在细分领域的合作，才能更有效促进5G融媒体应用的推广，并深刻影响5G相关融媒体产业的融合。

第四，行业生态和模式经营在5G融媒体应用的发展过程中需要长时间的探索。通信行业是当代社会发展的瞭望塔，也是助推融媒体产业发展的基础性行业，技术的发展与革新促进其呈现螺旋式上升发展。随着4G时代红利的消退，5G时代的到来助推整个行业市场盈率的提升。5G融媒体产业当下发展方兴未艾，整体行业生态和经营模式还有待探索。2019年6月6日，工业和信息化部向中国电信、中国移动、中国联通和中国广电发放了5G商用牌照，标志着我国正式进入5G商用时代。5G同大数据、人工智能和物联网等新兴技术共同形成的新能力，将对整个社会的智能交通、智慧城市等众多领域形成基础支撑。[①]

但是当下5G融媒体产业也存在所有新兴产业所面临的问题，首先，关于5G通信行业的全球统一标准尚未形成，这将会影响全球融媒体产业的发展态势。其次，5G融媒体相关衍生产业链的细分领域仍需完善，并且整体产业发展不均衡，不具备应对市场风险和需求的高适应性；相关产业链的生产薄弱环节会影响整个产业的发展速度，从而导致"木桶效应"。再次，中美贸易摩擦的加深会影响全球范围内的跨区域融媒产业协同发展，限制相关通信设备产业的进出口，进而影响整合融媒体产业链的搭建和铺设。最后，存在的产业分裂以及所面临的产业机构转型升级带来的巨大风险，由于当下不同国家和区域尚未形成统一的通信技术标准，运营商的趋利性会导致市场风险增加、产业分裂严重等问题。

五 管理层面

第一，构建系统化的管理模式是实现5G融媒体应用顶层设计有序发展的关键。习近平总书记在中央政治局第十二次集体学习时提出，在智媒体时代，要统筹处理好传统媒体和新兴媒体关系，坚持一体化发展方向，

---

① 郭晓蓓：《5G产业发展概况及投资建议》，《中国国情国力》2020年第4期，第9页。

通过流程优化、平台创新，实现信息内容、技术应用、管理手段的共融互通。①

5G融媒体时代的高速发展带动了产业的兴起和智能化社会的发展，制度的设计和实施往往存在滞后性，且旧有体制和相关运营管理存在体制僵化、缺少创新的弊端。因此构建统一标准化的管理模式是实现融媒体产业发展的基本保障，也是从传统产业迈向智媒体时代的必要手段。只有让5G融媒体应用步上法治的正轨，提高对信息数据库的有效利用，合法合规运用技术手段实现行业的整体发展，才有利于形成有序的发展格局。标准化的管理体系也促进了5G融媒体应用的良性发展，有利于解决行业发展的困境，为全媒时代的到来提供良好的条件和环境。系统化的管理模式也推进了5G融媒体时代对于技术的管控和信息安全隐私的保护，规范了相关数据和信息资源的管理，有利于形成健康的传播生态和融媒体产业链。

4G时代，通信行业的管理模式和设备管理仍具有较大的缺陷，通信运营商要花费大量的人力、物力、财力投入网络运维和设备管理。4G网络本身的缺陷限制了网络的覆盖，因此也出现了较高的投入产出比。而融媒体应用之间的管理模式参差不齐，特别是处于智媒生态的发展阶段，行业间的管理形态和方式存在较大的偏差。同时5G基站的建设还需要大量的时间和金钱成本，在原来基建条件的基础上，与相关通信设施的对接会有较大的难度，一定程度上阻碍了5G融媒体产业的发展进程。由于4G时代的通信网络完全过渡到5G时代还需要时间的沉淀，4G时代的通信基站建设不完整，相关企业的管理系统、管理水平以及管理模式仍存在较大的限制，5G相关应用产业难以落地。基于此，要提升管理观念，只有搭建起融合共通的管理机制和体系，通过5G集成企业管理的数据业务，落实到基于云计算的ERP管理平台，进行统一化、有序化地管理，才能够在现有基础上实现传统融媒

---

① 《学习习近平在中央政治局第十二次集体学习时重要讲话：推动媒体融合发展走深走实》，《理论导报》2019年第2期，第6页。

体产业与新技术的融合。通过高效、科学、智能化的云管理有效衔接技术的发展，5G融媒体产业才能真正走进人们的生活当中。

第二，加强对管理人才队伍的建设是促进5G融媒体生态能够可持续发展的动力。面对当前高速发展的通信技术，中国的智能化人才培养与科学技术的发展路径亟待解决。当下数字化社会转型、智能化城市发展的关键是满足复合型人才需求，特别是能够适应社会转型的数字复合型人才。

政府也在为推进相关数字复合型人才的培养出台全新的政策，并有效对接高校与新兴企业，填补就业需求的缺口，发展"产学研"相结合的高校培养体系。例如山东大学威海校区自2019年以来，在新型数据科学复合型人才方面进行了有益尝试，设立一个校级实验班，压缩了教学课时，取消大部分课程的闭卷考试，采用项目导向制进行教学和考核。本科教学设立若干个前沿完整的"工业互联网"和"智能物联网"科研项目。项目使用"端—管—云"智能互/物联网架构，微信小程序和物联网传感器作为"端"与用户交互或采集数据，设置Web网站、数据库和人工智能服务器，建设人工智能平台，进行数据存储、分析、预测和部署。[1] 这样的高校发展模式正在全国范围内普及。实践与理论的结合是高校教学计划的核心，这样的高校发展模式也能够不断打破旧有单一化的培养模式。

5G的技术难度和底层逻辑搭建的持续性，也对当下融媒体产业从业人员的综合要求有所提升，不仅仅需要信息（IT）和通信（CT）技术人才，也需要策划、运营、应用研究等方向的综合性人才。然而中国旧有的人才培养方案已不适用于当下，要迅速转变教育观念，形成能够快速适应智媒体时代的教育体系。同时形成适应"5G+数字型人才"培养的研究方案，推动行业人才的培养进程，完善人才培养标准，企业通过与高校协同合作，构建数字复合型人才培养基地，并从实体行业中挖掘优秀的实践型人才对在校学生进行培训，形成师徒制等教学模式。

---

① 郭亮：《5G时代的新型数据科学复合型人才培养模式初探》，重庆理工大学教学科学研究中心网，2020年8月27日，https://msrc.cqut.edu.cn/info/1013/1223.htm。

5G 融媒体蓝皮书

在 5G 融媒体环境中，人才的培养显得越来越重要。在推动社会经济发展、开拓新兴产业可持续发展方面有重要影响，因此打通高新企业与高校的资源对接，深度融合"产学研"是数字时代人才培养的重要途径，并能够有效联结 5G 融媒体时代人才培养的供给端，这样才能为搭建全新融媒体生态体系输送高质量人才。

第三，完善相关企业信息化的基础配套管理体系是搭建综合性融媒体平台的基础。目前基于 5G 发展的融媒体生态圈，相关融媒体应用企业也在积极转型升级，从产品模式、管理模式、商业发展模式、盈利模式四个方面进行智慧转型，并积极参与创新性的管理建设。但是由于 4G 网络时代遗留的体制积弊和问题，很大程度上影响着 5G 融媒体应用相关产业的创新能力和发展动力。一方面，企业相关设备和基础设施建设仍然以工业 2.0 时代的相关配套为主，实体行业的整体架构和基建与现代智慧云、5G 的融合还有待适应，同时成本的增加和相关人才的缺失是智慧融媒转型过程中的一大瓶颈。因此搭建完整的智媒生态圈还需要政府和相关运营商的支持，推动实体行业相关配套设备的更新。另一方面，目前还没有企业搭建起可以直接对接 5G 网络的构架系统，特别是相关行业衍生的垂直领域，同时涉及"专网"和"公网"的选择。因此系统整体的应用端设备、平台、运维、架构等需要全面升级，这也是影响 5G 融媒体进程的一大因素。

工业互联网时代，5G 与产业的融合程度会受到智能应用场景相关基础设备的限制。目前，中国 80% 左右的企业仍然处在数字化转型的探索阶段，50% 左右的企业在数字化转型的过程当中面临着信息化基础设施不足的问题，工业企业的生产设备数字化率、关键工序数控化率均不到 50%，而工业企业智能制造就绪率不足 10%，这其中绝大多数为规模以上企业，全国设备数字化率和联网率依旧有待提高。① 因此在 5G 时代应该思考如何有效探索智能化应用场景，搭建完善的基础设施是促进 5G 融媒体产业发展的

① 《5G 全产业链研究报告》，报告厅网，2021 年 1 月 14 日，https：//www.baogaoting.com/info/25473。

基础。

第四，调整适应技术发展的创新型管理机制能够有效引导智媒生态圈的良性发展。首先，随着5G融媒体应用渗透到社会生活发展的方方面面，调整适应5G时代的创新管理机制才能促进未来融媒体生态行业的良性发展。其次，加强校企资源和政府资源的联合，形成针对5G融媒体行业的智库和智囊团，形成有效衔接传统行业和新兴行业的行业发展解决机制。最后，促进龙头行业与垂直性相关行业领域的合作，搭建完整的产业链发展路径，为5G融媒体行业的上下游技术领域搭建战略布局。5G的发展带来了新一轮的产业革命，为整个社会提供了全新的发展机遇。

当下推进数字化转型是中国社会经济发展的主要方向，以5G为核心的技术创新促进中国向着数字科技强国的方向转变，并进一步推动供给侧结构性改革。因此数字社会的转型需要加快产业管理模式的转型，推进数字治理能力并完善数字化体系。5G时代信息传播的分散性、快速性、双向性为数字化融媒社会转型提供了高效的沟通介质和基础，数据资源和信息资源的迭代在不断地加速并产生裂变效应。

一方面从微观层面来看，需要推动企业在制度管理和技术模式上的创新，并以数字化驱动为核心。5G融媒体时代市场发展具有更强的敏感性，企业要适应时代环境下快速更迭的市场需求，搭建与之匹配的创新管理模式。并结合大数据和云计算等手段，通过数据搭建数字化管理模式与平台体系，实现信息的互动共享，并促进企业联结合作，形成以龙头企业带头发展、中小企业互利联动的产业模式，为5G融媒体产业发展创建系统化的生态环境。如小米集团采用的SAP智慧企业架构系统，促进整个小米集团的数字化转型，并有效推进集团内部的人力、财务、资金链、物流、供应链、管理、行政审批等环节的数字化转型，促进整个企业平台的转型升级，SAP云平台的搭建为小米生态圈的建立打下了坚实的基础。

因此基于平台数字化建设和创新，在微观层面融媒体应用资源的交互性、共享性、复杂性特征凸显，通过数字驱动创新，有利于提高对融媒资源的综合利用，创新并优化市场资源配置，弥补技术发展带来的管理滞后和缺陷等问题。同时数字化为导向的管理机制也是能够推动5G融媒体发展的有力保障。在信息数字化时代,传统产业与智能化产业的融合加速。在数字化管理方式上,通过与大数据、人工智能等技术的有效结合,可以增加管理层面抵抗风险的能力。并且数据云端的稳定性和安全性能够保障整个管理机制的有效运行,提高不同部门之间协同合作的能力和效率。在数字化管理内容方面来看,数字化创新驱动5G融媒体产业的融合,加速推进了跨区域的联结和公共管理的进程。

另一方面从宏观层面来看,要不断调整融媒体应用行业的信息化配套政策。政策的倾斜对于5G融媒体产业信息化发展有积极作用,要搭建起整体的数字化社会管理平台和发展模式,打破层级部门之间的约束和限制,促进基层信息系统的有效对接,促进基层管理的多方位发展。并解决旧有的管理层面分割化和碎片化问题,破除数字化、技术化的行业壁垒,走出信息资源不对等的困境。5G融媒体应用表现在社会生活的方方面面,因此要发挥5G融媒体产业的综合优势,共同推进行业生态管理系统的搭建和创新。要简化信息传递的流程和发展路径,对5G融媒体相关应用资源进行统筹兼顾,建立工业互联网产业发展的总体思路和方针,促进创新性的管理模式落到实处。构建和完善数字化导向信息交互平台和管理系统,是推动整个5G融媒体产业发展的关键。政府层面有强大的协调和统筹能力,可以在短时间内有效运用综合信息资源,形成以政府为主导、市场资源优化配置相结合的综合型管理服务平台,建立跨部门的协同合作机制。并实现融媒体领域在其发展内容、管理标准等方面的对接,实现行业集聚效应。

同时,管理层级和平台的多层面、多主体联动也是当下亟待解决的主要问题。扁平化的上下级协调机制的建立有助于实现跨平台信息的交互。在5G的驱动下,旧有的通信技术和基础架构形态发生着质的改变。5G融媒体的应用有效联结了社会、技术、受众三者的发展,并通过信息数据形成了更加紧密的联系。数字化的管理方式转型也是推进多媒介融合产业发展的内在动力,它在解决信息的滞后和传递不对等问题的同时,也加速了智慧生态的形成。只有建立去中心化、智能化、多维化的组织架构和管理模式，才能推动整个融媒体生态系统的发展，并为产业的联通互动、高效协作提供更有力的支撑。因此在5G高速发展的今天，组织管理体系应顺应数字化进行改革和创新，推动5G融媒体应用的发展。

Abstract

Since 2019, China has officially entered the first year of commercialization of 5G (fifth generation mobile communication technology), and the development of 5G has entered the fast lane. 2020 is the year when the 5G industry takes the next step in exploration, and new 5G applications and achievements continue to take root. 2021 is the opening year of the 14th Five-Year Plan. The new generation of information technology represented by 5G, artificial intelligence (AI), etc. continues to drive China's 5G integrated media development to achieve innovative changes in the top-level design of the central proposition and the grassroots exploration of local answers. The application of 5G in the field of content dissemination is becoming more and more prominent, and the "5G +" industrial pattern and the new ecology of communication continue to be optimized. At the same time, the new infrastructure construction represented by 5G presses the accelerating button. 2021 central-level meetings or documents have repeatedly pointed out the need to continue to strengthen China's new infrastructure construction; the governments of various provinces, cities and autonomous regions have also issued policies related to 5G new infrastructure planning and encouraged the development and application of 5G in various industries, accelerating the implementation of 5G convergence media application scenarios.

The COVID – 19 arrived unexpectedly, strongly impacting and affecting the development of social economy. During this period, the new generation of information and communication technology represented by 5G has shown strong development potential and wide application space, continuously accelerating the landing and innovation of 5G integration applications. 5G technology has been widely used in education, medical care, smart city, industrial internet, transportation, logistics, iov, finance and other fields. The pace of "5G +" empowering industry is accelerating, and the scope and degree of application is expanding and deepening. 5G is becoming the leading force to promote the transformation and development of digital economy.

Focusing on the 5G convergence media application and development, Development Report on 5G Convergence Media Application (2022) comprehensively summarizes the current situation and overview of the development of 5G convergence media applications in China in 2021, analyzes the impact and changes brought by 5G to convergence media applications and their industrial layout in combination with the characteristics and contents of 5G information communication technology, and makes a prediction of its future development trends.

In 2021, the development of 5G convergence media applications and related industries in China is still in the exploration stage, and the current dilemmas encountered in 5G applications are mainly reflected in four aspects: funding, power consumption, application, and security. In terms of funding, the initial capital investment for 5G communication and infrastructure construction is large and accompanied by high operation and maintenance costs; in terms of power consumption, the high-density construction and expansion of 5G base stations makes the overall energy consumption huge; in terms of application, there is still a certain threshold for the commercialization of 5G melting media applications to land, and the diversified market profit model is not yet mature; in terms of security, the 5G industry chain and the supply side cope with the international market In terms of security, the 5G industry chain and the supply side are still subject to changes and risks in the international market, and there are still major security risks. The success of 5G convergence media applications and related industries still needs to be practiced in the exploration, and to drive the innovation power of the whole society from both technology and market to create diversified and three-dimensional "5G +" applications.

In the future, there are still many areas to be discovered in the development of 5G convergence media applications. First, from the perspective of policy support, the government will continue to take the development of 5G applications

as a guide, adhere to the integrated planning policy, and pay attention to the training of talents in the convergence media industry, support the "incubation and landing" of the integrated media innovation industry, cultivate digital thinking, and promote the development of industry standards for the industrialization of 5G convergence media applications. Secondly, from the perspective of technology level prediction, based on the current situation of the development of convergence media applications, 5G will be based on cloud platform, VR (virtual reality) / AR (augmented reality), AI three directions of continuous deep plowing and development. Finally, from the perspective of industrial scale prediction, the industrial scale of 5G convergence media applications will increasingly expand, while the momentum of emerging industries to 5G convergence media field is obvious, and drive the development of the whole industry chain up, middle and downstream, and promote the emergence of new consumer demand.

Overall, the rapid development of mobile communication technology in the 21st century has brought a great impact on people's daily lives. 5G, characterized by high speed, low latency and large connectivity, has entered people's lives and become a new network technology that can meet the burgeoning demand for mobile data traffic after 1G, 2G, 3G and 4G. 5G network construction has become an important technical foundation for the Internet of Everything and offers a new development possibility for China's convergence media business.

Keywords: 5G; Convergence Media; Media Industry

Contents

I General Report

Abstract：In the 21st century, the rapid development of mobile communication technology has brought a great change on people's daily life. The report focuses on the current major social transformational application from all angles, and explores the future development of 5G convergence media in China. The report puts forward that 2020 is the year China accelerate the large-scale commercialization of 5G networks. Indicators such as The penetration rate of 5G personal users, the proportion of 5G network access traffic, the average annual growth rate of 5G IoT terminal users, and the average annual growth of the number of 5G IoT terminal users are showing positive development. The report believes that China's 5G convergence media still has problems such as lacking mature development modes, the overall level to be improved, the unbalanced convergence development level the uneven regional development, media sticked to the old modes and restraint creative development, and lacking talent cultivation mechanism and high end personnel, and proposes corresponding countermeasures and suggestions from the macro, meso, and micro perspectives.

Keywords：5G；Convergence Media；Media Industry

II Policy and Regulation Reports

B.2 Analysis on China's 5G Convergence Media Application Policy

Ma Dai, Wang Yichun / 026

Abstract: Recent years, a series of favorable policies continue to support the accelerated development of China's 5G industry. By analyzing a number of government work conferences and policy documents on "5G information communication technology and its application scenario construction" issued by the central government, provinces, cities and autonomous regions in 2021, and through horizontal and vertical comparison, this chapter summarizes the relevant policies of 5G information communication technology and application in China in 2021, mainly from its infrastructure construction deployment 5G convergence media application scenarios develop in two directions. Under the direction and strategic guidance of the top-level design of the central proposition and the grass-roots exploration of local answers, it is proposed to continue promoting the development of 5G convergence media in China, continuously realize innovation and change, explore the deeper and wider application of 5G technology in the field of content communication, and continuously optimize the 5G + industrial pattern and the new ecology of communication.

Keywords: 5G Application Scenario; Industrial Development; Policy Environment

B.3 China's 5G Convergence Media Application Industry Regulatory Mechanism and Regulatory Measures

Wei Yuchen, Ma Dai / 066

Abstract: As a complex system, it is very difficult to regulate 5G + applications in advance. By combing the work summary reports of local governments and provincial official media reports in recent years, this chapter summarizes the existing or potential problems such as nonstandard construction of 5G base stations, inconsistent technical standards, environmental pollution caused by electromagnetic radiation of base stations, price increase in base station transfer, improper publicity and marketing services. It has been found that the central and local authorities have timely issued industry supervision mechanisms and normative measures, from blocking to dredging, solved the existing problems in time, contained the problems that have not yet appeared but have hidden dangers from the source, and actively created a new model of 5G infrastructure construction and application governance. It is proposed to strengthen prejudgment and actively supervise the back-end industry while constantly creating new top-level favorable policies; Supervision without attacking the enthusiasm of industry development.

Keywords: 5G; Media Convergence; 5G Convergence Media Application

Ⅲ   Case Study

B.4   A Case Study on Convergence and Communication of China's Country-level Media in 5G era

Zhang Shengyu, Zhang Yingpei / 083

Abstract: In the 5G era, media convergence is the general trend. This chapter respond to the China's forward-looking call for the construction of county-level media convergence, and uses the construction of county-level media convergence centers as the research subject, using case analysis, in-depth interviews, expert interviews, file analysis and other research methods. Discuss how the county-level media convergence center can establish a three-dimensional integrated media structure (government, market, and users) under the leadership of the publicity department of the municipal and prefectural committees. This report take Changxing Convergence Media Group, Yinxing Convergence Media Group, Fushun Convergence Media Center and Haining Convergence Media

Center as examples to explore the county overview, the history and current situation of county-level media integration development, and the highlights of practice, provides case references for promoting the construction and development of county-level media integration.

Keywords: 5G; County-level Convergence Media; Media Convergence

Ⅳ   Special Topic Report

B.5   Report on the Application of China's 5G Media
Convergence During the COVID −19

Wang Yuan, Wang Yichun / 112

Abstract: Since the outbreak of the COVID −19, people's lives, health and safety have been greatly threatened. In order to prevent and control the epidemic, the gathering of people in the physical space has been greatly reduced. Instead, the communication among people, people and objects, objects and objects, online space have increased. The epidemic has distanced people in physical space, but it has strengthened people's need for connection at the online space. This chapter summarizes the application of 5G media convergence in my China during the COVID −19, and discuss the four major aspects of "5G + medical health", "5G + education office", "5G + media" and "5G + new consumption", and proposes that 5G provides a solid technical guarantee for effective communication at a special period.

Keywords: The COVID −19; 5G; 5G Convergence Media Application

V   Application Scenarios Reports

B . 6   Analysis on the Basic Types and Application Scenarios of

China's 5 G Convergence Media Applications

Wang Xiaohui , Chen Yufei / 129

Abstract: 5G convergence media applications are characterized by a wide range and diversified types of applications. There are models combined with 5G technology in media, transportation, industrial manufacturing, emergency medical aid, finance, education and other industries and fields, which can be divided into operation, development, service and other categories. Therefore, from the three perspectives of application level classification, application attribute classification, other applications and scene classification, this paper makes a detailed analysis of the application composition of 5G convergenced media in different industries, so as to achieve the purpose of promoting the continuous upgrading of 5G convergence media application level in China and the deep combination of 5G technology and industry.

Keywords: 5G Application Classification; Media Convergence; Technology Industry Transformation

B . 7   Analysis on Possibility of Linkage of China's 5 G

Convergence Media Application Related Technology

Clusters   *Duan Peng , Chen Yufei /* 150

Abstract: Compared with previous mobile communication technologies, 5G has greater economic driving capacity and application scope, and has become an important foundation for high-quality economic development. Due to the long length of the industrial chain, strong economic traction, and large scale of

investment and output, 5G is an important thrust to promote the digital transformation of vertical industries. Based on the characteristics of 5G with large bandwidth, low latency and wide connection, this paper analyzed 5G platform for large data , edge of cloud , and the application of Internet of things. Apart from these, new infrastructure transformation, virtual reality technology, artificial intelligence technology , network security and cloud integration process, as well as the CDN distribution as the core product of medium resource system. Moreover, the feasibility analysis of the application of 5G technology to further realize the digitization of related industries and the linkage of related technology communities is carried out.

Keywords: 5G Convergence Media Application; Technology Community Linkage; Digitizing

B.8   Analysis on the Possibility of Industrialization Development of 5G Convergence Media Application

He Na , Wang Shilin ∕ 170

Abstract: With the rapid development of 5G network construction, the transformation of traditional mobile communication systems and related industrial chains are constantly promoted. This paper mainly analyzes the development prospect and trend prediction of 5G convergence media application industrialization and discusses seven aspects: policy support, technical level, user situation, media environment, public opinion, industrial-scale, and market profit. Through cross-sectional analysis and comparison, the article provides forward-looking predictions and suggestions for strengthening the construction of digital government, innovation and extension of 5G in the field of integrated media, shaping diversified and intelligent media environment, effectively guiding the healthy development of public opinion, and the layout of the upstream and downstream industrial chain of 5G media driven by innovation.

Keywords: 5G Convergence Media Application; Intelligent; All-media Ecology

B.9 Analysis of Influencing Factors of China's 5G Convergence
        Media Application Development   *Zhou Xuan, He Na* / 193

Abstract: The development of 5G technology builds a diversified form of expression and a highly integrated communication matrix for the media and penetrates all aspects of the development of 5G convergence media industrialization. This article starts from the five core levels of content, channel, platform, experience, and management, further analyzes the factors that affect the development of 5G convergence media applications in China, combines the development trend of 5G media-related applications to accelerate the establishment of an intelligent and digital media ecosystem. This article proposes suggestions for accelerating the 5G media application-related industries, promoting digital upgrading, strengthening the construction of all-media talents, building a flat management system, and improving the intelligent government system.

Keywords: 5G; Convergence Media Application; Industrialization

皮书

智库成果出版与传播平台

✤ 皮书定义 ✤

皮书是对中国与世界发展状况和热点问题进行年度监测，以专业的角度、专家的视野和实证研究方法，针对某一领域或区域现状与发展态势展开分析和预测，具备前沿性、原创性、实证性、连续性、时效性等特点的公开出版物，由一系列权威研究报告组成。

✤ 皮书作者 ✤

皮书系列报告作者以国内外一流研究机构、知名高校等重点智库的研究人员为主，多为相关领域一流专家学者，他们的观点代表了当下学界对中国与世界的现实和未来最高水平的解读与分析。截至2021年底，皮书研创机构逾千家，报告作者累计超过10万人。

✤ 皮书荣誉 ✤

皮书作为中国社会科学院基础理论研究与应用对策研究融合发展的代表性成果，不仅是哲学社会科学工作者服务中国特色社会主义现代化建设的重要成果，更是助力中国特色新型智库建设、构建中国特色哲学社会科学"三大体系"的重要平台。皮书系列先后被列入"十二五""十三五""十四五"时期国家重点出版物出版专项规划项目；2013~2022年，重点皮书列入中国社会科学院国家哲学社会科学创新工程项目。

权威报告·连续出版·独家资源

皮书数据库
ANNUAL REPORT(YEARBOOK)
DATABASE

分析解读当下中国发展变迁的高端智库平台

所获荣誉

● 2020年，入选全国新闻出版深度融合发展创新案例

● 2019年，入选国家新闻出版署数字出版精品遴选推荐计划

● 2016年，入选"十三五"国家重点电子出版物出版规划骨干工程

● 2013年，荣获"中国出版政府奖·网络出版物奖"提名奖

● 连续多年荣获中国数字出版博览会"数字出版·优秀品牌"奖

皮书数据库

"社科数托邦"
微信公众号

成为会员

登录网址www.pishu.com.cn访问皮书数据库网站或下载皮书数据库APP，通过手机号码验证或邮箱验证即可成为皮书数据库会员。

会员福利

● 已注册用户购书后可免费获赠100元皮书数据库充值卡。刮开充值卡涂层获取充值密码，登录并进入"会员中心"—"在线充值"—"充值卡充值"，充值成功即可购买和查看数据库内容。

● 会员福利最终解释权归社会科学文献出版社所有。

数据库服务热线：400-008-6695

数据库服务QQ：2475522410

数据库服务邮箱：database@ssap.cn

图书销售热线：010-59367070/7028

图书服务QQ：1265056568

图书服务邮箱：duzhe@ssap.cn

社会科学文献出版社 皮书系列
SOCIAL SCIENCES ACADEMIC PRESS (CHINA)

卡号： 354734334852

密码：

S 基本子库
SUB DATABASE

中国社会发展数据库（下设 12 个专题子库）

紧扣人口、政治、外交、法律、教育、医疗卫生、资源环境等 12 个社会发展领域的前沿和热点，全面整合专业著作、智库报告、学术资讯、调研数据等类型资源，帮助用户追踪中国社会发展动态、研究社会发展战略与政策、了解社会热点问题、分析社会发展趋势。

中国经济发展数据库（下设 12 专题子库）

内容涵盖宏观经济、产业经济、工业经济、农业经济、财政金融、房地产经济、城市经济、商业贸易等 12 个重点经济领域，为把握经济运行态势、洞察经济发展规律、研判经济发展趋势、进行经济调控决策提供参考和依据。

中国行业发展数据库（下设 17 个专题子库）

以中国国民经济行业分类为依据，覆盖金融业、旅游业、交通运输业、能源矿产业、制造业等 100 多个行业，跟踪分析国民经济相关行业市场运行状况和政策导向，汇集行业发展前沿资讯，为投资、从业及各种经济决策提供理论支撑和实践指导。

中国区域发展数据库（下设 4 个专题子库）

对中国特定区域内的经济、社会、文化等领域现状与发展情况进行深度分析和预测，涉及省级行政区、城市群、城市、农村等不同维度，研究层级至县及县以下行政区，为学者研究地方经济社会宏观态势、经验模式、发展案例提供支撑，为地方政府决策提供参考。

中国文化传媒数据库（下设 18 个专题子库）

内容覆盖文化产业、新闻传播、电影娱乐、文学艺术、群众文化、图书情报等 18 个重点研究领域，聚焦文化传媒领域发展前沿、热点话题、行业实践，服务用户的教学科研、文化投资、企业规划等需要。

世界经济与国际关系数据库（下设 6 个专题子库）

整合世界经济、国际政治、世界文化与科技、全球性问题、国际组织与国际法、区域研究 6 大领域研究成果，对世界经济形势、国际形势进行连续性深度分析，对年度热点问题进行专题解读，为研判全球发展趋势提供事实和数据支持。

法律声明

"皮书系列"（含蓝皮书、绿皮书、黄皮书）之品牌由社会科学文献出版社最早使用并持续至今，现已被中国图书行业所熟知。"皮书系列"的相关商标已在国家商标管理部门商标局注册，包括但不限于LOGO（ ）、皮书、Pishu、经济蓝皮书、社会蓝皮书等。"皮书系列"图书的注册商标专用权及封面设计、版式设计的著作权均为社会科学文献出版社所有。未经社会科学文献出版社书面授权许可，任何使用与"皮书系列"图书注册商标、封面设计、版式设计相同或者近似的文字、图形或其组合的行为均系侵权行为。

经作者授权，本书的专有出版权及信息网络传播权等为社会科学文献出版社享有。未经社会科学文献出版社书面授权许可，任何就本书内容的复制、发行或以数字形式进行网络传播的行为均系侵权行为。

社会科学文献出版社将通过法律途径追究上述侵权行为的法律责任，维护自身合法权益。

欢迎社会各界人士对侵犯社会科学文献出版社上述权利的侵权行为进行举报。电话：010-59367121，电子邮箱：fawubu@ssap.cn。

社会科学文献出版社